Beck'scheReihe

BsR 1221

BSR

Der Wunschtraum vieler selbstbewußter und qualifizierter Frauen, ganz oben auf der beruflichen Erfolgsleiter zu stehen, bleibt nur allzu oft unerfüllt. Woran liegt das, was macht frau falsch? Rotraud A. Perner stellt in diesem Buch klar, daß Frauen, die meinen sich wie Männer verhalten zu müssen, der Erfolg von vornherein versagt bleiben wird. Kurz und prägnant zeigt die Autorin die verschiedenen Schwierigkeiten, denen aufstiegsorientierte Frauen begegnen und gibt Anleitungen, wie die Kluft zwischen traditionell weiblichen und männlichen Rollenbildern zu überwinden ist, welche Wege Frauen zum erwünschten Erfolg führen. Das Buch ist keine Kampfansage an den „männlichen" Führungsstil, sondern ein aus psychologischer Sichtweise geschriebener Ratgeber, der Frauen den *weiblichen Weg zur Karriere* weist. Ein Ratgeber der nicht herkömmlichen Art – auch für Männer lesenswert.

Rotraud A. Perner, geb. 1944, ist promovierte Juristin und Diplompsychoanalytikerin; sie führt in Wien eine eigene psychotherapeutische Praxis, ist Leiterin des eigenen Instituts für Projektberatung, Dozentin für Sexualtherapie und Pädagogik u. a. m. Sie hat zahlreiche Publikationen zu den verschiedensten Themen veröffentlicht, seit 1992 bestreitet sie wöchentlich eine eigene Rundfunksendung.

ROTRAUD A. PERNER

Die Tao-Frau

Der weibliche Weg zur Karriere

VERLAG C. H. BECK

Dieses Buch erschien zuerst im Service Fachverlag Wien, 1993,
unter dem Titel „Erfolg feminin".
Die hier vorliegende Ausgabe wurde überarbeitet und ergänzt.

Die Deutsche Bibliothek – CIP-Einheitsaufnahme

Perner, Rotraud A.:
Die Tao-Frau : der weibliche Weg zur Karriere / Rotraud
A. Perner – 2. Aufl. München : Beck, 1998
(Beck'sche Reihe ; 1221)
Früher u.d.T.: Perner, Rotraud A.: Erfolg feminin
ISBN 3 406 42021 4

ISBN 3 406 42021 4

2. Auflage (dieser Ausgabe). 1998
Umschlagentwurf: Uwe Göbel, München
Umschlagabbildung: Foto Alan Becker (Mit freundlicher
Genehmigung The Image Bank)

Gesamtherstellung: C. H. Beck'sche Buchdruckerei, Nördlingen
Gedruckt auf säurefreiem, alterungsbeständigem Papier
(hergestellt aus chlorfrei gebleichtem Zellstoff)
Printed in Germany

Inhalt

Ich schlief und träumte,
das Leben wäre Freude.
Ich erwachte und sah,
das Leben war Pflicht.
Ich handelte und siehe:
Die Pflicht ward Freude.

Rabindranath Tagore

Start

Kritik der Einseitigkeit

Was verbinden Sie mit dem Begriff „Karriere"? Rangordnung? Einfluß? Prestige? Geld? Oder das Bewußtsein, Optimales aus eigenen Bemühungen erreicht zu haben? Das Gefühl, Ihren Begabungen und Fähigkeiten entsprechend, am richtigen Ort zu sein? Erinnern Sie sich ans Lernen, an Zeitopfer, Konkurrenzkämpfe? Oder kommen Ihnen Zufälle, unerwartete Entdeckungen, freundschaftliche Empfehlungen in den Sinn? Glauben Sie, die Karriereleiter hinaufzuklettern setze voraus, aggressiv zu sein, kämpferisch, immer auf den eigenen Vorteil bedacht? Oder meinen Sie, Zurückhaltung, Diplomatie und Unterstützung anderer garantierten viel eher den eigenen Aufstieg?

Was haben Ihnen Eltern und Erzieher an derartigen Glaubenssätzen mit auf den Weg ins Leben gegeben? Den Glauben, Bravsein brächte Belohnung? Oder den Mythos vom „Einsamen Schmied seines Glücks", der sich immer und überall durchsetzt? Sie haben vielleicht sogar bemerkt, daß sich diese „Suggestionen" – denn jeder dieser Appelle sickert ein in unser Selbstkonzept und bestimmt unser Denken, Fühlen und Handeln – in den letzten Jahren und Jahrzehnten je nach Wirtschaftslage abwechseln? Ich erinnere mich noch genau an die Sätze zahlreicher Väter – und leider auch Mütter – meiner Jahrgangskolleginnen, wenn es um die Zukunftsgestaltung ihrer Töchter ging: „Was brauchst du denn eine Berufsausbildung – du heiratest ohnehin! Lern lieber ordentlich kochen!"

Ich erinnere mich auch an den Schock, den ich 1962 erlebte. Damals begann ich an der Universität Wien Jura zu studieren, nachdem ich als einziges Mädchen unter zwölf Jungen mit Auszeichnung für „reif zum Besuch einer Hochschule" erklärt worden war. In der allerersten Vorlesung „Einführung in das juristische Denken“ bekam ich vom Professor die „aufbauenden“ Worte zu hören: „Ich sehe schon wieder so viele Damen! Meine Damen, was wollen Sie denn hier? Wenn Sie ein Visitenkartendoktorat wollen, so studieren Sie doch Theaterwissenschaften – aber nehmen Sie nicht Ihren Kommilitonen die Plätze weg!“ Das klang ganz anders als im Gymnasium. Dort waren wir immer wieder darauf hingewiesen worden, wie weit uns die Berufswelt offenstünde. Daß dies wohl nur für die „Kommilitonen“ gemeint war, wurde mir erst viel später bewußt.

Charme und Sex-Appeal – Positive Prüfungsergebnisse

Von den Studenten hörte ich dann, daß die „Mädels“ Prüfungserfolge nur ihrem Sex-Appeal oder ihrem Charme zu verdanken hätten, bestenfalls noch ihrem ameisenhaften Fleiß und ihrer Streberei. Anerkennung von Leistung gab es nicht. Aber auch die Väter erfolgreicher Studentinnen versagten diese nur zu oft. So haftet in meiner Erinnerung, wie der Vater meiner besten Studienfreundin – selbst clanfremder Manager eines bekannten Familienunternehmens – sie nach der Promotion drängte, unbedingt einen Sekretärinnenkurs zu absolvieren. Heute ist sie Rechtsanwältin. Ihren damals an der Wirtschaftsuniversität träge dahinbummelnden Bruder brachte der Vater selbstverständlich sofort in „seinem“ Betrieb unter.

„Sexismus“ war damals noch kein Begriff, doch um so mehr vorhanden. Was keinen Namen hatte, war – noch – nicht benennbar: Daher wußten sich viele studierende Frauen nicht zu wehren – wogegen denn? Es war doch nur ein Scherz, wenn ihnen anzügliche Witze erzählt wurden. Etwa der, in dem die Studentin im zwölften Semester seufzt: „Jetzt habe ich noch immer keinen Doktor – also muß ich ihn wohl selber machen ...“.

Minderwertige Vergleichsmenschen

Weitere Einschüchterungsstrategien erlebten viele Jungakademikerinnen bei ihren ersten Gehaltsverhandlungen. „Was braucht denn die so viel zu verdienen – ein lediges Mädchen!“ hörte ich einen Firmenchef voller Empörung über das Starthonorar seiner Tochter herziehen. Sein Weltbild kam offenbar ins Wanken.

So wird wohl klar, was Wilfried Wieck meint, wenn er formuliert, Männer benötigten Frauen als „minderwertige Vergleichsmenschen“.

Erst Anfang der siebziger Jahre begann die europäische Frauenbewegung, mit kontinuierlicher Aufklärungsarbeit und politischer Aktion die Benachteiligung von Frauen in der Gesellschaft zu bearbeiten: Befreiung vom Gebärzwang, Chancengleichheit in Bildung und Beruf, gleicher Lohn für gleiche Arbeit, Halbe-Halbe bei Hausarbeit und Kindererziehung lauteten einige der Forderungen. In manchen Ländern wurden schon einige davon verwirklicht, in anderen fehlt noch recht viel. Ich engagierte mich von Anfang an für die Gleichstellung der Frauen und lernte nun, was ich auf der Universität nie gehört hatte: Gesetze kann man ändern. In den Vorlesungen war zwar ausführlich berichtet worden, welcher Regent in historischer Zeit welche Novellierungen erlassen hatte. (Diese Vorlesungen liefen unter „Rechtsgeschichte“.) Die geltenden demokratischen Möglichkeiten hingegen waren immer nur abstrakt dargestellt, nie aber für eine praktische Handhabung demonstriert worden. Gesetze bestehen, hieß es, sie sind zu befolgen bzw. zu exekutieren, Punkt. Wir wurden also auf „Staatsdiener“ programmiert, nicht auf „Staatsgestalter“. Der Satz, daß „alles Recht vom Volke“ ausgehe, bekam so keinerlei Anleitungscharakter, und daß das Volk mehrheitlich weiblich sei, wurde überhaupt verschwiegen. Erst als Abgeordnete einer Partei wurde mir bewußt, wie man gesellschaftliche Wirklichkeit gestalten kann: durch das Benennen von Mängeln, durch die Suche nach Lösungen, durch die Formulierung eines Ziels und eine Aufforderung an mögliche Verbündete, die zur Durchsetzung nötige Mehrheit zu bilden.

Als Politikerin hatte ich Gelegenheit, an den unterschiedlichsten Schulungen und Trainings teilzunehmen, deren Ziel es war, Politfunktionären auf der Sach- wie auf der Darstellungsebene Rüstzeug zu vermitteln, um andere niederreden zu können. Wissend, was Menschen psychisch – und im Sinne der leibseelischen Ganzheitlichkeit auch körperlich und geistig – schädigt, habe ich mich später von deren Zielen (Sieger zu werden über „die Anderen") und Methoden (wie man ein applaudierendes Publikum auf seine Seite bringt) kritisch distanziert.

Nach der Geburt meiner Söhne brachte die politische Arbeit es mit sich, daß ich eine Familienberatungsstelle gründete. Eigentlich wollte ich Rechtsauskünfte erteilen, bemerkte aber schnell, daß die Ratsuchenden keine juristischen Problemlösungen wollten, sondern Konfliktregelung. Auf der Suche nach einer ergänzenden Ausbildung tauchte ich ein in die Welt von Psychotherapie und Sozialarbeit. Seither liegt mein Arbeitsschwerpunkt in der Erforschung und Veränderung von Machtungleichgewichten (damit auch Außenseiterproblemen) und Interessenskonflikten; und auch in der Erkundung der Wirksamkeit von Sprache.

Die da oben – die da unten

Wer nicht bereit ist, sich stillschweigend anzupassen, wird häufig mit Etikettierungen wie „aufmüpfig", „zänkisch" oder gar „verrückt" belegt. Darin erkenne ich Einschüchterungsstrategien gegenüber Menschen, die einfach zuviel Umstände oder gar Angst machen und die damit möglichst auf Abstand gehalten werden sollen. Wenn es solchen Menschen aber gelingt, sich als „Elite" zu definieren und damit Geltung zu erlangen, kann eine Spitzenposition mit all ihren Privilegien die Folge sein: weitab vom „gemeinen" Volk. Ich sehe in diesen Formen der Ab- und Ausgrenzung Mittel zur Absicherung eines schwachen Selbstwertgefühls gegenüber unerwünschter Nähe zu Personengruppen, zu denen man nicht gehören will – oder gar so gerne gehören möchte: die da oben – die da unten, die da rechts – die da links, die traditionellen – die progressiven, die Männer – die Frauen.

Leider wird dadurch leicht übersehen, wer man selbst ist und wohin man sich entwickeln will. Ich bin mir des Spannungsverhältnisses zwischen dem so angenehm pflegeleichten Angepaßtsein und dem als „böse" verteufelten – oder verherrlichten – Widerspruchsgeist sehr bewußt und versuche auch nicht, mich ihm zu entziehen. Ganz in der Tradition C.G. Jungs halte ich aber die Integration des „Schattens" – all dessen, was wir aus unserem Bewußtsein abspalten, weil es unser Selbstbild bedroht – für einen notwendigen Schritt zur Vervollkommnung der eigenen Persönlichkeit.

Plus und Minus – Yin und Yang

Die christliche Religion spricht vom „Sündenfall" – dem Herausfallen aus der All-Einheit in (mit) Gott in die zweigeteilte Welt mit ihrem Gut und Böse, Himmel und Hölle, Engel und Teufel, und damit auch der Verzweiflung. In der östlichen Tradition wird präziser vom Yin und Yang und dem Tao, der „goldenen Mitte" gesprochen. Im europäischen Mittelalter beschäftigten sich die Alchimisten mit der Aufhebung der Gegensätze, sie suchten die *coincidentia oppositorum.* Und heute lehrt uns die moderne Physik dieses Wechselspiel der Gegensätze vor dem Hintergrund von Minuspol und Pluspol. So können wir verstehen, daß alles, was existiert, als verdichtete Energie im Raum-Zeit-Gitter erklärt werden kann. Granit: sehr dicht, Bimsstein: schon weniger, Pudding: im Vergleich fast schon ohne Dichte, Rauchwolken: so locker wie fast gar nichts – und irgendwo dazwischen wir, mit unserem Körper (dicht).

Unsere Seele dagegen ist weniger dicht. Ich definiere sie als Resonanzraum für innere und äußere Energieeinwirkungen.

Unser Geist ist reine Energie (gar nicht dicht), daher überwindet er ja auch – theoretisch – alle Grenzen. Wir bestehen also auch aus Energie, besitzen daher ein bioelektrisches Kraftfeld und sind mal so, mal so „geladen".

Suche nach dem Tao

Wir können uns diese innerlichen Spannungen zwischen unseren Yin- und Yang-Anteilen bewußt machen. Wir können beide erfühlen, beiden nachspüren und versuchen, sie in Balance zu bekommen. Oder wir können das jeweilige unerwünschte Gegenteil abspalten und nach außen projizieren. Genau das ist die Mechanik der klassischen Geschlechterpolarität: Die Frau hat nur Yin zu sein, also passiv, schwach, flexibel, langsam, friedlich und empfangend – kurz „weiblich". Dann ist klar, daß alles Gegensätzliche dem Mann zugeteilt wird: Er ist dann nur Yang, also aktiv, stark, starr, schnell, kämpferisch und abwehrend – kurz „männlich". In diesem geistigen Bewußtseinszustand – der auch leibseelisch „verkörpert" wird – würde für ihn jedwedes wohlwollende Entgegenkommen eine Gefährdung seiner „Männlichkeit" bedeuten: Daher muß ängstlich und starr an der einmal errungenen Position festgehalten werden.

Mit diesen Überlegungen gewinnt auch die so vielfach angestrebte „Perfektion" eine andere Dimension. Thomas von Aquin wird meist so übersetzt: „Das Weib verhält sich zum Mann wie das Unvollkommene und Defekte (*imperfectum, deficiens*) zum Vollkommenen (*perfectum*)." Meine Interpretation klingt so: „Das Weib verhält sich zum Mann wie das, was noch Entwicklung, Verbesserung zuläßt, zu dem, was bereits abgeschlossen (verschlossen) ist."

Rührt vielleicht daher der *horror vacui*, die Angst vor der Leere, die so oft als Erklärung für die vielfachen Ängste von Männern vor dem „Weiblichen" herhalten muß? Diese Angst vor dem Unstrukturierten, Unabgeschlossenen, vor der „Lücke", haben aber nicht nur Männer, auch viele Frauen übernehmen diese Reaktionsform. Ich vermute deshalb, weil sie die vielen Möglichkeiten des Erfülltwerdens vor Augen führt und damit diejenigen traurig oder wütend macht, die keine Visionen – oder keine Visionen mehr – haben oder haben dürfen.

Menschen vergolden

Spätestens seit den Forschungen von C.G. Jung wissen wir, daß Alchimie – die große Goldmacherkunst – nicht bedeutet, schlichtes Blei zu veredeln, sondern daß wir selbst diejenigen sind, um deren Veredelung es geht; daß Märchen Hinweise geben, auf welche Art unser innerer König (unsere männliche Seite) seine Königin (die Ergänzung durch die weibliche Seite) finden kann und daß zur psychischen Vollkommenheit gehört, die vier Grundfunktionen des Bewußtseins – Denken und Fühlen, Intuieren und Empfinden – nicht im krassen Ungleichgewicht (z.B. durch Überwiegen des „männlichen" Denkens zu Lasten des Gegenpols „weibliches" Fühlen) stehen zu lassen, sondern weitgehend auszubalancieren.

Heute, da die meisten Menschen mit Grauen auf die Auswüchse extremer „Männlichkeit" (im Sinne von Yang) blicken (z.B. in Staatswesen mit Führerkult oder mit einer fanatischen Ideologie, Andersartige ausrotten zu müssen), ist vielen die Notwendigkeit des „Ausgleichs" durch „Weiblichkeit" (im Sinne von Yin) bewußt geworden. Lassen wir uns nicht davon täuschen, daß einige Frauen auf der „männlichen" Seite heimisch geworden sind. Viele dieser Frauen haben sich assimiliert, damit sie nicht von den Futtertrögen verjagt werden.

Auf dem Weg zum sechsten Sinn

Zukunftsforscher weisen immer wieder darauf hin: Die Lösung der drängenden Zukunftsprobleme – Arbeitslosigkeit und soziale Unruhen, neue Seuchen und zunehmende Suchtkrankheiten, Umweltzerstörung und mangelnde Abfallbeseitigung – wird nicht mehr mit digitalen, „linkshemisphärischen" (der linken Gehirnhälfte zugeordneten), „männlichen" Techniken gelingen. Es ist hoch an der Zeit, daß Manager sich die komplementären analogen, „rechtshemisphärischen" (der rechten Gehirnhälfte zugeordneten), „weiblichen" Zugangsweisen erarbeiten. Nebeneffekt: Sie würden dadurch ganzheitlich gesünder, für sich selbst wie auch in ihrer Wirkung auf andere.

Frauen wurden nur zu oft wegen eben dieser Eigenschaften verspottet. Vom „sechsten Sinn" über „weibliche Intuition" bis zur „weiblichen Logik" spannt sich die Bandbreite mehr oder weniger liebevoller Pointierungen. Die Gehirnforschung hat nachgewiesen, daß bei Frauen der „Balken" (der beide Gehirnhälften verbindet) stärker ausgeprägt ist als bei Männern, daher beide Gehirnhälften besser integriert sind und zusammenspielen. Als Folge „dominiert" die linke Gehirnhälfte nicht so stark wie im „männlichen" Denken – wohl die Folge einer Erziehung, die weniger einseitig auf technische Fertigkeiten zielt. Liegt in diesem Phänomen auch eine mögliche Erklärung für die größere (gesundheitliche) Belastbarkeit und die höhere Lebenserwartung von Frauen?

Wenn wir ganz kraß formulieren, können wir nun behaupten, daß es „dem Arbeitgeber" – der eigentlich der Arbeitnehmer ist, denn er schluckt ja die hingegebene Arbeitskraft – egal ist, ob seine Angestellten psychisch gesund sind. Hauptsache, sie sind verfügbar. Hauptsache, sie leisten. Wenn nicht, sind sie ersetzbar. Unternehmungen haben Gewinn zum Ziel. Schulungen für Manager und potentielle Führungskräfte in Richtung auf bilaterales Denken (zur Optimierung der Denkleistungen beider Gehirnhälften) werden erst dann ökonomisch relevant, wenn ohne Optimierung ein Wettbewerbsnachteil auftritt – sei es durch weniger kreatives Potential oder durch unzureichende externe Kooperationsbereitschaft – oder durch mangelnde Unterstützung in der Mitarbeiterschaft.

Frauen, die viele dieser Eigenschaften und Fähigkeiten gerade aus ihrer noch immer vorhandenen rollenspezifischen Erziehung erworben haben, hätten in diesem Sinn eigentlich einen Vorteil gegenüber Männern. Sie meinen aber oft, wie Männer sein zu müssen, um Erfolg zu haben. Wenn es darum geht, abgesehen von den erforderlichen Fachkenntnissen die traditionellen Spielregeln der Männerwelt zu kennen und zu beherrschen, stimmt das natürlich bedingt: nämlich als „eine" Ergänzung, es gibt noch andere. Es stimmt aber nicht mehr, wenn daraus der Irrglaube abgeleitet wird, Erfolg haben heiße, sich in allen Fällen wie der „durchsetzungsstarke" Durchschnittsmann verhalten zu müssen. Im Gegenteil: Es geht darum, Erfolg zu haben (was auch immer wir darunter verstehen wollen) ohne sich durchsetzen zu müssen. Denn „durchsetzen" bedeutet Druck ausüben, wenn es sein muß bis zur Zerstörung (z.B. der Sitzgelegenheit). Wenn schon „durchsetzen", dann in dem Sinn, daß eine Frau den Weg für die nächste bahnt, bis die ganze Gruppe von Frauen „durchsetzt" ist. Was eine Frau erarbeitet hat, kommt auch den anderen zugute, sofern frau die „anderen" Frauen nicht als Konkurrentinnen sieht, sondern als Mitbetroffene, Gleiche.

Mein Anliegen ist es, Sicht- und Verhaltensweisen sowie Interventionsformen aus dem technischen Repertoire psychotherapeutischer Schulen, die wirklich hilfreich sind, für die tiefenpsychologische Selbstprogrammierung im Berufsalltag nutzbar zu machen. Ich stütze mich dabei auf meine Erfahrung, daß ich nicht nur als Coach für Einzelne (Frauen wie Männer), Teams und Gruppen, sondern auch als Führungskraft und Managerin, als Unternehmerin oder als politische Entscheidungsträgerin erfolgreich bin und mich dabei wohl befinde.

Vor-Bilder

Sehen, Hören und Fühlen in Harmonie

Wenn wir uns etwas „vornehmen", haben wir auch – bewußt oder unbewußt – ein geistiges Bild davon, wie es aussehen soll, wenn es fertig ist und meist auch, wie wir aussehen werden, wenn wir Erfolg haben. Viele Menschen werden sogar durch dieses Bild ihrer persönlichen Gloriole motiviert. Seltener hingegen haben wir ein geistiges Bild davon, wie wir aussehen, wenn wir unser Ziel verfolgen: Es fehlt Erfahrung. Es fehlen aber oft auch Vorbilder, eben Vor-Bilder. Das ist ein typisches Frauenproblem – vor allem dann, wenn ihre Aktionsfelder nicht „Kinder, Küche, Kirche" oder „Kleider, Kosmetik und Konsum" sind, sondern „Kreativität, Können und Karriere". Auch den Menschen, mit denen wir zusammenarbeiten wollen oder müssen, fehlt oft eine visuelle Vorstellung davon, wie eine Frau einen „Männerjob" ausfüllt. Das macht es den weniger kreativ Denkenden schwer, sich eine Frau als „Gleiche" vorzustellen. Entsprechend plump sind dann auch die Umgangsformen der Männer. Zu viele Frauen lassen sich davon abschrecken und ziehen sich von der Startbahn zurück.

Ich habe vom „Sehen" und von „Vor-Bildern" geschrieben; immerhin lernen wir von Vorbildern, ahmen sie nach und wiederholen, wenn wir gelobt – „positiv verstärkt" – werden. Für unsere unbewußten Erfolgsstrategien ist aber nicht nur dieses „Sehen" verantwortlich. Auch Fähigkeiten wie „schnell Übersicht erlangen", „selbst in chaotischen Situationen Überblick bewahren", " etwas Unangenehmes genau anschauen können" oder „Visionen entwickeln" nehmen dabei besonderen Stellenwert ein. Auch das „Hören" prägt uns: Wir hören und horchen, gehorchen und werden manchmal sogar hörig. Gespeicherte „Mottos" bestimmen uns und unser Handeln. Sie sind im wahrsten Sinn des Wortes Leitsätze, die sich allerdings auch oft als Leidsätze entpuppen.

Bitte Vorsicht! Zumeist handelt es sich dabei um gar nicht so unbewußt eingesetzte Suggestionen, wie wir vielleicht entschuldigend meinen! Alle suggerieren: Eltern, Freunde und Freundinnen, die Werbung usw. Vor diesen „geheimen Verführern" sollte frau sich hüten – oder zumindest sollte ihr auffallen, welche Zielbotschaften hineinverpackt sind. Wenn Sie beispielsweise lesen oder hören, „mögliche Motivationen für Frauen, außerhalb der Familie einen Beruf auszuüben" seien „vor allem materielle Gründe, um sich die verschiedensten Wünsche erfüllen zu können", so wird damit die Suggestion von der Frau, „die es nicht nötig hat, arbeiten zu gehen" genährt. Dies fördert also die Vorstellung von einer arbeitsteiligen Wirtschaft – den Männern die Außen-, den Frauen die Innenwelt –, in der Frauen Zaungäste sind, die gelegentlich auch einmal mitspielen dürfen. Damit wird Berufstätigkeit als Selbstverständlichkeit, als Basis zur Sicherung des Lebensunterhalts und damit der Unabhängigkeit, und nicht nur als vorübergehender Ersatz für die Versorgung in der Ehe, nicht angesprochen – und wohl auch nicht gedacht. So schleicht sich fast unmerklich manche alte Denkweise wieder ein, die nur oberflächlich neu übertüncht schien; manchmal steckt dahinter aber auch Strategie, manchmal sogar eine Auftragsarbeit. In jedem Fall lohnt sich Wachsamkeit.

„Gläserne Decke"

Eine ähnliche Negativsuggestion wird wirksam, wenn (mit oder ohne Berufung auf Untersuchungen) aufgezeigt wird, wie wenig Frauen sich in Spitzenpositionen befänden, beispielsweise im Bankwesen. Mir fällt auf, daß damit meist Klagen über die „Gläserne Decke" verbunden sind und über die darüber thronenden Männer, die diese geheime Barriere verteidigen. Damit entmutigen sich viele Frauen selbst: Sie zeichnen ein Bild von Unerreichbarkeit.

Ich sehe in der Tatsache, daß in bestimmten Wirtschaftsbereichen kaum Frauen tätig sind, ein Generationsproblem: In der Altersklasse, die diese Positionen besetzt – die heute um die Fünfzig ist –, gibt es nur sehr wenige Frauen mit der erforderlichen Ausbildung und Erfahrung. Da aber prozentual zur Gesamtgruppe vergleichbar ausgebildeter und erfahrener Männer auch nur ganz wenige die Chance haben, kontinuierlich in solche Spitzenjobs hineinzuwachsen, wundert mich die Absenz von Frauen wenig. Sie kann aber pointiert zur Abschreckung oder Anklage eingesetzt werden. Wirklich bedeutsam wird die Frage nach der Chancengleichheit meiner Ansicht nach erst in etwa zehn Jahren: Unter den jetzt Mitte dreißig- bis vierzigjährigen Frauen gibt es bereits viele, die hochqualifiziert sind. Diese sollten sich keinesfalls durch derartige Horrormeldungen beeindrucken lassen, sondern die Entscheidungsträger durch Hinweis auf ihre Kompetenz – und die daraus folgenden Vorteile für ihr Unternehmen – beeindrucken.

Will eine Frau in Top-Positionen aufsteigen, muß sie lernen, derartige Suggestivsätze und -strategien zu erkennen und die ihnen innewohnenden Ideologien zu entschlüsseln.

Kriegsgesten der Männer

Suggestionen sind eine von vielen Strategien, jemanden dazu zu bringen, zu tun, was man(n) will. Es gibt noch andere – vor allem die archetypischen Kriegsgesten der Männer. Mit ihnen muß frau lernen, elegant fertigzuwerden:

- Kriegsbemalung (Unzufriedenheits-, Ärger-, Spott- oder Distanzierungsmimik),
- Kriegsgeschrei (abwertende oder sexistische Bemerkungen: Frau wird nicht als gleichwertige Berufstätige angesprochen oder „wahrgenommen", sondern als „Dummchen", „Seelchen" oder Sexobjekt);
- Fallenstellerei (Provokationen wie ungerechtfertigte Kritik, Vorenthaltung von Informationen oder Arbeitsmitteln etc.).

Frauen sollten sich von derartigen „Interferenzen" nicht irritieren oder gar abschrecken lassen – genau das soll ja damit erreicht werden!

Frauen sollten aber auch nicht nur von männlicher Seite Gefahr erwarten: Auch Frauen bekämpfen unerwünschte weibliche Konkurrenz. Das beginnt oft bereits bei der Mutter, bei Schwestern sowieso, aber auch bei Pädagoginnen. Auch sie berufen oft die „weibliche Natur" und damit die Biologie oder den Befehl Gottes, wenn es zu verhindern gilt, daß eine Geschlechtsgenossin neue Wege zu beschreiten wagt. Sehr treffend beschreibt Volker Elis Pilgrim diese Taktik in „Dressur zum Bösen": „Das ‚Natur-Etikett' vor einem Verhältnis, einem Vorgang oder einem Verhalten hat den Zweck, dessen kritische Beleuchtung zu verhindern. Die Natur wird zum Weihnachtsmann gemacht, den man nicht fragen darf, wer hinter ihm steckt. Das meiste, das als natürlich ausgegeben wird, soll unwidersprochen hingenommen, darf nicht als vom Menschen selbst künstlich eingerichtet entlarvt und noch weniger als veränderbar erkannt werden (...). Wenn eine Gesellschaft etwas als ‚natürlich' erklärt, will sie damit nur ausdrücken, daß sie etwas als unangreifbar wünscht. Dagegen bedeutet das Etikett ‚unnatürlich', daß das damit gekennzeichnete Verhalten mißbilligt wird und von jedermann angegriffen werden kann."

Will frau im Beruf also schneller weiter oder über die vorgezeichneten und zugestandenen Aufgabenbereiche hinauskommen, braucht sie außer der selbstverständlichen fachlichen Qualifikation Klarsicht und ein Gehör für Geheimbotschaften. Sie braucht weiter Ausdauer, Unerschrockenheit, Gelassenheit und ein Instrumentarium von Problemlösungstechniken zum Selbst-Coaching.

Flexibles Planen

Was frau nicht unbedingt braucht, ist ein „Karriereplan" – selbst wenn dessen Notwendigkeit von zahllosen „Karriereratgebern" beschworen wird. „Erstens kommt es anders – und zweitens: als man denkt" können wir immer wieder hören, oder auch: „Der Mensch denkt und Gott lenkt". Und bei Bert Brecht heißt es: „Ja, renn nur nach dem Glück, doch renne nicht zu sehr, denn alle rennen nach dem Glück, das Glück rennt hinterher!" Das sind keine Platitüden. Zwar macht es Sinn, sich gemäß den Kunstregeln des „Positiven Denkens" ein präzises Bild vom erwünschten Zukunftszustand zu machen (und ja nicht vom Gegenteil!), – aber auch nicht mehr. Sonst stellen wir uns zu starr auf nur *eine* Zukunftsvariante ein!

Starrheit ist eine „männliche" Eigenschaft. Das „weibliche" Gegenstück dazu ist Flexibilität. Innerhalb des Begriffs der Starrheit können wir wiederum eine „Unter-Polarität" erkennen: einerseits stures Beharren, andererseits aber verläßliche Treue. Ebenso kann Flexibilität als Anpassungsbereitschaft gedeutet werden, aber auch als Wankelmütigkeit. Planung als Vorbereitung, den Weg zum Ziel Schritt für Schritt vorauszudenken und nachzuvollziehen, hilft gegen Gefühle der Unsicherheit: Sie bietet Struktur gegenüber dem Chaos. Sie hilft aber nicht bei unvorhergesehenen oder unvorhersehbaren Gefahren oder Chancen. Ich schlage daher vor, den Begriff Planung in seiner Zweigestalt anzudenken: als geistiges Bild von der Erreichung eines Wunschzustands (statisch), der sich möglicherweise während der Zeit der Verwirklichung verändert (flexibel).

Die Kunst des positiven Denkens

Wenn ich Sie auffordere: „Denken Sie NICHT an einen Schäferhund!" – woran denken Sie? Eben! Wenn ich also will, daß Sie nicht an einen Schäferhund denken, muß ich formulieren: „Denken Sie an einen Pudel!" oder an eine Katze oder was auch immer. Anhand dieses Beispiels merken Sie:

- Wir denken unbewußt primär in Bildern.
- Wir denken unbewußt primär wortwörtlich.
- Wir denken unbewußt „positiv".

Das Wort „NICHT" wird nicht registriert. Negativappelle werden in Positivappelle umgewandelt. Deshalb wird im Autogenen Training auch nicht formuliert „Ich will (oder werde) nicht mehr rauchen", sondern „Rauchen ganz gleichgültig". Und noch stärker: Begleitend zur Suggestion wird „visualisiert" – d.h. ein geistiges Bild erdacht –, wie beispielsweise eine Zigarette angeboten und gelassen dankend abgelehnt wird.

„Man soll den Teufel nicht an die Wand malen" warnt der Volksmund. Das ist weise! Sonst ist er nämlich in unserem Denken da. Daher formuliere ich: „Man soll einen Engel an die Wand malen!" – als Zukunftsbild. Aber bitte eines, das wir realistischerweise erhoffen dürfen. Skeptiker argwöhnen zwar, so würde Selbstverdummung betrieben: „Da redet man sich doch etwas ein!" Stimmt – so können wir die Methode auch sehen. Nur: Wir reden uns *immer* etwas ein. Wenn auch unbewußt. Durch „Einreden" werden geistige Bilder hervorgerufen. Das ist der „männliche" Teil der Aktion. Auf dieses „Bild" folgt ein bestimmtes Gefühl. Das ist der „weibliche" Teil. Und das kann ein Hochgefühl sein (Yang) oder Niedergeschlagenheit (Yin). Was die Realität dann bringt, paßt möglicherweise zu dem Vor-Gefühl – oder auch nicht.

Unverbesserliche Optimistinnen reden sich ein, daß schon alles ganz von selbst funktioniert. Sie sind möglicherweise grenzenlos enttäuscht, wenn alles schief läuft, weil sie vor lauter Einfalt versäumen, für Störungen Vorsorge zu treffen. Überzeugte Negaholikerinnen dagegen lassen keine Gelegenheit aus, sich selbst als unfähig zu bezeichnen.

Zweckpessimismus ade!

Daher ist auch der sogenannte Zweckpessimismus eine klassische Zwickmühle, aber keine Erfolgsstrategie: Sicherheitshalber wird gejammert – eine typische Yin-Aktion. Entweder gelingt ohnehin alles, dann hat man Neider und Störer zumindest abgelenkt. Oder es gelingt nichts, dann hat man immerhin recht behalten. Ich meine: Frau profiliert sich dadurch entweder als Jammerlappen oder als unsicher. Bestenfalls erntet sie dann Mitleid, aber sicher keinen Respekt. Eher ist anzunehmen, daß eine Erinnerung haften bleibt, wie frau in dieser Jammer-Situation ausgesehen oder wie sie sich angehört hat. Und diese Erinnerungen haften!

Yin mit Yang zu verbinden könnte sich dagegen so anhören: „Das scheint mir sehr schwer – aber ich will es probieren!“ Oder umgekehrt: „Ich trau mir das zu – ob es mir gelingt, werden wir erst sehen!“ Sie verbinden mit solchen inneren Sätzen die Gegenpole und lassen sich alle Erfahrungen offen: Die Folge ist Gelassenheit.

Neben dem geistigen Bild und dem inneren Satz gibt es aber auch noch die äußere Verkörperung. Bewußt bedacht, heißt dies, sich zu bemühen, ein möglichst positives Bild zu vermitteln. Das tun Sie über Ihre Geistes- wie Körperhaltung und auch über Ihre Atmung, Ihren Muskeltonus, Ihren Energiefluß.

Auch die Technik des positiven Denkens wirkt um so effizienter, je entspannter frau dabei ist. Es verändern sich so unsere Gehirnstrommuster, und frau gelangt möglicherweise in den Bereich der Alpha-Wellen. Das bedeutet direkten Kontakt zum Unbewußten, zur Kreativität, die ja auch zwischenmenschliches Verhalten erfindet, und zu all den Eigenschaften und Fähigkeiten, die in der Seelentiefe schlummern.

Die Kunst der Wachstumshaltung

Deshalb propagiere ich eine „Haltung“, die ich „Wachstumshaltung“ nenne; sie sollte mit der Zeit zu Ihrer Lebenshaltung werden:

Üben Sie fürs erste im Sitzen. Wenn Ihnen die Wirkungen vertraut sind, können Sie auch im Stehen, Gehen, Liegen „Haltung bewahren“. Setzen Sie sich „aufrecht“ hin. Bitte nichts überstürzen! Aufrecht ist nicht gleich aufrecht. Stellen Sie Ihre Beine im Abstand Ihrer Hüftknochen nebeneinander. Sie können dann wahrscheinlich Ihre waagrecht aneinandergelegten Hände auf Kniehöhe gerade dazwischenhalten. Vermeiden Sie jegliche Schieflage. Achten Sie dabei auf guten Bodenkontakt Ihrer Füße. Wackeln Sie ruhig ein wenig mit Ihren Zehen oder spannen und entspannen Sie Ihre Beinmuskulatur, bis Sie wirklich das Gefühl haben, gut „gegründet" zu sein. Falls Sie Schuhe mit hohen Absätzen tragen: Achten Sie besonders darauf, daß Ihre Fersen sicheren Kontakt zur Basis haben. Bringen Sie jetzt Ihre Wirbelsäule ins „rechte Lot". Manche stellen sich dabei eine Holzperlenschnur vor, die sie innerlich vom Scheitel hinunterfallen lassen; religiöse Menschen bevorzugen manchmal die Gedankenhilfe, sie würden wie eine Marionette von Gott an Kraftseilen gelenkt. Wie auch immer: Wichtig ist, daß Sie die Schwerkraft wirken lassen – auf diese ist Verlaß, sie gibt Sicherheit.

Vielleicht spüren Sie jetzt allerlei Verspannungen – meist im Nackenbereich, oft in der Taillengegend. Dehnen und strecken Sie sich, „renken" Sie sich „ein".

Wenn Sie sich nun in aufrechter Wachstumshaltung befinden, beginnen Sie gleichmäßig sanft und ruhig zu atmen. Verzichten Sie auf Luftanhalten oder Hecheln. Atmen Sie ganz einfach so, wie es Ihrem Gefühl entspricht. Wenn Sie meinen, Sie wären zu schnell, stellen Sie sich vor, in welchem Rhythmus eine Kammerschauspielerin „Friede" sagen würde. Oder denken Sie an Amneris in Verdis „Aida", wenn sie im Schlußbild „Pace" singt. Selbstverständlich können Sie begleitend an Musik im passenden Rhythmus denken, Barockmusik etwa: Sie gleichen dann Ihre persönliche, akustische „Wellenlänge" jener der Musik an. Das ist übrigens eines der Geheimnisse, weshalb Kühe bei Berieselung mit Mozartschen Klängen mehr Milch geben oder Hühner mehr Eier legen. Das haben einschlägige Untersuchungen ergeben. Nicht, daß sie so große Musikliebhaber wären. Es sind Schallwellen mit einer spezifischen Bandbreite, die beruhigende und konstruktive Wirkung haben.

Wenn Sie nun einatmen, stellen Sie sich bitte vor, Sie holen bei jedem Atemzug mit Ihrem Atem Kraft aus dem Boden, sozusagen von Mutter Erde. Lassen Sie diese Kraft mit Ihrem

Atem an der Rückenseite Ihres Körpers die Wirbelsäule hinaufsteigen bis Sie Ihren Scheitelpunkt erreichen. Halten Sie wenige Sekunden inne, wie es Ihnen gerade angenehm ist. Nicht mit Krampf, sondern wie wenn Sie beim Autofahren schalten: Sie schalten nämlich wirklich um. Atmen Sie jetzt aus und stellen sich dabei vor, Sie lassen Ihren Atem an der Vorderseite Ihres Körpers wieder zu Boden fließen. Er nimmt alles mit, was Sie nicht mehr brauchen. Sorgen und Kummer, Erledigtes, aber auch Unnötiges, das vielleicht irgend jemand anderer brauchen kann. „Mutter Erde" wird es schon dorthin transportieren, wo es hingehört. Im Klartext: Es ist gar nicht notwendig, daß Sie alles kontrollieren, alles besorgen; Sie dürfen Ihrem individuellen genauso wie dem kollektiven und sogar dem kosmischen Unbewußten vertrauen.

Halten Sie anschließend zum Umschalten wieder inne, holen Sie dann wieder Kraft aus dem Boden.

Durch die begleitenden Visualisierungen geben Sie sich ein positives Zielbild: Nützliches aufnehmen, Unnützes abgeben. Eine klassische (leibseelische) Stoffwechsel- und damit auch Reinigungs- und Erneuerungssuggestion.

Ich finde es gut, diese Übung nach dem Aufstehen am Morgen und vor dem Zubettgehen am Abend zu machen. Ein-, zweimal genügt schon. Mehr als viermal empfehle ich nicht. Sie bewährt sich aber auch in Krisensituationen. Wenn frau angegriffen wird und Gefahr läuft, ihre „Mitte" zu verlieren, hilft die Übung, die innere wie die äußere Balance wiederherzustellen. Deswegen ist es gut, sich diese Körpermeditation nach einiger Übung im Sitzen auch im Stehen vertraut zu machen.

Der Zukunft vertrauen

Wann immer Sie nun in einer Situation sind, in der Sie sich Zukunftssorgen machen, in der Ihnen etwas fehlt – eine Idee, eine Fähigkeit oder nur eine passende Antwort, in der Sie also Gefahr laufen, verzagt stehen- oder steckenzubleiben, machen Sie sich ein geistiges Bild von der Situation, in der Sie gerade sind: Treten Sie sozusagen wie Ihre beste Freundin gedanklich hinter sich. Sie haben damit eine undeutliche Vision von sich selbst in der Augenblickslage.

Stellen Sie sich jetzt vor, Sie sind die Souffleuse eben dieser „Darstellerin" und wissen bereits, daß das „Schauspiel" gut ausgehen wird: Sie sehen das Happy End schon vor sich. Daher können Sie leicht Regieanweisungen geben: Sie soufflieren oder lenken körperlich oder lassen einfach gedanklich den kommenden Film (mit seinem guten Ende) ablaufen.

Wenn Sie Ihre gedanklichen Anweisungen geben, benutzen Sie Sätze wie: „Sicher und gelassen werde ich diese Aufgabe bewältigen" oder „Es werden mir alle Einfälle rechtzeitig in den Sinn kommen". Also möglichst vage, unspezifische Sätze, damit Ihr Unbewußtes Bilder aufsteigen lassen kann.

Die Kunst der Selbstsuggestion

An Mechanismen bei der Formulierung von Suggestionen im Bereich des positiven Denkens unterscheide ich:

a) Möglichst präzise Formulierungen und Visualisierungen dann, wenn es um die Aktualisierung von Eigenschaften und/oder Verhaltensweisen geht, die bereits in der individuellen Schatzkammer vorhanden sind. Denken Sie beispielsweise an Sozialängste wie „eine Treppe hinuntergehen und alle schauen zu". Suggestion und Erinnerungsbild: „Wie ich damals so gelassen die Treppe hinunter geschritten bin", und Sie gehen los. Die Verwendung des Wortes „schreiten" gibt zusätzliche Ruhe.

b) Möglichst vage Formulierungen, wenn noch keine Vorstellung vom künftigen Verhalten da ist. Beispiel: „Wie wird das wohl aussehen, wenn ich ..." Jetzt müßte schon das geistige Bild auftauchen.

c) Wenn dennoch ein Negativbild erscheint wie beispielsweise die Treppe hinunterfallen – sofort ein Gegenbild einschalten, wie: die Treppe gelassen hinunter schreiten.

Ich wandte diese Technik immer an, wenn ich um einen meiner Söhne Angst hatte, wenn einer zum Beispiel beim Skikurs war und auf meiner geistigen Leinwand Szenen von Unfällen und Verletzungen auftauchten. Dann stellte ich mir meinen Sohn vor, wie er sich im Sommer braungebrannt und frech (realistisches Bild entwickeln!) am Küchentisch lümmelt; folglich mußte er also sein Skitraining überlebt haben.

Ein anderes Beispiel: Eine Klientin litt unter heftigen Konkurrenzgefühlen, in ihrem geistigen Kino lief andauernd ein Film, wie erfolgreich und bewundert ihre Rivalin war. Auf meine Anregung hin veränderte sie das „Drehbuch“ und baute kleine (realistisches Bild entwickeln!) Pannen ein, große wären unglaubwürdig, das Unbewußte würde sich dagegen sträuben. Anschließend ließ sie sich selbst als *dea ex machina*, als „Göttin aus der Theatermaschinerie“, gleichsam als „Supergirl“, auftreten und die Situation hilfreich und mit Beifall zum guten Ende bringen.

Wichtig: Schon wenn sich die Seelenlage von „eng“ (ängstlich, neidisch, eifersüchtig, verzweifelt) hin zu „offen, was passiert“ weitet, ist bereits der entschiedene Schritt aus der Blockade gelungen.

Angst kommt von Enge – der des Brustraumes nämlich, wenn wir in der Schrecksekunde die Luft anhalten. Dann „stellen wir uns tot“. Oder wenn wir zu hecheln beginnen, um uns fluchtbereit zu machen. Die polare Gegenbewegung ist wiederum das ruhige, tiefe Atmen, das auch für eine bessere Sauerstoffversorgung des Gehirns sorgt und damit hoch komplexes kortikales Denken ermöglicht. Sollten Sie allerdings leichten Schwindel empfinden, haben Sie wohl zu tief geatmet. Dann halten Sie bitte Ihre hohlen Hände aneinandergelegt wie eine Atemschutzmaske vor Nase und Mund und atmen ein-, zweimal ein und aus. Dann trinken Sie etwas Wasser, setzen sich kurz hin und denken an irgendeine Situation aus Ihrem Leben, in der Sie sehr entspannt und glücklich waren, etwa an ein Urlaubserlebnis.

Wenn nun aber absolut keine Idee von dem Verhalten auftaucht, das Sie gerne zur Verfügung hätten, dann stellen Sie sich die Frage: „Wen kenne ich, die oder der diese Tätigkeit souverän ausführen würde?“ Dann sollte frau warten, wer ihr in den Sinn kommt; das kann jemand aus der Bekanntschaft sein oder ein Star oder eine Figur aus Geschichte und Literatur. Es kann auch das eigene Totemtier sein.

Wenn noch immer keine Idee auftaucht (weil Sie zu angestrengt denken, anstatt Ihre Gedanken frei schweben zu lassen), schauen Sie auf die nächste Tür. Suggerieren Sie sich: Die Tür geht auf und herein kommt die Person, die das kann. Übrigens: Auffällig häufig kommt dann bei meinen Klientinnen die Lieblingsgroßmutter.

Eine andere Variante wäre: Sie schalten „geistig“ den Fernsehapparat ein, und auf dem Bildschirm taucht jene Person auf, die das alles kann.

Wenn wider alles Erwarten noch immer nichts in den Sinn kommt, bedanken Sie sich bei Ihrem Unbewußten und gestatten Sie ihm eine Erholungspause. Bitten Sie es nur ganz beiläufig, Ihnen im richtigen Moment mit der zusätzlichen Autosuggestion: „So ungefähr in fünf Minuten“ die gewünschte Information zu senden.

Wiederum wichtig: Lassen Sie keine Reaktion des Ärgers sich selbst gegenüber zu! Sie verspannen sich sonst. Es geht aber darum, in den Optimalzustand zu kommen, und der liegt nun mal näher bei der Entspannung (Yin) als der Anspannung (Yang). Ob Superlearning, Meditation, autogenes Training, Hypnotherapien oder andere Formen von Trancearbeit und Entspannungstechniken – immer wird versucht, der Spannung der Polarität zu entkommen und zur All-Einheit zu gelangen – ein weiblicher Zugang zum Leben.

Problemlösung durch gezielte Anspannung hingegen läßt wenig Spielraum: Es gibt ein Ziel und nur einen Weg dorthin. Umwege oder gar „Umgehen" werden als wenig mannhaft diffamiert. Ein klassisches Beispiel für die Diffamierung von zu viel „Offenheit" und damit Mehrdeutigkeit finden wir in der Odyssee: Der listenreiche Odysseus kann wegen seiner mangelnden Geradlinigkeit – polar könnten wir von Ideenreichtum sprechen – eben nicht den direkten Weg nach Hause und damit zur „anziehenden" weiblichen Hälfte finden. Die weibliche Hälfte finden, heißt für einen Mann aber auch, seine Mitte finden.

Die klassisch männliche „Ein-Stellung" ist direkt und zielorientiert. Sie entspricht der biologischen Programmierung zur Erfüllung der männlichen Geschlechtsrolle: zu zeugen. Das Ziel vor Augen, z.B. ein Weibchen, das Blickfeld eingeengt, zielgerichtet erstarrt – erigiert – und losgestürmt: alle Kraft voraus! Dieser Zustand mag zwar ein Optimum an (Zeugungs-) Kraft enthalten, ein Optimum an Aufmerksamkeit und Flexibilität enthält er nicht!

Die weibliche Geschlechtsrolle besteht, biologisch betrachtet, primär in der Brutpflege und der Fürsorglichkeit. Und genau das stellt einen wesentlichen Bestandteil jeder gedeihlichen Menschenführung dar!

Überlegen wir nun, welche Handlungsanleitungen wir aus der biologischen Programmierung zur Erfüllung der weiblichen Geschlechtsrolle ableiten können: Wachsamkeit gegenüber Gefahren, größtmöglicher Überblick und soziale Phantasie – und damit auch die Motivation zur Entwicklung einer Variationsfülle von Verhaltensmöglichkeiten: Das reicht vom Kampf und Ruf nach Unterstützung bis zur Flucht und dem Totstellen, umfaßt die Suche nach bestmöglichen Niederlassungsgegebenheiten, beeinflußt die Wahl der erfolgversprechendsten Partner. Was motiviert uns dann noch, den männlichen Lebensstil zu kopieren?

Im Erproben der unterschiedlichen, männlichen wie weiblichen, Taktiken und Strategien zur Verfolgung erreichbarer (!) Ziele hat sich mir vor allem ein Zugang als besonders wirkungsvoll erwiesen. Ich nenne ihn „Die Kunst des Pirschens“: So wie Fischerinnen oder Jägerinnen – aber auch Künstlerinnen, Ärztinnen oder Psychotherapeutinnen – sich auf ihr Ziel fast meditativ „einstimmen“, sollten wir unseren „inneren Radar“ möglichst umfassend, möglichst vage und erst später konkreter bis fokussiert einstellen. Das bedeutet:

a) Zuerst einmal: Sich einen groben Überblick über das Zielgebiet, seine Möglichkeiten, die Hindernisse auf dem Weg dorthin (dazu gehört auch die Konkurrenz) verschaffen.
b) Sodann den bestmöglichen Beobachtungsstandort sowie die dazu gehörende Ausrüstung (auch den passenden Bewußtseinszustand, abwartend oder startbereit) wählen.
c) Informationen sammeln.
d) Diese zugrundelegend, mehrere Einsatzpläne entwerfen,
e) dann auf den „Kairos“, den richtigen Zeitpunkt, warten und
f) erst wenn der da ist, handeln.

„Aber das dauert doch alles viel zu lang! So komme ich doch NIE zum Erfolg!“ höre ich oft verzweifelte Seufzer. Achtung: Erstens ist bereits die Verwendung des Wortes und Gedankens „NIE“ eine Negativsuggestion. Sie verhindert, daß wir in unserem Denken auch nur die geringste positive Möglichkeit zulassen. Zweitens läßt dieser Satz außer Acht, daß alles – jede Entwicklung, jede Arbeit – seine Zeit braucht. Ich formuliere gerne: „Ein Kind zu bekommen dauert neun Monate – und wenn es schneller vor sich geht, ist es weder fürs Kind gut noch für die Mutter!“

Weibliche Qualitäten

In der Bibel findet sich der richtungsweisende Psalm 127, in dem es heißt:

Wo der Herr nicht das Haus baut, so arbeiten umsonst, die daran bauen. Wo der Herr nicht die Stadt behütet, so wacht der Wächter umsonst.

Zu glauben, alles ließe sich erzwingen – sei „machbar" –, leugnet die Sinnhaftigkeit vieler Widerstände: Sie deuten nur zu oft darauf hin, daß „die Zeit noch nicht reif" ist, und daß funktionelle Gleichgewichte gestört werden.

Gewöhnlich denken wir, wir hätten zu wenig unternommen und müßten uns „mehr" anstrengen. Das entspricht einerseits den verinnerlichten Leistungsappellen von Bezugspersonen, die uns erzogen haben, andererseits aber dem Lebensstil einer Yang-überbetonten Zeit: Die Lösung wird auf der Plus-Seite gesucht, also mit mehr Kraft, mehr Druck, mehr Anstrengung, mehr Tempo.

Paul Watzlawick hat in seinem Buch „Vom Schlechten des Guten" diese Denkweise des „mehr desselben" als häufig begangenen Weg in die Selbstblockade entlarvt. Die Erkenntnis, daß es sich dabei um einen typisch „männlichen" Zugang handelt, hat er als Mann verständlicherweise nicht bedacht.

Wenn wir nun einen Yin-Zugang suchen, könnte der im Verlangsamen bis Innehalten, Nachforschen, was alles in Beziehung steht, und im Überdenken der möglichen Folgen für alle Beteiligten bestehen. „Männliche" Strategie will möglichst allein, möglichst schnell, möglichst viel Raum (Revier) erobern. „Weibliche" will eher langsam Raum eröffnen, damit alles und alle ihren Platz finden. Das erfordert natürlich Geduld – eine „weibliche" Qualität:

- Zeitdimensionen abschätzen zu können,
- „Gegnern" so viel Respekt entgegenzubringen, daß ihre Bedenken oder Ängste verstanden und vielleicht auch beseitigt werden können,

- auf eigene Vorhaben zu verzichten, wenn damit gravierende Nachteile für andere verbunden sind.
- Auch zur Instinktsicherheit und zum Herstellen von Kommunikationsbereitschaft braucht es Nachspüren.

Austricksen heißt, schnell sein zu müssen. Man will ja etwas „kriegen". Friedlich sein hingegen erfordert Verzicht aufs Kriegen und damit Bereitschaft zur eigenen Verlangsamung. Schneller zu sein, zählt zu den klassischen männlichen Kampfstrategien. Schnellersein ist meist (wenn nichts anderes trainiert wurde) von beschleunigtem Atmen begleitet – und wer hechelt, denkt nur eingeschränkt.

Versuchen Sie selbst:

Gehen Sie in dem Raum, in dem Sie sich soeben befinden, umher und nehmen Sie sich vor, irgend etwas Verborgenes zu finden, etwas, was nicht sogleich sichtbar ist, sondern erst durch etliche Handgriffe zutage gefördert wird.

Stellen Sie sich jetzt vor, Sie stehen unter extremem Zeitdruck, alles muß ganz, ganz schnell gehen. Wie fühlen Sie sich? Wie atmen Sie? Wie empfinden Sie Ihren Körper?

Und jetzt machen Sie alles noch einmal und stellen sich dabei vor, Sie hätten alle Zeit der Welt. Genießen Sie jeden Handgriff, lassen Sie alle Gegenstände, die Sie berühren, in Ihrer Handfläche verweilen. Spüren Sie das Material, die Form, betrachten Sie das Aussehen, lassen Sie die Farbe auf sich wirken. Wie fühlen Sie sich nun? Wie atmen Sie jetzt? Was empfinden Sie diesmal in Ihrem Körper?

Merken Sie, wie wesentlich es von Ihrem Bewußtsein und damit auch von Ihrem Atemrhythmus abhängt, wie Sie sich fühlen? Kommt Ihnen jetzt auch in den Sinn, daß Sie ja ganz genau wissen, daß Ihren körperlichen Möglichkeiten Grenzen gesetzt sind? Selbst wenn Sie wie eine Supersportlerin trainieren – Sie stoßen immer wieder an Grenzen, manches geht einfach nicht schneller. Wenn Sie es trotzdem versuchen, häufen sich nur die Fehlleistungen. Wozu also?

Wenn Frauen sich selbst fördern und nicht überfordern wollen, sollten sie darauf achten, daß sie oft in Gefahr sind, vorgegebene Bewertungen zu übernehmen, ohne sie kritisch zu befragen. Zumeist sind es Kategorien, die als „typisch männlich" bezeichnet werden können: schneller, stärker, schwerer, größer.

So listen Wirtschaftsmagazine als Merkmale erfolgreicher Unternehmerinnen auf: die Größe des Jahresumsatzes bzw. den Marktanteil und die Anzahl der Mitarbeiter und Mitarbeiterinnen. Seltener, weil fast nur durch Selbstangabe erfahrbar, wird der Kundenstock als Kriterium in Betracht gezogen. Hier kann es traditionell eher als Zeichen von Seriosität gewertet werden, wenn „erste Kunden" nicht bekanntgegeben werden. Allenfalls folgt noch der Bekanntheitsgrad, den zu erheben ist aber umständlich.

Auf ähnliche Weise erarbeiten Bock, Rosenthal, Haase und Streeck in ihrer Studie „Hochqualifizierte Frauen in typischen Männerpositionen", die ihrem Buch „Wenn Frauen Karriere machen" zugrunde liegt, den Index „Erfolg": *Dieser berechnet sich als Addition aus den für die Berufsgruppen standardisierten Werten für das Jahresnettoeinkommen, der Zahl der Untergebenen mit akademischer Ausbildung sowie einem Wert, der die Positionen in der organisierten Hierarchie angibt.*

Tiefenpsychologisch interpretiert, stellen sich diese Kriterien als Imponiergehabe dar. Ähnliches kennen wir von kleinen Kindern im Sandkasten, die damit bekanntlich ihre Kleinheit und Machtlosigkeit überkompensieren wollen, und von den Revierkämpfen zwischen Vätern und Söhnen, in denen es den Älteren darum geht, zu verhindern, daß ihnen die nachfolgende Generation über den Kopf wächst: „Meiner ist größer!", „Ich hab' mehr!", „Zu mir kommen die Besseren!" und „Ich bin viel berühmter als Du!"

Ich sehe in diesen traditionellen „männlichen" Konkurrenz- und Kampfkategorien keinerlei Vorteil für das Zusammenleben oder die Lebens- und Leistungsfreude von Menschen. Das gilt sowohl für Zweierbeziehungen als auch für Teams, für Betriebsgemeinschaften und auch für die gesamte Gesellschaft – von Völkern ganz zu schweigen. Im Gegenteil: Sie bringen uns auseinander und gegeneinander auf.

Wenn wir von dieser destruktiven Einseitigkeit der Bewertung mit ihren negativen Auswirkungen auf das Selbstwertgefühl und damit die psychische Gesundheit wegkommen wollen, müssen wir durchaus suggestiv andere Bewertungskategorien propagieren. „Weibliche"?

Weg vom Kain-und-Abel-Syndrom

Ich möchte hier bewußt auf die Herausforderung verzichten, „weibliche" Erfolgskategorien zu formulieren. Ich würde damit nur wieder im Spiel der Gegensätze, der Konkurrenz, der Sieger und Verlierer mitagieren. So dient meiner Erfahrung nach die – mediengerecht betitelte – Unterscheidung von „Schornsteinkarrieren" – immer in derselben Firma geradlinig hochgedient – und „Fleckerlteppichkarrieren" – was Job-Hopping von Branche zu Branche, von Aufgabengebiet zu Aufgabengebiet, bedeutet – bei Frauen nur deren Verunsicherung.

Ich selbst habe in der Zeit meiner Firmengründung oft den Vorwurf des Job-Hopping zu hören bekommen. Ich habe ihn immer mit dem Hinweis auf manche, zur selben Zeit hoch bejubelten Berufspolitiker pariert: Auch auf Männer findet die Bezeichnung Job-Hopper Anwendung – dann allerdings voll Bewunderung.

Ob ich ein Glas Wasser als „halb voll" oder „halb leer", positiv oder negativ, Yang oder Yin, bezeichne und daher auch werte, hängt von meinem – bewußten – Ziel und meiner – meist unbewußten – Lebenseinstellung ab. Soll jemand daran gehindert werden, ihre/seine Berufsposition durch Veränderung zu verbessern, wird Firmentreue hoch bewertet werden; soll jemand vom Verbleib im Nachfolgekarussel abgehalten werden, wird berufliche Mobilität propagiert. Soll jemand abgewertet werden, findet sich immer ein Detail, das angeprangert wird. „Wer einen Hund prügeln will, findet einen Stekken", heißt es im Volksmund. Im Kapitel „Strategien" will ich die passenden Abwehrtechniken beleuchten.

Ich sehe einen möglichen Ausweg aus diesem „Kain-und-Abel-Syndrom" darin, daß wir Frauen, jede für sich, überlegen:

Was will ich eigentlich? Was ist mein Ziel? Langfristig? Mittelfristig? Kurzfristig?

Falls Sie das noch gar nicht wissen (weil Sie eine Zukunftsvision erst noch brauchen, z.B. als Studentin oder in einer Neuorientierungsphase, z.B. nach Trennungen), nützen Sie eine der Techniken aus dem Kapitel „Pfad zum Tao" (s. Seite 138).

Wenn Sie sich über Ihre Ziele im klaren sind, entwickeln Sie bitte Ihre eigenen Bewertungsspielregeln:

- Was wäre für mich ein Erfolg?
- Welche Kriterien sind mir dabei wichtig? Welche fördern meine persönliche Entwicklung? Und welche die meiner Umwelt?
- Habe ich dabei Suggestionen von anderen übernommen? Von wem? Welche? Wem nützen sie? Und will ich sie auch wirklich behalten? Will ich sie lieber zurückgeben? Oder für allfälligen späteren Einsatz aufheben?
- Wann empfinde ich mich als „erfolgreich"?
- Woran würde ich merken, daß ich erfolgreich bin?
- Und wie würde ich mich fühlen – wie würde ich aussehen, mich anhören, auf andere wirken –, wenn ich erfolgreich bin?

Sollten Sie jetzt in einen Zustand gelangt sein, wo Sie sich so richtig erfolgreich und damit wohl fühlen, merken Sie sich bitte, welche „Haltung" Sie jetzt – körperlich, seelisch und geistig – einnehmen. Geben Sie ihr einen prägnanten Namen, damit Sie sie auch „schnell" abrufen können! Üben Sie, so oft Sie können, diese Haltung einzunehmen!

Hineinhören

Wie wir programmiert wurden ...

Wir alle leben nach einem unbewußten Drehbuch, das unsere Eltern für unser künftiges Leben entworfen haben. Natürlich gibt es auch Eltern, die ihren Kindern nur spontane oder überhaupt keine Regieanweisungen geben; die Folge ist dann jedoch meist mehr oder weniger starke Verwahrlosung.

Von Sigmund Freud stammt die Metapher vom Eisberg: Nur ca. 10 % davon sind oberhalb der Wasserfläche sichtbar. Das entspricht auch dem Anteil unseres Wachbewußten; 90 % dagegen liegen unter Wasser – wie auch der Großteil unserer Wahrnehmungen und Reaktionen unbewußt ist. In unseren Träumen, Fehlhandlungen (z.B. Vergessen, Versprechen, Verschreiben) und Symptomen tauchen ab und zu solche unbewußten „Strebungen" auf. Strebungen sind Wünsche oder Ängste, die wegen des zugrundeliegenden Konfliktpotentials nicht bewußtseinsfähig sind. Sie lösen entsprechend heftige Gefühlsreaktionen aus: Lachen oder erschrecken, wundern oder sich schämen etc.

Erinnern Sie sich an das Märchen von Dornröschen? Da lädt das Königspaar die Feen des Reiches zur Taufe der Tochter, denn es weiß, daß ihr jede einen guten Wunsch mitgeben wird. Weil es aber nur zwölf Gedecke hat, lädt es die dreizehnte Fee nicht ein. Die kommt aber dennoch und verflucht das Mädchen. Die Zwölfte aber, die ihren Segen noch nicht ausgesprochen hatte, mildert den „bösen" Wunsch.

Ähnlich ergeht es den Kindern in der realen Welt: Von klein auf bekommen sie Segenswünsche und Flüche mit. Nur sind dabei die Verteilenden nicht irgendwelche Zaubergestalten, sondern Vater und Mutter, die Kindergartentante, der Pfarrer, die Lehrerschaft.

Gib einer Gruppe einen schlechten Namen, und sie wird ihm nachkommen, mahnt der Soziologe Norbert Elias. All diese Benennungen sind nämlich wiederum Suggestionen.

Die Lust des Klonens

Ein kleines Kind hat weder Wissen noch Überblick. Über-Blick setzt, wie das Wort schon andeutet, eine gewisse Körpergröße oder ein Mittel zur Erhöhung voraus. Nicht einmal alle Erwachsenen, und schon gar nicht ein Kind, haben die Kraft, Fremd-Definitionen auf ihren Wahrheitsgehalt zu prüfen und sich gegebenenfalls dagegen zu wehren. Die Folgen solcher Zuschreibungen merken wir sehr bald: Positive motivieren und bauen auf, negative verunsichern zumindest und bauen meist ab.

Viele Frauen schleppen ihr Leben lang elterliche Suggestionen mit: „Komm dir bloß nicht zu gut vor!" oder: „Bilde dir nur nichts darauf ein!" Kleine Kinder versuchen – außer in den sogenannten Trotzphasen, die besser Selbstbehauptungsphasen heißen sollten – nach besten Kräften, den Aufforderungen ihrer Eltern nachzukommen. Andernfalls bekommen und bewahren sie Schuldgefühle – und genau die sollen sie durch solche Suggestivsätze ja auch bekommen.

Eltern und Elternersatzpersonen meinen, das Beste für ihre Pflegebefohlenen zu tun, wenn sie verhindern, daß diese „eitel" oder „überheblich" werden. In Wirklichkeit verhindern sie Ich-Stärke. Unbewußt geben sie im „Wiederholungszwang" (Freud) an die nächste Generation weiter, was ihnen selbst angetan wurde: Oft kann man dann hören: „Was mir nicht geschadet hat, wird dir auch nicht schaden!" Dabei zeigt dieser Satz allein schon die mangelnde Sensibilität für Schadensfolgen – denn: Schaden spürt in erster Linie die Person, die ihn erleidet! So wird versucht, Kinder klein zu halten. Außerdem werden Kinder abgehalten, gegen unverständliche oder unangenehme Anweisungen Widerstand zu leisten und später, wenn sie größer und stärker sind, Machtkämpfe und Konkurrenz auszutragen. So wird aber auch verhindert, daß Kinder aufrecht groß werden können.

Wunschfrau: Yin

Mädchen werden oft noch zusätzlich benachteiligt: Viele Eltern erziehen noch immer nach dem veralteten Rollenbild der Frau im 19. Jahrhundert. Damals gab es kaum Arbeitsmöglichkeiten für bürgerliche Frauen. Für Bäuerinnen oder Arbeiterfrauen stellte sich die Frage, ob Berufsfrau oder Hausfrau, ohnedies nicht: Sie mußten ihre ganze Arbeitskraft einsetzen, um die wirtschaftliche Existenz nicht nur ihrer eigenen Person, sondern der ganzen Familie zu sichern.

Die bürgerliche Frau hingegen war auf die Existenzsicherung durch die Ehe angewiesen. Auch wenn Dichter von weiblicher Schönheit und Lieblichkeit schwärmten – der „Marktwert" der Frau war weitgehend von ihrer Fähigkeit zur Reproduktion männlicher Arbeitskraft abhängig: Der Ehemann des vorigen Jahrhunderts wollte primär versorgt werden. Die Anforderung an Ehefrauen war daher Befriedigung seiner Bedürfnisse nach Nahrung und Kleidung, immerhin war deren Beschaffung noch nicht durch industrielle Massenfertigung gesichert. Nicht zuletzt lassen sich so auch die langen Verlobungszeiten erklären: Die „Aussteuer" – Bett- und Tischwäsche – mußte genäht und gestickt werden. Und auch das Rechtsinstitut der Mitgift als Beitrag des Brautvaters zur künftigen Unterhaltspflicht des Ehemannes wird so verständlich, ebenso wie die „bürgerliche Doppelmoral" mit ihrer Forderung nach ehelicher Treue für beide Geschlechter, bei gleichzeitiger Toleranz des Ehebruchs durch den Mann.

Sexuelle Treue als Pflicht für die Frau sollte primär die Legitimität der Nachkommenschaft – und sekundär die Unvergleichlichkeit des Ehemannes – sichern. Sie wurde erst mit der Verfügbarkeit sicherer Empfängnisverhütungsmittel für die Frau fragwürdig. Ein Triebleben zu haben, war Privileg des Mannes. Unter Berufung auf diese seine Besonderheit konnte jegliches Ausbrechen aus gesellschaftlichen und insbesondere rechtlichen Normen entschuldigt und gerechtfertigt werden. Diese suggestive Strategie zur Sicherung von Machtansprüchen wird auch heute noch angewandt, wenn es um Verharmlosung von sexuellen Belästigungen oder Gewalttaten gegenüber Frauen geht.

Entsprechend dieser Sicht vom erwünschten Geschlechterverhältnis in der Ehe war klar, daß „Er" allen Raum für sich beanspruchen konnte und Frau und Kind sich mit Eckchen begnügen mußten, die „Er" anwies. Völlig klar, daß Frauen auf diese Beschränkung und Beschränktheit hin „erzogen" werden mußten – standen sie doch im Widerspruch zu jeder Wachstumstendenz. Selbstbild und Selbstverwirklichungsstreben der jeweiligen Frau war unerheblich, Hauptsache sie entsprach dem männlichen (Fremd-)Bild.

In der Zeit des Nationalsozialismus wurde dieses Wunschbild der dienenden und bedienenden Frau noch durch die Mutterideologie angereichert: Ein Kind an der Hand, eines auf dem Arm, eines im Kinderwagen und eines unter dem Herzen, lautete die Parole. Ab vier Kindern war frau würdig, das Mutterkreuz zu erhalten, denn „der Führer braucht Soldaten". Daß weibliche Sexualität allein der Fortpflanzung zu dienen hatte, war damit klar: Nur passives Empfangen war erlaubt.

Daß frau folglich etwaige Yang-Anteile, aktive Lust oder kämpferischen Widerstand nicht integrieren konnte, liegt auf der Hand.

Traummann: Yang

Buben erlebten in ihrer Erziehung wesentlich mehr Freiheit als Mädchen – immerhin sah das traditionelle Rollenbild des Mannes vor, daß sie zum künftigen Familienoberhaupt herangebildet werden sollten. So zeigen soziologische Untersuchungen, daß schon kleine Jungen wesentlich mehr im Freien spielen dürfen als Mädchen; den Unterschied in der Leibeserziehung (Kraft als Ziel für die Burschen, Schönheit für die Mädchen) kennen wir alle, wir hinterfragen ihn nur nicht.

Erst bei der Ableistung der Wehrpflicht wird der bisherige „Sieger“ zum Befehlsempfänger umdressiert – außer er ist schon früher in eine der zumeist konfessionellen Eliteschulen geraten.

Im Erziehungswerk des Nationalsozialismus erfuhren Knaben stärkere Yang-Ausrichtung als je zuvor: Zäh wie Leder, flink wie Windhunde und hart wie Kruppstahl sollten sie werden, menschliche Waffen, ohne Gefühl und Mitgefühl, bereit zum Töten und zum Tod.

Dieses Rollenbild des Mannes dominiert noch immer in den medialen Vorbildern für sogenanntes „idealmännliches“ Verhalten: Da tummeln sich Kämpfer und Zerstörer, Helden und Bösewichte, nur ab und zu taucht im Wilden Westen ein verbitterter ehemaliger Kämpfer auf. Entgegengesetzte Antihelden sind nicht der Rede wert: Hippies, Softies und Stadtneurotiker. Kein Mann der Mitte.

Die zugehörigen Frauen sind entweder brav, daher schwach und beschützenswert, eben Yin, oder im Gegenteil Yang, daher stark und seltsamerweise immer böse, daher müssen sie auch vernichtet werden.

Ich klassifiziere die in audiovisuellen Medien so häufig propagierten „Idealfrauen“ gerne nach den Heldinnen in Richard Wagners Opern:

Im „Elsa-Syndrom“ warten Yin-Frauen auf einen „Lohengrin“, der sie beschützt, verteidigt und ihnen alle Schwierigkeiten aus dem Wege räumt; da sie zuviel reden, zuviel wissen wollen, vertreiben sie ihn in die schweigsame Männergemeinschaft. Elsas stammen aus Familien, in denen Frauen und Kinder bewußt unwissend gehalten werden, überversorgt sind und primär dankbar sein sollen.

Im „Senta-Syndrom“ opfert sich die Yin-Frau für einen „Fliegenden Holländer“, der ebenfalls schweigt, vor allem aus Mißtrauen. Sentas stammen aus Familien, in denen Frauen und Kinder emotional unterversorgt werden, keine Außenkontakte haben dürfen und in denen Leiden hoch angesehen ist.

Im „Brunhilden-Syndrom“ wartet die Yang-Frau auf einen Helden, der stärker ist als sie: Sie möchte so gerne Yin sein dürfen. Nur: Der ersehnte Yang-Mann ist bequem, mag nicht mit einer Brunhilde kämpfen, um ihr zu beweisen, daß er wirklich ihre Achtung verdient, mag sich lieber von einer Yin-Frau wie Krimhild bewundern lassen, auch wenn diese ihn letztlich verrät. Brunhilden stammen aus Familien, in denen Weiblichkeit und Frausein wenig wert ist, allein Leistung zählt und verdeckte oder offene Aggression an der Tagesordnung ist.

Elsas und Sentas finden zwar ihre Yang-Ergänzung, sie sind ja auch auf Anpassung programmiert; Brunhilden nicht, daher bleiben sie allein im Yang, das Yin eines anpassungsfähigen Gunther imponiert ihnen nicht.

Frauen auf *small is beautiful*, auf Yin total, zu trainieren, bringt denjenigen Vorteile, die eine Vormachtstellung beanspruchen: Eltern und Pädagogen bauen ein Fundament, auf dem später Ehemänner und autoritäre Bosse aufbauen können – solange frau sich nicht weiterentwickelt, wächst und mehr Raum zur weiteren Entfaltung beansprucht.

Konditionieren Sie sich durch fördernde Konditionen!

Wachsen, größer und stärker werden wollen, beginnt mit der Analyse des Ist-Zustandes:

- Wie klein oder groß bin ich derzeit? (Selbstbild)
- Werde ich angemessen eingeschätzt? (Fremdbild)
- Falls es eine Diskrepanz gibt: Nützt sie mir und/oder meiner Selbstachtung? Schadet sie mir und/oder meiner Selbstachtung?
- In allen Fällen: Soll es so bleiben? Oder will ich etwas daran ändern?
- Und um mögliche Widerstände im voraus bedenken zu können: Wer hat den Nutzen aus der bisherigen „Ordnung“? Und welchen?

Nehmen Sie sich Zeit, folgende Fragen in Ruhe (und wenn möglich schriftlich) zu beantworten:

- Was und wer hat mich in meiner Entwicklung gefördert?
- Was und wer hat mich in meiner Entwicklung behindert?
- Wie konkret ist das abgelaufen? Wie läuft es derzeit?
- Wie kann ich mir wieder solche fördernden Bedingungen schaffen?
- Was muß ich tun, um solche hemmenden Bedingungen zu vermeiden oder abzustellen?

Je präziser Sie die Umstände erkennen, unter denen Ihnen in der Vergangenheit etwas gelungen ist, desto eher können Sie solche Bedingungen heute erneut herstellen. Versuchen Sie auf jeden Fall, sich ein geistiges Bild zu schaffen. Achten Sie darauf, beim Anblick welcher Details Sie angenehme Gefühle bekommen! Genau diese Details sollten Sie sich wieder verfügbar machen.

Die Kunst des „Ankerns“

Vielleicht haben Sie in der Schule gehört, daß Friedrich Schiller immer überreife Äpfel in der Schreibtischlade hatte (positive Formulierung! negativ würde ich „faule“ schreiben), weil er bei deren Duft besser dichten konnte: Das ist ein klassischer „Anker“, in diesem Fall ein „olfaktorischer“.

Anker sind prägende Sinneswahrnehmungen: Sie lösen immer wieder dieselben Reaktionen, Gefühle, Stimmungen, Verhaltensweisen aus. Es gibt:

- visuelle Anker: ein realer Anblick wie „Herzerln in den Augen“ oder Sonnenuntergang oder das Victory-Zeichen, ein geistiges Erinnerungsbild aus der Vergangenheit, eine Vision in die Zukunft.
- auditive Anker: bestimmte Geräusche, Töne, Musik, Worte, Sätze etc. Ich beispielsweise bin auf „Laras Lied“ aus dem Film „Doktor Schiwago“ geankert, weil ich mich zu dessen Klängen in meinen Ehemann verliebt habe. Er braucht mich also nur daran zu erinnern, und selbst der

größte Zorn verfliegt im Nu, und ich bekomme ein weiches Herz!

- kinästhetische Anker: bestimmte Körperempfindungen (das Streicheln eines sanften Windes), auch Schmerzen, Bewegungen, Berührungen.
- olfaktorische Anker: bestimmte Gerüche. Fast alle Menschen sind auf den Duft von Keksbäckerei oder soeben verlöschten Kerzen geankert und kommen dadurch in kindliche Weihnachtsstimmung.
- gustatorische Anker: bestimmte Geschmacksempfindungen, etwa der Geschmack eines Kusses, der an einen Verflossenen erinnert. Allerdings sind mir derartige Anker in meiner Praxis kaum untergekommen.

Unbewußt werden immer wieder Anker gesetzt:

Wenn Eltern (schauspielernd) ihrem Kind sagen: „Wehe du tust das!" und dabei den bösen Blick aufsetzen und ihre Stimme drohend machen, versuchen sie, einen visuellen und auditiven Anker anzubringen. Wenn Sie wirklich wütend sind, setzen sie zusätzlich noch einen kinästhetischen: Dann empfindet ihr Kind nämlich zusätzlich noch ihre aggressive Energieaufladung und wird dadurch in seinem Energiegleichgewicht und in seiner psychischen und sozialen Gesundheit zumindest beeinträchtigt.

Wenn Politiker mit Mimik, Gestik, Körpersprache und Stimmeinsatz versuchen, zu beeinflussen und zu überzeugen, wollen sie ihre Programmaussagen verankern. Sie reihen sich damit nahtlos in die Reihe derjenigen ein, die Donnersätze von der Kanzel herablassen, Lernappelle vom Katheder, Urteile vom Richtertisch oder Bonmots von der Showbühne.

Meist wird Angst verankert.

Fahrlässig werden aber oft auch andere unerwünschte Gefühle verankert. Sorgen beispielsweise: Wenn eine Klientin zur Sozialarbeiterin kommt und tief deprimiert ist, die Sozialarbeiterin ihr auf die Schulter klopft und etwas Aufmunterndes sagt, dann baut sie sie eine Stunde lang auf – und klopft ihr zum Abschied genauso auf die Schulter. Dann kann der Erfolg der Arbeitsstunde hin und die Depression wieder da sein.

Deswegen ist es bei der Arbeit im sozialen Feld – und dazu gehört auch Menschenführung – wichtig, erwünschte Zustände zu verankern, nicht die gegenteiligen!

Manchmal versuchen geschulte Verkäuferinnen und Verkäufer, durch Berührung positive Gefühle mit Kaufwünschen zu verankern, um die Kaufentscheidung leichter herbeiführen zu können. Achten Sie einmal darauf, welche Kommunikationsformen erfolgreicher Verkaufsprofis bei Ihnen welche Gefühle auslösen!

Lernen Sie, bewußte oder unbewußte Manipulationen zu erkennen:

- Achten Sie auf Ihre Gefühlsreaktionen im Zusammenhang mit Intensivbotschaften.
- Erkennen Sie, worauf Sie am leichtesten reagieren: auf visuelle, auditive, kinästhetische, olfaktorische oder gustatorische Anker.
- Wenn Sie etwas Derartiges wahrnehmen, sagen Sie sich, durchaus suggestiv, im Stillen: „Aha, der/die probiert es jetzt“, und beobachten Sie die Person bei ihrem Tun. Damit distanzieren Sie sich emotional, und Ihre Gefühlsreaktion kann nicht so intensiv werden, daß ein Anker sich tief festsetzt.

Lernen Sie aber auch, sich selbst auf erwünschte Reaktionen zu ankern; die Grundstruktur der Selbstprogrammierung kennen Sie ja bereits:

- Wenn Sie ein Erlebnis haben, das Ihnen wundervolle Gefühle vermittelt (z.B. eine Arbeitssituation, in der Sie Ängste überwinden konnten und jetzt zufrieden mit Ihrem Erfolg aufatmen), versuchen Sie die Situation *ganzheitlich* zu genießen, was bedeutet, daß Sie *bewußt* und *gleichzeitig* versuchen zu schauen, hören, empfinden, riechen, schmecken, atmen und Ihre Haltung und gegebenenfalls Bewegung zu spüren,
- gleichzeitig den Seelenzustand fühlen
- und einen dazu passenden Suggestivsatz denken (zum obigen Beispiel etwa: „Ich merke, daß ich die Fähigkeit habe, so schwierige Situationen zu meistern!“), und dann wiederho-

len Sie innerlich das Schlüsselwort Ihrer Suggestion (hier: „Meistern!“) und koppeln es noch einmal mit der ganzheitlichen Selbst-Wahrnehmung.

- Zur Kontrolle können Sie an eine zukünftige Situation denken, die auch schwierig werden kann. Stellen Sie sich diese möglichst genau und daher selbstverständlich wieder visuell vor und sprechen Sie sich, falls unerwünschte Gefühle hochkommen wollen, wieder Ihr Codewort vor. Wenn die erwünschten Gefühle auftauchen, haben Sie Gewißheit, daß Ihr Anker sitzt.

Sollte diese Übung noch nicht geklappt haben, machen Sie eine kleine Pause. Loben Sie sich selbst, daß Sie so eifrig und liebevoll an Ihrer Selbstvervollkommnung arbeiten und probieren Sie es später nocheinmal.

Wichtig: Ich habe formuliert „noch nicht geklappt“. Bauen Sie bitte immer solche Worte wie „noch“ ein, die Ihnen eine Perspektive der Veränderung bieten. Wenn Sie sich innerlich verzweifelt anjammern: „Es klappt schon wieder nicht!“ oder: „Es wird nie klappen!“, suggerieren Sie sich Ihr garantiertes Scheitern.

Sie wissen nicht, was die Zukunft bringt! Sie haben bestenfalls eine Ahnung von Schwierigkeiten und Widerständen und davon, was Sie alles noch lernen müssen. Sie merken, daß ich positiv formuliere. Negativ würde dieselbe Botschaft lauten: „Was Sie alles nicht können“, oder besser: „Was Sie noch nicht können“. Es liegt an Ihnen, ob Sie sich nun ärgern, daß Sie noch etwas lernen sollen oder sich freuen, darauf gekommen zu sein, wie Sie wieder etwas verbessern können.

Regisseurin geistiger Bilder

Sie allein entscheiden, ob Sie eine Tragödie, eine Komödie oder einfach nur eine Inszenierung programmieren. Es liegt an Ihnen, ob Sie das Drehbuch, das Ihnen Ihre Eltern mitgeliefert haben, ohne Korrektur in Szene setzen, oder ob Sie es nach Ihren Wünschen umschreiben. Erlauben Sie nicht, daß alte

„Selbstwertkiller" – Personen oder deren Worte – weiterhin in Ihnen ihr Unwesen treiben.

Alles, womit wir in Kontakt kommen, was wir „erleben", versorgt uns mit Information: der Boden, auf dem wir stehen, die Kleidung, die unsere Haut umhüllt. Was wir uns einverleiben, informiert uns, nicht nur, was wir sehen oder hören oder auch spüren. Information bedeutet aber auch Veränderung: Wenn ich eine Information aufgenommen habe, hat sie mich bereits zumindest unbewußt verändert. Aber auch, wenn ich sie verarbeitet habe, ist Bewußtheit nicht unbedingt die Folge.

Je bewußter wir uns damit beschäftigen, welche Informationen wir an uns heranlassen – auch wenn das Angst auslösen mag und/oder zu Konflikten führt –, desto eher können wir Kontrolle ausüben und Schädigungen verhindern. Unbewußtes ins Bewußtsein heben, das lautet in den Worten Freuds: „Wo ES war, soll ICH werden."

Das beginnt schon mit den Märchen, die uns vorgelesen werden. Auf ihrer tiefsten Bedeutungsebene sind sie Informationen zur Bewältigung archetypischer Konfliktsituationen. Auf höherer, „oberflächlicher" Ebene bieten sie eine Anleitung zur Bewältigung alltäglicher Konfliktsituationen, z.B. Neid und Konkurrenz, und helfen kleinen Kindern, sich in der Welt zu orientieren. Und ganz vordergründig sind sie elterliche Suggestionen zur Lenkung des Verhaltens ihrer Kinder.

- Was ist Ihr Lieblingsmärchen?
- Um welchen Konflikt geht es darin?
- Welche Lösungsmöglichkeit wird propagiert?
- Haben Sie die nachgespielt? Oft?
- Haben Sie damit Erfolg gehabt?
- Hat das Märchen Drehbuchqualität in Ihrem Leben?
- Vermittelt es Hoffnung?

Wenn nicht, löschen Sie es schleunigst! Wie, wissen Sie bereits: durch eine Gegensuggestion. Dichten Sie Ihr Märchen nach Ihren Wünschen um und verankern Sie den neuen Inhalt.

Denken Sie aber auch darüber nach, wer Ihnen dieses Märchen vermittelt hat und was der Inhalt mit dem Leben dieser

Person zu tun hat. Ob da wieder einmal jemand versucht hat, Sie zu klonen. Gehen Sie auf Abstand.

Wie es Früchte gibt, die giftig sind, auch wenn sie nicht so aussehen, und wie Speisen verderben können und damit giftig werden, so gibt es auch Worte, Sätze, die pures Gift sind. Und es gibt Menschen, „Brunnenvergifter", die so viel Gift eingespeichert bekommen haben, daß ihre Sprache davon trieft, selbst wenn das nicht ihrer Absicht entspricht.

Wenn Sie erkannt haben, daß Ihnen der Kontakt mit diesen Menschen nicht gut tut – gehen Sie auf schützende Distanz! Eine Qualle umarmen wir ja auch nicht und freuen uns, wenn wir dann Quaddeln bekommen, sage ich häufig überspitzt, damit sich endlich einprägt, daß es schließlich in unserer eigenen Verantwortung liegt, wie wir mit Negativinformationen umgehen.

Weg zum inneren Helden

Viele Frauen neigen dazu, wie brave kleine Mädchen auszuharren, höchstens ein Klagelied anzustimmen und zu warten, daß von irgendwoher ein Held oder Retter auftritt. Sie verzichten darauf, ihren „inneren Helden" zu entwickeln und zu aktivieren, weil ihnen das „unweiblich" erscheint. Sie bleiben lieber „weiblich", sprich: kindlich und damit „liebenswürdig". Sie überlassen damit anderen die Qualität des Handelns, sprich: die Macht – welches Wort ja bekanntlich von „machen" stammt.

Aus der Fülle der möglichen Verhaltensweisen die passende zu wählen, grenzt an Kunst – und dieses Wort kommt bekanntlich von „können".

Die Anonymen Alkoholiker benützen als hilfreiche Autosuggestion ein Gebet, das von dem schwäbischen Theologen Ötinger aus dem 18. Jahrhundert stammt und lautet: *Gott, gib mir die Gelassenheit, die Dinge hinzunehmen, die ich nicht ändern kann. Den Mut, die Dinge zu ändern, die ich ändern kann. Und die Weisheit, das eine vom anderen zu unterscheiden.*

Bedenken Sie aber auch, daß anscheinend negative Erlebnisse oft auch positive Effekte zeitigen! Wir erkennen meistens nur, welchen Erfolg im Sinne von „Sieg“ wir nicht hatten – und bedenken nicht, welchen Lernerfolg wir erzielen könnten oder konnten.

Fehler – die Chance, etwas besser zu machen!

In jeder negativen Erfahrung steckt auch eine positive; wesentlich ist, daß Sie

- erstens die Bandbreite zwischen den jeweiligen beiden Polen erkennen (in unserem Beispiel: der Feigheit und Selbstunsicherheit, sich nicht gegen einen „Brunnenvergifter“ abgegrenzt zu haben, steht die Großmut und die Selbstsicherheit gegenüber, auf Abgrenzung verzichten zu können),
- zweitens wissen, welche der beiden Positionen Ihnen vertrauter ist (hier brauchen Sie nichts dazuzulernen) und
- drittens wissen, welcher kleine Wachstumsschritt in dieser Situation angebracht (gewesen) wäre – damit Sie weiter üben können.

Auch Unterliegen will gelernt sein, das weiß jeder Sportler. Vielleicht besteht darin auch das Geheimnis, weshalb Manager mit einer vorhergehenden Karriere als Sportler so erfolgreich sind: Sie haben gelernt, das Yin der Niederlage mit dem Yang des Wiederaufstehens zu verbinden.

Die einseitige Ausrichtung auf Sieg kommt wohl daher, daß wir das Schimpfen unserer Eltern verinnerlichen und wie sie an uns selbst herumnörgeln, wenn wir in Konkurrenz zu anderen Kindern „versagen“.

Es gibt allerdings auch das Gegenteil: Immer sind nur die anderen schuld, die Lehrer aufsässig oder bestochen und wir meinen, die unschuldigen Opfer zu sein. Auch diesen Blickwinkel lernen wir von den Bezugspersonen in unserer Kindheit.

„Das Tun des einen ist das Tun des anderen“ lautet der Titel eines Buches von Helm Stierlin. Zu glauben, allein der/die andere sei „schuld“ und man/frau selbst „unschuldig“, bedeutet, an der Polarität von Täter und Opfer festzuhalten. Wer die Ordnung stört, muß weg. Wieder ein klassisch „männlicher“ Glaubenssatz und traditionelle Spielregel im Gerichtssaal.

Sigmund Freud hat Frauen jede Moral abgesprochen. Carol Gilligan hingegen hat in ihrer Studie zum Unterschied von männlicher und weiblicher Moral beeindruckend nachgewiesen, wie schon kleine Jungen linear in Entweder-Oder-Kategorien denken, während Mädchen nach mehr als zwei Lösungen suchen und dabei erstaunliche Kreativität beweisen.

Leider glauben manche Frauen, dadurch Erfolg zu erlangen, daß sie männliche Verhaltensweisen kopieren. Sie erscheinen dann oft „päpstlicher als der Papst“ und fallen ihren Geschlechtsgenossinnen in den Rücken.

Einseitige Schuldzuweisungen können zwar kurzfristig erleichtern, vermitteln aber weder Einsicht noch ein Erfolgsmodell. Daher lohnt sich ein Abgehen von der üblichen linearen Betrachtungsweise nach Ursache und Wirkung hin zu einer komplexen: Was alles wirkt wie und weshalb aufeinander ein? Scheuen Sie sich nicht, Ihre Fehler – Ihre „weniger guten“ Verhaltensweisen – wenigstens vor sich selbst zuzugeben. Das ist nicht mit Beklagen gleichzusetzen! Im Gegenteil: Es ist Voraussetzung für jede Analyse.

Denken Sie komplex! Bleiben Sie nicht bei Ihrem eigenen Verhalten hängen, sondern bedenken Sie: Sie haben eine Biographie voller Suggestionen!

Sie agieren nach erlernten gesellschaftlichen Spielregeln. Dazu gehört, bestimmten Personen und Personengruppen gefallen zu wollen. Vieles, was diesem unbewußten Drehbuch entspricht, widerspricht aber den inneren Wachstumskräften. Das berühmte mulmige Gefühl – „das geht mir auf den Geist“ – ist nichts anderes als ein körpersprachliches Signal, daß Ihr Selbstwertgefühl verletzt wurde, möglicherweise sogar durch Sie selbst!

Das Unbewußte kennt keine Zeit

Erinnern Sie sich an die Metapher vom Eisberg? All die Programmierungen, die wir seit unserer Geburt von unseren „Erziehern“ – Personen, Medien, kommerzieller oder ideologischer Propaganda – erfahren haben, lagern unter der „Wasseroberfläche“ des Bewußtseins. Sie tauchen ab und zu auf. Meistens dann, wenn wir nicht damit rechnen.

- Das Unbewußte ist immer wachsam, auch wenn es das Bewußtsein nicht beachtet. Es speichert alle Informationen, ohne daß wir das merken.
- Das Unbewußte weiß alles, was wir wissen können, auch wenn uns dieses Wissen bewußt nicht zugänglich ist. Dieses „Archiv“ an Erfahrung kann in Tiefenentspannung abgerufen werden.
- Das Unbewußte kennt keine Zeit. Daher können verletzende Erlebnisse der Vergangenheit mit tiefenpsychologischen Methoden – „erinnern, wiederholen, durcharbeiten“ (Freud) – im Hier und Jetzt gelöscht und anders neu erlebt werden.
- Das Unbewußte denkt in Bildern. Daher sind Visualisieren, Zeichnen und Malen direkte Zugangsmöglichkeiten zum Unbewußten. Es gibt aber noch andere.
- Das Unbewußte denkt wortwörtlich. Ein Beispiel: Eine Klientin träumt, der Karlsplatz in Wien ist öd und leer; ihr Freund, der sie soeben ohne klärendes Gespräch verlassen hat, heißt Karl: Karls Platz ist leer.
- Das Unbewußte gibt Sinneswahrnehmungen und Gefühlen wesentlich mehr Wirkungskraft als unser Bewußtsein. Wieder ein Beispiel: Eine Klientin träumt, sie fährt mit ihrem Auto und bekommt Panik, daß es immer schneller werden und ein Unfall passieren könnte. In der Realität muß sie aufgrund ihrer Arbeitsüberlastung immer schneller arbeiten, die ersten körperlichen Ausfallserscheinungen will sie nicht wahrnehmen.
- Das Unbewußte denkt positiv. Negationen werden unbearbeitet verworfen.

- Das Unbewußte will immer nur unser Bestes, auch wenn wir das oft nicht erkennen können. Jeder körperliche oder seelische Schmerz ist ein körpersprachliches Warnsignal und will beachtet werden – wie wenn beim Autofahren das rote Lämpchen aufleuchtet: Es will uns sagen, daß wir den Öldruck kontrollieren sollen, nicht, daß wir es herausschrauben sollen, damit es uns nicht mehr stört!
- Im Unbewußten wirken die psychischen Instanzen – „Es": unsere „ungebildeten" Triebe, – „Ich": unser reifes, selbstbewußtes, verantwortliches Entscheidungsvermögen nach „Realitätsprüfung" und – „Über-Ich": die verinnerlichte Eltern-Instanz, das „Gewissen".
- Innerseelische Konflikte bestehen grob gesagt darin, daß Über-Ich und Es widerstrebende Ziele verfolgen. Das eine will und das andere verbietet oder leistet Widerstand. Mit zunehmender Ich-Stärke gelingt es uns, diese innere Polarität auszugleichen.

Eben weil unser Unbewußtes zeitlos ist, ist es nie zu spät, vergangene Situationen, von denen Sie spüren, daß sie nicht optimal bewältigt wurden, nochmals durchzuarbeiten.

Die innere Antwort hören

Nutzen Sie Ihre Gedankenkraft und die Vorteile, die sich erweisen werden, wenn Sie Ihre Gedanken aufschreiben! Üben Sie immer wieder die Grundtechnik zur Selbst-Bewußtheit:

a) Analysieren Sie, wer Ihnen in welcher Situation welche Suggestivbotschaft (Worte, Verhalten, dazu zählt auch Ignoranz) gegeben hat.
b) Welchen Vorteil hatte diese Person davon? Was wollte sie damit verhindern?
c) Wie haben Sie damals darauf reagiert? War das im Sinne dieser Person? Dann haben Sie immerhin bewiesen, daß Sie (unbewußte) Forderungen erfüllen können.
d) Überlegen Sie jetzt weiter: Welches Verhalten hätten Sie zeigen können, das zu Ihrem Vorteil gewesen wäre? (Mehr-

fachnennungen erwünscht) Und wie hätte Ihr Gegenüber darauf reagiert? Hätten Sie diese Reaktion ausgehalten? Nein? Dann haben Sie immerhin Weitsicht und Überlebenskunst bewiesen.

e) Stellen Sie sich jetzt vor, was Sie damals gebraucht hätten, um sich anders verhalten zu können: vielleicht mehr Information, vielleicht mehr Beharrungsvermögen, vielleicht Helfer?

f) Geben Sie sich jetzt Bestätigung: „Mit meinen damaligen Informationen/Kräften/Möglichkeiten habe ich mich zu meinem größtmöglichen Schutz verhalten. Heute habe ich mehr Information/Kraft/Möglichkeiten, deshalb kann ich mich anders verhalten."

g) Spüren Sie den Unterschied zwischen damals und heute. Körperlich: „Verkörpern" Sie Überlegenheit: Richten Sie sich auf, atmen Sie tief, spüren Sie Ihre Energie fließen. Seelisch: Fühlen Sie sich überlegen – wohlinformiert, kräftig, sicher. Geistig: Denken Sie an Ihre Fähigkeiten, zu überlegen. Sie haben so viele Möglichkeiten, Fehlendes zu besorgen.

Spüren Sie, wie Sie wachsen. Erlauben Sie sich, zu wachsen.

Sollten Sie Hemmung oder Angst verspüren, denken Sie bitte daran, daß es völlig normal ist, daß Wachstum von Wachstumsschmerzen begleitet ist. „Angst" kommt von „Enge", jener im Brustraum etwa, die sich aus flacher Atmung oder dem Anhalten der Luft ergibt. Hören wir auf, den Atemfluß einzuschränken – und dieses Gebot können wir uns willentlich geben –, folgt mit dem nächsten Einatmen unweigerlich Weitung, Weite.

Diese Erfahrung macht deutlich, weshalb die ersten Emanzipationsschritte unserer Ahninnen auch die Verweigerung des Korsetts mit sich brachten, und auch später erkannten immer mehr Frauen, wie sie durch angeblich modische Einschnürungen in ihren Wachstumsmöglichkeiten behindert werden: Gürtel trennen Oberleib und Unterleib und verhindern so einen ungestörten Energiefluß und damit auch allzu sexuelle Unterleibssensationen, Riemchenschuhe betonen die Fesseln – wie dieser Name an Gefängnis erinnert! – und lösen damit möglicherweise durchaus erwünschte Phantasien aus, verhindern aber auf jeden Fall Standfestigkeit und Fluchtvermögen.

Körper, Seele und Geist bilden eine Einheit. In diesem Sinne definiert auch die Weltgesundheitsorganisation WHO Gesundheit nicht nur als Abwesenheit von Krankheit, sondern als „vollkommenes körperliches, psychisches und soziales“ und neuerdings auch „spirituelles Wohlergehen“. Vollkommene Gesundheit bedeutet, daß Denken und Seelenleben auch „verkörpert“ sind. Störungen werden demnach im Körper nicht nur spürbar und sichtbar, sondern sogar hörbar. Sie verändern die seelische Befindlichkeit wie auch die geistige Ausrichtung. Daraus ergibt sich, daß eine Veränderung unserer Körperhaltung ebenso Wirkung zeigt wie eine Änderung in unseren Denk- und Fühlmustern.

Polaritäten ausgleichen

Unter den vielen Denkmustern finden wir als häufigste folgende Polaritäten:

Lineares versus komplexes Denken: Lineares Denken sucht nach *einer* geradlinigen Verbindung von Ursache (A) zu Wirkung (B). Typische Beispiele finden wir im Rechtswesen; beispielsweise beim Verursacher-Prinzip im Schadenersatzrecht. Wer linear denkt, sucht meist *einen* Schuldigen. Komplexes Denken sucht nach Vernetzungen: Was alles (A1, A2, A3) auf B wirkungsvoll Einfluß hat und welche Auswirkungen von B ausgelöst werden. Wer komplex denkt, verzichtet auf die Suche nach Schuldigen, er konzentriert sich auf die Suche nach Verbesserungsmöglichkeiten.

Negatives versus positives Denken: Erinnern wir uns an das halb gefüllte Trinkglas – ein Pessimist wird es als „halb leer“ wahrnehmen, ein Optimist wird sich über „noch halbvoll“ freuen. Negatives Denken „malt den Teufel an die Wand“ – und dann ist er auch gegenwärtig, positives Denken dagegen skizziert einen Engel. Wer negativ denkt, wird sich etwa als

„schlampig" hinstellen, wer positiv denkt, wird dasselbe Verhalten als „großzügig" bezeichnen.

Strukturiertes versus unstrukturiertes Denken: Strukturiertes Denken geht nach vorgegebenen Mustern vor oder versucht, solche aus dem konkreten Vorgehen abzuleiten. Es ist daher leicht nachvollziehbar und kontrollierbar und kann als Methode oder Technik gelehrt und gelernt werden. Unstrukturiertes, sogenanntes „chaotisches" Denken folgt scheinbar keinerlei Ordnungsmustern, gilt daher als wirr, unlogisch oder bestenfalls originell. Herauszufinden, wie es funktioniert und damit kopierbar wird, ist Ziel der Kreativitätsforschung.

Hierarchisches Denken versus Teamdenken: Wer sein Denken auf Hierarchien ausrichtet, sucht immer eine vertikale Rangordnung: Wer ist erster, wer hat wem zu befehlen, wer kann welche Sanktionen anordnen? Entscheidungen sollen nach diesem Denkmuster einsam fallen und verantwortet werden. Diejenigen, die sich als Teil eines Teams von Gleich-Berechtigten verstehen, suchen immer Gleichheit auf einer horizontalen Ebene: Niemand soll sich hervortun, alle sollen sich immer einigen, Störungen sollen vorrangig mitgeteilt werden, damit gemeinsam eine Lösung gefunden werden kann und Sanktionen nicht notwendig werden. Entscheidungen trifft und verantwortet man gemeinsam, auch wenn das viel Zeit braucht.

Sozialwissenschaftliche Forschungen haben ergeben, daß Männer zu hierarchischem Denken tendieren, Frauen hingegen streben vorrangig nach Harmonie. Allerdings ist nach wie vor strittig, wie weit diese Geschlechterdifferenz genetisch bedingt oder anerzogen ist, dieses starre „entweder – oder" stellt allerdings schon wieder ein Beispiel für klassisches (männliches?) Hierarchiedenken dar!

Handlungsorientiertes versus reflexives Denken: Auch diese polaren Denkmuster weisen nach soziologischen Untersuchungen auf eine Geschlechterdifferenz hin: Männer denken bei auftretenden Problemen eher „Was ist zu tun?", Frauen hingegen geben Raum und Zeit, die damit verbundenen Gefühle zu äußern. Die Erfahrung – vor allem auch aus der lebensberatenden und psychotherapeutischen Arbeit – zeigt, daß nach solch einem Gefühlsausdruck der zunächst fehlende Impuls zum Handeln spontan auftritt.

Auch unsere Denkmuster lernen wir von den Vorbildern der frühen Kindheit. Ist etwa ein Elternteil ein linearer Schwarzmaler, braucht man schon kräftige Alternativmodelle und/oder Trainings, um zu Überblick und positivem Denken zu gelangen. Und wer auf Struktur und Hierarchiegehorsam dressiert wurde, erlebt meist ein innerseelisches „Stirb und werde", wenn verschüttete Kreativität und Wünsche nach Nähe aufbrechen.

Der psychisch gesunde Mensch hat alle Denkmuster zur Verfügung und wählt je nach Anlaß bewußt, geplant, oder unbewußt, spontan, das passende aus. Leider ist er eine Kunstfigur. Denn wie es niemand gibt, der nicht etliche kleinere oder größere Narben hat, so gibt es auch niemand, der keine psychischen Verletzungen erlitten hätte. Allerdings ist es ein Unterschied, ob jemand mit Narben lebt oder mit klaffenden, blutenden Wunden.

Auch Fühlen lernen wir an Modellen!

Nehmen wir beispielsweise eine Frau, die entdeckt, daß eine Kollegin sie kopiert. Sie kann sich nun entscheiden, ob sie sich darüber ärgern will oder rachsüchtig wird, ob sie sich nur wundert oder sich gar amüsiert. Sie wählt das passende oder unpassende Gefühl, mit dem sie reagiert. So wie wir beim Skifahren die Wahl haben, in der Spur unserer Vorläuferin zu fahren oder unsere eigene zu bahnen, so können wir auch in unseren Gefühlen Vorbildern nacheifern – und wir tun's auch. Leider.

So toben viele Frauen, die in den fünfziger Jahren Teenager waren, bei Partnerschaftskonflikten in direkter Nachfolge von Gina Lollobrigida oder Anna Magnani, weil sie es aus dem Kino so in visueller Erinnerung haben. Die dazugehörigen Männer spielen James Dean oder John Wayne, schweigen, schlukken alles runter und züchten sich Magengeschwüre. Eltern wie Kinostars bieten fast nur Modelle für das Privatleben – für den Beruf fehlen sie völlig, zumindest für Frauen.

Programmierte Gefühle

Erinnern Sie sich an eine kleine Traurigkeit – und schon werden Sie sie fühlen. Lassen Sie nur die Schultern hängen, richten Sie den Blick depressiv auf den Boden, suchen Sie mit Ihrer inneren Achtsamkeit nach weiteren Verwundungen – keine Schauspielerin könnte sich besser in stille Verzweiflung hineinsteigern. Anleitung zum Unglücklichsein in Reinkultur, diesmal aber bewußt inszeniert. Unbewußt programmieren wir uns nach demselben Muster: wir üben eine bestimmte Mimik, Gestik, Wortwahl, die wir in ähnlichen Situationen schon erlebt haben. Und natürlich strahlen wir dann weitgehend dasselbe aus wie unsere damaligen Vorbilder.

Ebenso können wir uns aber auch bewußt auf die Gefühle hin programmieren, die wir gerne erleben wollen:

Variante A: Wir vergegenwärtigen uns eine Situation, in der wir uns wie gewöhnlich verhalten: Wie wir uns körperlich halten und atmen, wie wir schauen und reden, gestikulieren etc. Dann gehen wir Punkt für Punkt durch, was wir daran verbessern könnten. Dann „probehandeln" wir geistig und verbessern uns weiter. Wenn wir mit unserer Regie zufrieden sind, machen wir bei nächster Gelegenheit einen ersten Versuch.

Variante B: Wir suchen in unserem Erfahrungsschatz ein geeignetes Vorbild. Dann spielen wir dessen Verhalten einfach nach.

Variante C: Wir suchen in unserer biographischen Erinnerung nach einer Situation, in der wir genau die Gefühle hatten, die wir jetzt so gerne hätten. Entspannte Selbstsicherheit etwa. Dann erlauben wir uns einen Tagtraum: Wir holen das geistige Bild jener Situation, sehen uns, wie wir damals aussahen. Vielleicht hören wir auch, was wir damals gehört haben, beispielsweise lobende Worte, wir riechen den Duft des Ambiente und erinnern uns möglicherweise sogar an einen Geschmack. Auf jeden Fall aber rufen wir das Gefühl, das wir damals hatten, und die Körperempfindung wach. Wenn wir das alles wieder gegenwärtig haben, kontrollieren wir unsere augenblickliche

Körperhaltung und Atmung und passen sie der damaligen an. Wir erlauben uns, die Gefühle von damals wieder und wieder zu genießen und verknüpfen dieses Wohlgefühl vielleicht auch noch mit einem Codewort, damit wir in Zukunft „aufs Wort" hin wissen, welche Gefühle wir aus der Erinnerung abrufen wollen.

Listen Sie abschließend noch einmal auf:

- In welchen Berufssituationen ist Ihr Verhalten verbesserungswürdig?
- Ist eine Verbesserung sinnvoll oder notwendig, lohnt sich der Energieaufwand für eine Veränderung?
- Welche erlernten Denk- und Fühlmuster stecken hinter dem bisherigen Verhalten? Was bekommen oder bekamen Sie als Preis dafür? Streicheleinheiten etwa, weil Sie diejenige sind, mit der es keinen Ärger gibt?
- Wenn Sie auf diesen Profit verzichten: Was tauschen Sie – kurzfristig und langfristig – dagegen ein? Vielleicht Autonomie gegen Streicheleinheiten?
- Spricht etwas gegen die geplante Veränderung? Gäbe es schwerwiegende Nachteile? Oder sind solche Befürchtungen nur Mythen, die auch von den Bezugspersonen Ihrer Kindheit erdichtet wurden?

Schätze heben

Erkenne Dich selbst und bestätige Dich!

Unser Gehirn stellt einen enorm leistungsfähigen Informationsspeicher dar, das wissen wir aus der Gehirnforschung. Eine komplexe Verkabelung auf elektrochemischer Basis mit Hilfe besonderer Botenstoffe, den Neurotransmittern, ermöglicht unvorstellbare Kapazitäten der Informationsverarbeitung und Kommunikation der Systeme im Körper untereinander. Diese unermeßliche Kapazität unseres Biocomputers nützen wir aber kaum aus.

In jüngster Zeit liest man oft vom „links-" und „rechtshemisphärischen Denken". Eigentlich ist diese Formulierung irreführend, denn naturgemäß denken wir stets mit beiden Gehirnhälften. Aber die Gehirnforschung hat durch die Beobachtung von Ausfällen nach Gehirnverletzungen herausgefunden, daß bestimmte Fähigkeiten in bestimmten Gehirnarealen lokalisiert sind: So ergaben Untersuchungen, daß Menschen, deren linke Gehirnhälfte in bestimmten Bereichen verletzt war, beispielsweise für den Gegenstand „Schlüssel" den Namen nicht sagen konnten, sehr wohl „wußten" sie aber, was damit anzufangen sei. Befand sich aber eine derartige Läsion in der entsprechenden Region des Rechtshirns, wußten sie zwar die Bezeichnung „Schlüssel", konnten aber mit dem Instrument nicht mehr umgehen. So wurde die linke Gehirnhälfte, die die rechte Körperhälfte steuert und in der die rechnerischen und sprachlichen Fähigkeiten lokalisiert sind, die in der Schule in den sogenannten Hauptfächern unterrichtet werden, als die „digitale" Seite bezeichnet. Die rechte Gehirnhälfte gab lange Zeit Rätsel auf, bis man erkannte, daß sie für Intuition, Erfindungsgabe, Kreativität, Künste, Musik und Bewegungsgefühl sorgt. Sie wird die „analoge" Seite genannt.

Frauen wurden lange Zeit wegen ihres sogenannten „sechsten Sinns“ belächelt. Heute wissen wir aufgrund umfangreicher Studien, daß Frauen besser „integriert“ denken. Sie sind weniger einseitig linkshemisphärisch übertrainiert als Männer. Die Ursache sehe ich darin, daß sich die Unterrichtsziele seit der Industrialisierung weitgehend nach den Erfordernissen einer auf Wettbewerbsvorteile und die Erschließung neuer Märkte orientierten Wirtschaft richten. Daher sollen vor allem Techniker produziert werden. Mädchen wurde zudem die Eignung für „Männerberufe“ abgesprochen. Sie galten als „technisch unbegabt“, und entsprechend wurden „höhere Töchter“ einseitig rechtshemisphärisch „gebildet“: Ballettstunden und Klavierspielen, Poesie und Aquarelle. Die einzige Ausnahme bildeten hier die Fremdsprachen.

In der Zwischenzeit haben Zukunftsforscher recht behalten, die schon vor Jahren vor einer einseitig linkshemisphärisch ausgebildeten Elite von Managern warnten: Sie würden die zukünftigen Probleme der Weltwirtschaft mit ihren digitalen Methoden kaum lösen können. Seitdem werden Männer in Führungspositionen systematisch auf die Entwicklung dieser lange Zeit vernachlässigten „weiblichen“ Fähigkeiten trainiert.

Frauen dagegen haben Nachholbedarf an „Männlichkeit“, an Fähigkeiten wie Aktivität, Selbstbehauptung, Durchsetzungskraft, Härte. Was jungen Männern traditionell in der Sportausbildung oder bei der Ableistung des Wehrdienstes „beigebracht“ wird – die Bezwingung des eigenen wie auch des fremden Körpers –, ahmen Frauen heute nicht nur in Befolgung mancher „Modediktate“ nach. Sie meinen auch irrigerweise, es zeuge von Karrierequalifikation, nach intensivem Arbeitseinsatz keine Erholungspausen zu brauchen.

Nicht so gut wie möglich, sondern so gut wie nötig!

In jungen Jahren betreiben Frauen, vielfach noch ohne gravierende Folgen, Raubbau an der Hardware „Körper“: Sie hören nicht auf die rechtshemisphärisch gesteuerte „innere Stimme“, die den klassischen „Disstress“, die Überbeanspruchung meldet. Aber auch weniger erfolgsorientierte Frauen entkommen dem „Verfolger Streß“ nicht. Sie neigen oft dazu, sich zu wenig zu fordern. Ein Motor, der dauernd untertourig gefahren wird, geht aber auch kaputt.

Achten wir nochmals auf die allgegenwärtigen Suggestionen, die Software: Gelobt – „positiv verstärkt“ – wird, wer nie krank ist. Wer einen Vierzehnstundentag locker durcharbeitet, wer Arbeit mit nach Hause nimmt, wer zusätzliche – kostenlose – Helfer organisieren kann, der wird anerkannt. Solche Eigenschaften werden vor allem in Selbstdarstellungen hervorgehoben. Sie nützen aber vor allem dem Arbeitgeber, und sicherheitshalber erinnere ich noch einmal an die paradoxe Suggestion der Verwechslung von Arbeit nehmen und Arbeit geben.

Wenn wir nun die Frage stellen, wer diese Vorgaben als „Held der Arbeit“ besonders leicht erfüllen kann, kommen wir wiederum auf den Prototyp des Mannes, der seinen Haushalt nicht selbst führen muß. Denn dies nimmt ihm die treu sorgende Mutter, Ehefrau, Freundin oder Haushälterin ab. Er hat daher nicht das Problem, ob der Kühlschrank gefüllt und die Kleidung für den nächsten Tag gebügelt ist. Er kann Bedienung fordern, wenn eine Arbeit seine volle Aufmerksamkeit erfordert. Er kommandiert seine Heinzelweibchen, wenn ein Kind krank ist, und verbraucht dafür sicher keinen Pflegeurlaub oder einen eigenen Krankheitstag. Das ist sein übliches Rollenverhalten. Wenn frau sich ebenso verhält, bekommt sie kein Lob. Da stellt man(n) die Frage, wieso kann sie das? Wieso läßt ihr Mann das zu? Ah, sie hat keinen! oder: Ah, sie hat eine Mutter! Nimmt sie professionelle Dienste in Anspruch, läuft sie Gefahr, in der Achtung als „richtige Frau“ zu sinken. Stellen wir aber die konkrete Frage: In wessen Achtung?, so zeigt sich: in der von Kolleginnen, die Konkurrentinnen sind. Von ihnen ist kaum Fairneß zu erwarten, denn sie wollen in ihrer eigenen Entscheidung, auf derartige Organisationsformen zu verzichten, nicht in Frage gestellt werden. Sie haben ein massives Interesse, andere Lebenskonzepte herunterzumachen.

Auch die meisten Männer, die Frauen in der traditionellen Hausfrauen- und Mutterrolle sehen wollen, werden ihre Strategie der Verdammung nicht aufgeben.

Ökonomischer Umgang mit den Ressourcen

Bevor Sie anfangen, sich anzustrengen, sollten Sie sich daher fragen:

- Was will ich damit bezwecken?
- Kann ich sicher sein, daß ich dieses Ziel damit erreichen? Habe ich damit alle Einflußfaktoren unter Kontrolle? Oder kann mir jemand oder etwas einen Strich durch die Rechnung machen?
- Gibt es eine weniger aufwendige Methode, dieses Ziel zu erreichen?
- Was sind jeweils die Vorteile und Nachteile?
- Wie stehen jeweils die Realisierungschancen?

Auf Lob, Anerkennung, Bestätigung zu zielen, heißt, anderen Macht über sich selbst einzuräumen. Sich selbst zu bestätigen, heißt, sich diese Macht zurückzuholen.

Wenn uns daher immer wieder eingeredet – suggeriert – wird, wir müßten „perfekt“ bis ins kleinste Detail sein, spielen andere mit uns das „Aschenbrödelspiel“: erst die Erbsen, dann die Linsen, dann die Bohnen und dann noch lange nicht auf den Ball!

Irgendeine Ausrede findet sich immer. Wer also unkritisch die Vorgaben erfüllt, läuft wie der viel zitierte Esel der Karotte vor der Nase hinterher. Den Vorteil haben die anderen. Zumindest den, uns beschäftigt und daher weit ab vom Ort des wesentlichen Geschehens zu halten.

Das verunsichert uns in der Beurteilung der eigenen Leistung, in der Beurteilung der Glaubwürdigkeit der anderen und in der Beurteilung unserer Selbstbehauptungsfähigkeiten. Je unsicherer wir sind, desto mehr sind wir von der Bestärkung durch andere abhängig. Um so mehr werden wir versuchen, diese Verstärkung zu erlangen. Wir werden dann dazu neigen, uns diesen wichtigen Bezugspersonen anzupassen – wie kleine Kinder den Erwartungen ihrer Eltern. In dieser Anpassung werden wir aber immer weniger als eigenständige Personen erkennbar. Wir laufen Gefahr, zum lästigen Anhängsel zu werden. Wenn wir uns dagegen in unserer Eigenart zeigen, sind wir als Person erkennbar und identifizierbar: Wir zeigen Persönlichkeit. Logisch, daß wir damit angreifbar werden: Unsere Position ist deutlich und alle, die uns von unserem Standpunkt weghaben wollen, werden versuchen, uns zur Aufgabe unserer Position zu bewegen. Wenn Sie daher nicht die schattenhafte Erfüllungsgehilfin sein wollen, die nur auftragsgemäß agiert und kaum in Erscheinung tritt, müssen Sie „Flagge zeigen", sich als eigenständige Person zum eigenen Profil bekennen.

Das heißt, daß Sie die Arbeiten bevorzugen sollten, die Sie gut beherrschen und bei denen Sie sich auch in der Konkurrenz sicher sein können, daß Sie positiv auffallen, Arbeiten, für die sie sich wirklich interessieren und für die Sie Begeisterung an den Tag legen, damit Sie andere sinnvoll unterstützen können und Ihre soziale Kompetenz beweisen. Wahrscheinlich werden Sie dadurch auch mehr Anerkennung bekommen, als bei dem Versuch, alle zu überrunden.

Halten Sie sich nicht unnötig mit Tüfteleien auf! An Details herumexperimentieren können Sie als Hobby, wenn Ihnen das wirklich Spaß macht. Wichtiger ist, das Ganze zu überblicken und zu erkennen, was wann wo notwendig ist.

Lernen Sie Go oder andere strategische Brettspiele wie Schach, Halma, Mühle oder wie sie alle heißen. Sie schulen damit Ihre Fähigkeit zur „Auf-Sicht", zum „vernetzten Denken", zum Verzicht auf wenig erfolgversprechende Aktionen. Damit üben Sie sich in Risikofreude. Wenn Sie in Ihrer Berufshierarchie allerdings einer Krämerseele untergeordnet sind, der jede gedankliche Grenzüberschreitung Angst macht, sollten Sie Grenzschutz betreiben.

Entwickeln Sie „Feeling" für Ihre Position im „sozialen Raum": Machen Sie keine Alleingänge und treten Sie nicht in Opposition – außer Ihr Gewissen erfordert es. Suchen Sie Ihren Platz an der Seite Ihres oder Ihrer Vorgesetzten und unterstützen Sie ihn/sie, indem Sie mit im/ ihr gemeinsam dasselbe Ziel ansteuern.

Wenn Ihnen das Ziel nicht hinreichend klar ist, sollten Sie Ihre Interpretation kritisch durchdenken – und gegebenenfalls auch ganz offen und direkt die zuständigen Ansprechpartner/innen befragen, nach welchem Standard die geforderte Leistung erbracht werden soll.

Vergeuden Sie Ihre Arbeitskraft nicht, indem Sie „so gut wie möglich" arbeiten, wenn „so gut wie nötig" auch genügt und Ihre Ressourcen schont.

Überlegen Sie immer, ob es nicht sinnvoll wäre, eine Aufgabe zu delegieren: Wenn jemand anderer zu geringeren Kosten diese Arbeit auch erledigen kann oder wenn Sie zwischenzeitlich Wertvolleres erarbeiten können, wenn es dadurch möglich wird, Spezialwissen einzubringen. Oder fürchten Sie, unterdessen ausgebootet zu werden, wenn Sie jemand anderen an Ihr Aufgabengebiet heranlassen? Dann haben Sie sich bereits von männlichem Revierdenken anstecken lassen!

Lernen Sie, Kritik und Angriffe auszuhalten. Viele Frauen haben damit Schwierigkeiten: Sie wollen „Vatis Schätzchen" sein. Sie sind sich ihrer Stärke meist nicht bewußt, weil sie sie noch nie ausprobiert haben. Deswegen sind ja auch die klassischen Selbstverteidigungskurse für Frauen so wichtig: Die meisten Trainerinnen zeigen den Teilnehmerinnen gleich zu Beginn, wie frau atmen und handeln muß, um ein Holzbrett durchzuschlagen. Fast jede ist dann erstaunt, wieviel Kraft sie eigentlich hat.

Bedenken Sie, daß Konfliktbereitschaft der erste Schritt zur Harmonie sein kann!

In psychologischen Abhandlungen wird gerne das „Harmoniebedürfnis" der Frauen angeführt, und tatsächlich scheinen Frauen beziehungsorientierter zu sein als viele Männer, denen Status und Dominanz wichtiger sind als gemeinsames Wohlergehen.

Mythos „friedfertige Frau"

In der psychotherapeutischen Tiefenarbeit stellt sich dieses Harmoniebedürfnis dann häufig als eindeutige Aggressionshemmung heraus: Die wenigsten Frauen haben in ihrer Herkunftsfamilie ein geeignetes weibliches Vorbild für Errichtung und Bewahrung von – geistigen wie körperlichen – Grenzen erlebt, aggressiv sein durften nur Männer. Wagten kleine Mädchen, einmal Ärger, Zorn oder Wut zu zeigen, wurden sie nur zu oft sofort gebremst. Erstens, weil ihr Verhalten in Widerspruch zum Rollenbild der Frau stand. Zweitens aus Angst der Mütter vor der Reaktion der Väter. Drittens aus Angst der Mütter wie der Väter vor der Reaktion der Umwelt. Und viertens, weil kleinen Kindern prinzipiell kaum erlaubt wird, ihre Kraft zu entfalten, geschweige denn, zu zeigen. So erwerben viele Frauen die Einstellung, Aggression sei eben nur etwas für Männer.

Zur psychischen Gesundheit gehört aber, daß wir alle unsere Möglichkeiten gleichmäßig zur Verfügung haben, unser Harmoniestreben ebenso wie unsere Konfliktfähigkeit, unsere Friedensliebe wie unsere Aggressivität. Auch hier kommt es auf die richtige Balance an. Auf Anspannung muß Entspannung folgen. Auf Aktivität Ruhe. Auf Passivität Bewegung. Systole – Diastole, Einatmen – Ausatmen.

Alles, was lebt, lebt zwischen zwei Polen: Pluspol und Minuspol. Darum herum ein spezifisches elektrisches Kraftfeld mit Anziehung und Abstoßung gegenüber anderen Energiekörpern und ihren Kraftfeldern.

Yang auf Yang bricht die Knochen

Wenn wir uns erlauben, in Energiekategorien zu denken, so gibt eine „dynamische Unternehmerpersönlichkeit" einen Energieimpuls und setzt damit Entwicklung in Bewegung. Wir können uns also bildlich vorstellen, wie jemand eine Wellenbewegung in Richtung aufwärts – Yang – in Gang setzt. Irgendwann wird der Punkt der Sättigung erreicht sein. Dann wird die Abwärtsbewegung – Yin – einsetzen, bis jener Tiefpunkt erreicht ist, wo wiederum eine Schubumkehr einsetzt. Traditionell wird dieser Energieimpuls vom Mann erwartet: Er soll der Aktive sein. Die Frau soll ihm passiv zuarbeiten. Wenn nun eine Frau solche Yang-Aktivität setzt, kann sie nicht auf Yin-Empfangsbereitschaft von Männern zählen, und ebenso nicht auf die von Frauen. Sie muß mit Widerstand rechnen, mit Yang – vor allem dann, wenn sie zuviel Energie und Kampfkraft einsetzt. Wenn sie aber klug „dosiert", wird sie genau den Impuls geben, der Anstoß gibt, ohne Anstoß zu erregen.

Im Idealfall der Mittelmäßigkeit können wir regelmäßige und gleichmäßige Wellenbewegungen beobachten. Sie werden uns bald als vorhersehbar erscheinen und Sicherheit bis Langeweile vermitteln. Irgendwann wird unser Bedürfnis nach Abwechslung, nach Unterbrechung, nach einem neuen Hoch so groß werden, daß wir entweder unsere destruktiven Kräfte walten lassen und wenigstens Streit provozieren, oder aber unter Einsatz unserer konstruktiven Möglichkeiten etwas Neues schaffen. Das können auch wir selbst sein, wenn wir einen Wachstumsschritt vollziehen.

Überlegen Sie, wie Ihr persönliches Energieprofil aussieht:

- Wie teilen Sie die Aufgaben, die der Tag Ihnen bringt, zeitlich auf? Zeichnen Sie einen Kreis und teilen Sie ihn in so viele und so große Segmente, daß das Verhältnis Ihrer Zeitportionen deutlich sichtbar wird.
- Was davon tun Sie gerne? Malen Sie dieses Segment mit Ihrer Lieblingsfarbe an.
- Was mögen Sie am wenigsten? Malen Sie es mit Ihrer Ekelfarbe an.
- Malen Sie auch alle weiteren, größeren wie kleineren, Stücke mit Farben an, die Ihrer Bewertung entsprechen.
- Überprüfen Sie, ob Sie einen Bereich vergessen haben. Beispielsweise „Zeit für mich selbst"?

Kontrollieren Sie nun, was die Auswahlkriterien für Ihre Zeiteinteilung sind:

- was Sie am liebsten tun,
- was Sie am besten können,
- was andere wollen, daß Sie tun,
- was anderen nützt,
- was gut belohnt (bezahlt) wird,
- was dem klassischen Rollenbild der Frau entspricht,
- was dem Rollenbild der Frau überhaupt nicht entspricht,
- womit Sie jemanden (wen?) ärgern können.

Versuchen Sie, auch die Vielfalt der beruflichen Aufgaben nach ähnlichen Gesichtspunkten zu gliedern und einzuteilen. Sie müßten dann eigentlich erkennen,

- welche beruflichen Tätigkeiten Sie gerne ausüben,
- welche beruflichen Tätigkeiten Sie gut beherrschen,
- welche beruflichen Tätigkeiten Sie eher gezwungenermaßen ausüben,
- welche beruflichen Tätigkeiten Ihnen am meisten Anerkennung bringen.

Sprechen Sie sich laut und deutlich Anerkennung für Ihre jeweilige Leistung aus. Nicht nur jetzt, beim Lesen dieser Zeilen, sondern auch dann, wenn Sie Anerkennung nötig haben. Sagen Sie dann ruhig: „Ich finde, daß mir das sehr gut gelungen ist!" Ich selbst formuliere, wenn ich jemand sehr entgegengekommen bin und diese Person reagiert nicht so dankbar, wie ich es für meine Selbstachtung brauche: „Ich finde es sehr kooperativ von mir, daß ich Ihnen (z.B.) diese Information oder Hilfestellung gegeben habe!"

Solche Anerkennungssätze könnten entsprechend der obigen Reihenfolge lauten:

- „Ich merke am guten Ergebnis, wie gerne ich diese Arbeit mache!"
- „Es freut mich immer wieder zu sehen, wie gut ich das kann!"
- „Ich finde mich sehr ausdauernd, daß ich auch diese lästige Arbeit so unverzagt erledigt habe!"
- „Ich freue mich sehr, wenn ich so viel Anerkennung bekomme!"

Was aber tun Sie, wenn Sie klar und deutlich kritisiert werden?

Jede Kommunikation hat eine Sachebene und eine Beziehungsebene. Klären Sie vorerst einmal auf der Sachebene:

- Für welche Aktivitäten ernten Sie eher Kritik?
- Finden Sie diese Kritik berechtigt?
- Stört Sie das? Oder läßt Sie diese Kritik bzw. Kritik überhaupt kalt? Weshalb?
- Oder ist Ihnen die Kritik unverständlich?

Dann erst überdenken Sie das Ganze noch einmal auf der Beziehungsebene:

- Hat mich die Kritik verletzt?
- Weswegen? War es der Inhalt, die Form, die Person oder sonst etwas Anderes?
- Wenn Kritik Sie verletzt, grenzen Sie Ihr kritisiertes Verhalten deutlich von Ihrer Persönlichkeit ab! Nicht Sie sind kritisiert worden, sondern etwas, was Sie getan haben (oder vielleicht nicht einmal das).
- Wiederholen Sie die Kritik in ruhiger Sprechweise mit Formulierungen wie: „Aha, Sie meinen also, es war nicht so gut oder zielführend, daß ich das so entschieden habe“, oder: „Was wäre Ihrer Ansicht nach eine günstigere Verhaltensweise gewesen?“

Umgang mit dem „Inneren Krokodil“

Kaum jemand freut sich, wenn er oder sie kritisiert wird: Manche Menschen reagieren sofort und oft aggressiv, andere hingegen verzögert, bedächtig. Wieder sehen wir, wie erlernte Verhaltensweisen wider besseres Wissen ihre Wirkung bewahren!

Kommt ein Kind zur Welt, ist es erst einmal ein Bündel von Leidenschaften. Es ist hungrig und daher voll Gier. Es schreit und zappelt nach der Mutterbrust oder dem Fläschchen. Andere Formen, sich mitzuteilen, beherrscht es ja noch nicht. Wenn es eine „hinreichend “ gute „Mutter“ hat, wird es im Lauf der Zeit lernen, darauf zu vertrauen, daß es schon etwas Warmes bekommt. Ich habe den Begriff „Mutter“ in Anführungszeichen gesetzt, um hervorzuheben, daß „muttern“ eine soziale Tätigkeit ist, die relativ wenig mit der biologischen Geburt bzw. der Abstammung von einer bestimmten Frau zu tun hat. Wer solches Vertrauen nicht erlernt, daß seine – vor allem seine! – Bedürfnisse befriedigt werden, und sich auch weigert, später zu lernen, sich selbst zu versorgen oder sich an die Spielregeln des Austauschs von Dienstleistungen und Liebesdiensten zu halten, wird auch als Erwachsener jeden Hunger sofort gestillt haben wollen. Etwa durch ein Stehbier in der nächsten Kneipe. Oder er wird jeder Triebregung nachgeben, wie z.B. der nächsten Frau an den Hintern fassen, auch wenn es im Büro ist. Und er wird randalieren, wenn man ihn kritisiert oder sonstwie bremst.

Ein Säugling hat noch nicht genug Ich-Stärke, um Kritik – oder andere unangenehme Erlebnisse wie Hunger, Nässe, Kälte, Liebesentzug – zu ertragen. „Es“ hat ihn. Sich selbst als „Ich“ zu erkennen, gelingt erst gegen Ende des zweiten bis dritten Lebensjahres. Dann, wenn Hand-, Stimmband-, Schließ- und die sonstige Muskulatur stark genug werden, daß sie willentlich gesteuert werden können. Jetzt kann das Kind ansatzweise zwischen „Ich“ und „Du“ unterscheiden. Vorher ist alles Eins: die symbiotische Mutter-Kind-Dyade. Menschen, die in ihrer psychosexuellen Entwicklung aufgrund von Vernachlässigung oder Verwöhnung in dieser frühen „oralen“ Phase steckengeblieben sind, weisen auch im späteren Leben die Verhaltensweisen greinender oder wütender Säuglinge auf. Außer sie lernen, sich reifer zu verhalten, auch wenn innerlich noch das verletzte Baby weint.

„Zivilisierte“ Verhaltensweisen sind nicht angeboren, ganz im Gegenteil. Sie werden sozial durch Vereinbarungen, die von Vorbildern vorgelebt werden, und durch Lob eingepflanzt. Durch Strafen lernt man nicht, sich „richtig“ – den Regeln entsprechend – zu verhalten; man lernt nur Angst, Verbitterung und möglicherweise Vorsicht vor denen, die strafen oder Strafe androhen. Damit haben wir schon einige der Reaktionsformen genannt, die gewöhnlich auf Kritik folgen.

Repertoire des Neandertalers

Angeboren ist das tierische Instinktverhalten. Es kann im stammesgeschichtlich ältesten Teil unseres Gehirns, dem Stammhirn, lokalisiert werden. Wenn irgend etwas nicht paßt, hat das primitive Stammhirndenken nur folgende Reaktionen zur Verfügung:

a) Kämpfen (Angriff oder Verteidigung),
b) Flüchten oder
c) Sich Totstellen.

Das ist das klassische Verhaltensrepertoire des Neandertalers. Leider glauben viele Menschen, mit diesen Reaktionsformen Überlegenheit und Durchsetzungsvermögen, Stärke und Führungsqualitäten demonstrieren zu können.

Der stammesgeschichtlich jüngste Teil unseres Gehirns ist das Großhirn. In ihm sind diejenigen Fähigkeiten gespeichert, die uns vom Tier unterscheiden. Für unsere weiteren Überlegungen ist vor allem die Fähigkeit wichtig, über sich selbst nachzudenken, Alternativen zu ersinnen und die Sprache zu gebrauchen. Daher stehen den oben angeführten Stammhirnreaktionen folgende, wohldurchdachte Großhirnreaktionen gegenüber:

a) Verhandeln,
b) Distanzierungen, von Kündigung über Scheidung bis zur Emigration, oder
c) Abwarten, wohl die schwierigste Verhaltensweise in Konfliktsituationen.

Das Krokodil in uns denkt gar nicht ans Warten, dazu setzen die Reflexe viel zu schnell ein. Wieder werden wir von „männlicher“ Schnelligkeit gehindert, „weibliche“ Geduld walten zu lassen.

Das Ansteigen unseres Adrenalinspiegels signalisiert uns „Körper macht sich kampfbereit“. Als körpersprachliches Signal, daß wir dabei sind, in eine Kampfsituation zu geraten, ist diese Botschaft aus dem „Es“ hilfreich. Wir dürfen uns bei unserem Unbewußten bedanken, daß es uns so schnell und effizient informiert und mit den notwendigen Fähigkeiten für den Notfall ausrüstet.

In der Steinzeit und früher, als es noch keine Gesetze, festen Sitten und Bräuche gab, hatte dies alles durchaus auch seine Berechtigung, da jagte ja ein Notfall den anderen. Aber auch wenn heute gewisse rechts- oder linksradikale Kreise zu ähnlichen Terrormethoden greifen wie in der Urzeit und friedliche Menschen mit unvorhersehbaren Angriffen rechnen müssen, heißt das noch lange nicht, daß dies auch geeignete Erfolgsstrategien für die Berufswelt oder für zu Hause wären.

Kampf, Flucht, Totstellen

Im Stammhirn sind aber auch das instinkthafte Revierdenken und die Dominanzbedürfnisse beheimatet. Wer (noch) nicht gelernt hat, andere als Person wahrzunehmen, zu respektieren und mit ihnen Raum zu teilen, wird alle bekämpfen, die seine Allmachtsbestrebungen, Unterwerfungsgelüste und Raumansprüche in Frage stellen. Nur vor denen, die er als stärker einschätzt, wird er davonlaufen oder vor Schreck erstarren.

Im reptilischen Gehirn sind die stereotypen Verhaltensmuster programmiert, die auf ererbtes Lernen und ererbte Erinnerung zurückgehen, schrieb ich in „Die starken Zweiten". *Das reptilische Gehirn ist für Territorialverhalten zuständig: für Unterschlupfsuche, Jagd, Nestbau, Paarungspflege und Prägungsverhalten, aber auch für den Aufbau sozialer Hierarchien und die Wahl von Führern und Akzeptanz von Rangordnungen.* Kritik mit Drohgebärden wie einem Wutausbruch oder Vernichtung des Kritikers zu beantworten, entspricht dem „reptilischen" Stammhirn ebenso, wie der Kritik auszuweichen (zu flüchten) oder Augen und Ohren vor ihr zu verschließen (Totstellen). Im ersten Fall verteidigen wir unser geistiges Revier gegen unerwünschte Eindringlinge oder versuchen, diese kaltzustellen, im zweiten Fall ergeben wir uns blitzartig. Beide polare Verhaltensweisen sind nicht von vornherein schlecht – es gibt aber

Situationen, in denen Kampf, Flucht oder „Nicht einmal ignorieren" die richtige Reaktionweise darstellen.

Vor allem in Krisensituationen, wenn es um Leib und Leben geht, ist instinktive Schnelligkeit angesagt. Deshalb ersetzen starre, dafür aber auch schnell verfügbare Einsatzpläne die Auswahl variabler Reaktionen durch langsames Großhirndenken. Ob Feueralarm, Polizeieinsatz oder Herzinfarkt, das bewährte Modell lautet: Einer ordnet an, die anderen gehorchen. Abgesehen von diesen Notsituationen sollten wir als zivilisierte Westeuropäer aber fähig sein, Entscheidungen aufgrund eines komplexen Denkvorgangs zu treffen. Dabei sind alle Für und Wider und die jeweiligen Konsequenzen gegeneinander abzuwägen. Voraussetzung dafür ist, die eigene Aggressivität und das eigene Dominanzstreben weder zu hemmen noch zu forcieren, sondern in Selbstbehauptungskraft umzuwandeln.

Selbstbehauptungskraft nutzen

Die Technik dazu ist wieder ganz einfach und wird Ihnen bekannt vorkommen:

Ausgangslage: Sie laden sich aggressiv auf, der Körper macht sich kampfbereit: Sie atmen schneller. Ihr Puls beschleunigt sich. Hitze steigt auf und zu Kopf. In Ihren Armen beginnt Kampfenergie zu fließen. Sie spüren das Vibrieren. Sie zittern vor Wut. Ich vermute, daß allein diese Beschreibung bei Ihnen die geschilderten Empfindungen hervorgerufen hat.

Wichtig: Auch dies ist eine Technik, um gewünschte Zustände herbeizuführen – man beschreibt einfach den physiologischen Ablauf (sehr zu empfehlen bei fehlender sexueller Lust!).

Gegenstrategie: Zuerst die prompte Autosuggestion zur Entspannung: Beine in Hüftknochenabstand, gut erden, Wirbelsäule ins rechte Lot, tief durchatmen;

- falls Sie autogenes Training beherrschen: Kurzformel „Wärme, Schwere, Ruhe" oder nur „Ruhe" in langsamem Sprechrhythmus denken;

- oder nach der Methode der „progressiven Relaxation“ nach Jacobsen: Kiefermuskeln kurz anspannen, loslassen, Fäuste kurz ballen, loslassen;
- dann der bereits körperlich wahrnehmbaren Energieaufladung in Armen, Beinen, Atmung, etc. nachspüren;
- dann diesen Energiefluß im ganzen Körper verteilen (zu den Fingerspitzen, Zehen und darüber hinaus fließen lassen, Ruhe ein- und ausatmen);
- bewußt spüren, wie frau kraftvoll und gelassen wird.
- „Distanziert“ dreinschauen („Wie finde ich denn das?“) und damit vom Affektaufbau zum Überblick umschalten;
- diesen „Abstand“ auch mit Worten ausdrücken: Sie sagen einfach und ruhig, wie Sie die Situation einschätzen, welche Botschaft bei Ihnen angekommen ist und fragen, wie es jetzt weitergehen soll.

Eine andere Methode können Sie dem traditionellen Märchenrepertoire entnehmen:

Sie drehen einfach dreimal an einem Ring am Finger und stellen sich gleichzeitig vor, daß dieser „Zauberring“ Ihnen Ruhe und Gelassenheit oder was auch immer Sie sich in der konkreten Situation an Eigenschaften oder Fähigkeiten wünschen, vermittelt.

In der klassischen Verhaltenstherapie wird oft empfohlen, ein Gummiband am Handgelenk zu tragen und bei Bedarf damit zu schnippen. Diese autosuggestive Unterbrechung der Abfolge des unerwünschten Verhaltens finde ich zu trivial und außerdem unelegant.

Selbstverständlich können Sie auch irgendeine andere „magische Geste“ erfinden, die Ihnen hilft, aus dem Ist-Zustand auszusteigen. Wichtig ist nur: Sie sollte sich schnell und unauffällig durchführen lassen und auch bildhaft gedacht werden können, damit Sie die Unterstützung Ihres Unbewußten genießen können.

Abschließend noch mal zur Erinnerung: Jede Kritik zeigt Ihnen eine Verbesserungsmöglichkeit!

Wenn Sie spüren, daß die Person, die Sie kritisiert, Ihnen gut gesinnt ist, können Sie sich daher ohne weiteres für den Hinweis bedanken. Sollten Sie aber spüren, daß die Person, die Sie kritisiert, Sie verletzen will, dann blicken Sie bitte großzügig über diese Wahrnehmung, Vermutung oder Unterstellung hinweg und definieren Sie die Verletzungsabsicht um: als positiven Hinweis.

Die Technik des „Verrückens“

Zu den besten Methoden, sich selbst zu blockieren und Weiterentwicklung unmöglich zu machen, gehört folgende: Wir sehen uns mit etwas – meist jemandem – konfrontiert, das, den oder die wir als mächtig, übermächtig erleben. Sofort fühlen wir uns klein, nehmen also unsere Energie zurück und starren wie das Kaninchen auf die Schlange. Wenn wir nun aber unseren Blickwinkel erweitern – mit berücksichtigen, in welchem Zusammenhang, mit welchem Ziel, in welchem Umfeld der Angriff stattfindet –, so nehmen wir den Rahmen wahr, in dem sich das konkrete „Bild“ zeigt. Und wie wir ein materielles Bild verschieden rahmen können, können wir das auch mit unseren Wahrnehmungsbildern. Meist bleiben wir aber bei den Rahmen, die wir in unserer frühesten Kindheit erworben haben. Damals waren wir wirklich ziemlich hilflos, weil unerfahren. Das hat sich in der Zwischenzeit aber wohl geändert. Also wäre es höchste Zeit, neue Rahmen auszuprobieren.

Bei einem „Angriff“ handelt es sich, pauschal gesehen, um einen aggressiven Versuch, uns zu verändern: uns beispielsweise von einer, die vorwärtsgeht, zu einer zu machen, die sich zurückzieht. Oder von einer, die sich wohlfühlt, zu einer, die damit beschäftigt ist, ihre Wunden zu lecken. Betrachten wir einen „Angriff“ jedoch weniger pauschal, sondern eher in Zeitlupe, so stellt er eine Kontaktnahme dar, eine Berührung vielleicht: Wir fühlen uns dann weniger attackiert, sondern eher berührt, möglicherweise sogar gerührt.

Wie wir einen Angriff aber erleben, hängt nicht nur von seiner Intensität ab, sondern auch von unserer Ich-Stärke, unserer

Abwehr- und Widerstandskraft und unseren Selbstbehauptungsfähigkeiten.

In der Psychoanalyse werden bei Menschen, die die Realität, z.B. unerwünschte Eigenschaften bei sich selbst, nicht wahrnehmen wollen oder können, „Abwehrmechanismen“ diagnostiziert. Dazu zählen etwa:

- Verdrängung (Nichtwahrnehmung)
- Regression (Rückfall in frühere Entwicklungsphasen)
- Reaktionsbildung, Ich-Einschränkung (Symptombildungen)
- Isolierung
- „Ungeschehenmachen“
- Verneinung mit Hilfe der Phantasie, Verleugnung der Realität
- Projektion, projektive Identifizierung (Abspaltung, Verlegung nach außen, auf jemand anderen)
- Introjektion (Verinnerlichung, Verlegung nach innen)
- Objektspaltung (in Gut und Böse)
- Wendung gegen die eigene Person
- Identifikation mit dem Aggressor
- allmächtige Kontrolle des Objekts
- Verkehrung ins Gegenteil
- Idealisierung
- Altruismus (nur nicht für sich, daher für die anderen)
- Rationalisierung
- die Sublimierung (Veredelung, z.B. in der Kunst oder Berufswahl).

Damit kein Mißverständnis entsteht: Diese Abwehrmechanismen werden natürlich *unbewußt* gewählt, um sich vor Unlusterlebnissen zu schützen. Wenn wir einen solchen Mechanismus hingegen *bewußt* als Schutztechnik wählen, behalten wir die Realität im Auge. Wir suchen aus der Vielzahl der möglichen Positionen diejenige aus, auf der wir uns am besten fühlen. Wir „verrücken“ entweder unseren Standort – am besten in Richtung nach oben, das gibt Überblick und Sicherheit – oder das Objekt unserer Betrachtung.

Ein Beispiel: Wie oft hören wir als kleine Kinder, wir sollten nicht so unordentlich sein! Viele erliegen dieser Suggestion und behalten sie als Selbsteinschätzung fürs spätere Leben: „Ich bin nun mal unordentlich!“ Ein wenig „verrückt“ lautet diese Selbstzuschreibung: „Ich bin eher großzügig!“ Oder: Eine eifersüchtige Kollegin klagt über ihren Konkurrenten: „Er schafft ja nichts Eigenständiges – immer kopiert er mich und bekommt dann auch noch besonderes Lob!“ Ein wenig „verrückt“ kann sie ihm sagen: „Ich bin eigentlich sehr froh, daß Sie meinen Modellen zur Anerkennung verhelfen, sonst würde ich wohl verzagen, so ganz ohne Lob!“ Dadurch schlägt sie eine Brücke zu ihm und definiert ihn als Helfer anstatt als Rivalen. Sie spielt ihm die Information zu, daß sie seine Vorgehensweise sehr wohl bemerkt hat. Sie erwartet aber, daß die ausgesprochene Anerkennung dorthin geleitet wird, wo sie hingehört, nämlich zu ihr. Auf diese Weise gibt sie Gelegenheit, die von ihr empfangene positive Energie – immerhin hat sie ihn auch gelobt – wieder an sie zurückzugeben.

Die methodische Vorgangsweise, die selbstverständlich geübt werden muß, funktioniert folgendermaßen:

- Sie beschreiben die Abfolge dessen, was sie „verrücken“ – „neu rahmen“ wollen.
- Dann suchen Sie einen Blickwinkel, von dem aus Sie etwas Positives entdecken können.
- Dann suchen Sie eine Formulierung, die dieses Positive betont und der Wahrheit entspricht.
- Vielleicht werden Sie ziemlich lange hin- und herrücken müssen, bis Sie erkennen, wo Ihr Vorteil im bisherigen Geschehen liegt, aber da ist immer einer! Denken Sie an das Yin-Yang-Symbol: Im Dunklen ist ein heller Punkt, im Hellen ist ein dunkler Punkt.
- Lassen Sie bitte keine Gelegenheit aus, im Schlechten das Gute zu finden; sie trainieren damit nicht nur Ihre detektivischen Fähigkeiten, sondern lernen eine der wichtigsten Gegenmaßnahmen gegen den Negaholismus – die Sucht, alles ins Negative zu wenden.

Aber vielleicht lieben Sie die Negaholiker-Position? Immer Klagen und mit dem „Terrorismus des Leidens“ allen ein schlechtes Gewissen machen? Auch wenn Sie dann niemand mag? Bevor Sie sich in trotzigem Widerstand verlieren – „Ich bin ich und will so bleiben" –, stellen Sie sich sicherheitshalber die Frage: Könnte oder soll oder will ich meine Eigenschaften und Fähigkeiten vervollkommnen?

Coaching – und damit auch Selbstprogrammierung – kann dort wirkungsvoll eingesetzt werden, wo Ihre Persönlichkeit ursächlich zum Tragen kommt:

- in Ihrer persönlichen Individuation (Identitätsbildung),
- im System Ihrer Glaubenssätze (Weltanschauung),
- bei der Vervollkommnung Ihrer körperlichen, seelischen und geistigen Fähigkeiten,
- bei Ihrem Lebensstil (Verhalten im Doppelsinn des Wortes),
- bei Ihrem Anteil an Beziehungs- und Gruppendynamik sowie
- im Rahmen Ihres Fachwissens (aber das gehört in den traditionellen Lernbereich und mit den klassischen Lerntechniken will ich mich im Rahmen dieses Buches nicht beschäftigen).

Wissen Sie, wie Sie denken?

Natürlich, werden Sie sagen, und dann werden je nachdem verschiedene Antworten kommen:

„Ich mach mir einfach ein Bild von der ganzen Sache", oder
„Ich höre in mich hinein", oder
„Ich kriege da so ein Gefühl", und manche sagen:
„Ich spüre das einfach!"

Aus der Lernpsychologie kennen Sie gewiß die Einteilung der „Eselsbrücken" nach Sehen, Hören oder Bewegen. Sie haben vielleicht die Schulkolleginnen beneidet, die sich alles nur vom Zuhören merken konnten, während Sie alles abschreiben und unterstreichen mußten. Auch bei unseren Sinneswahrnehmungen und gedanklichen Verarbeitungen lassen sich verschiedene Wahrnehmungstypen feststellen, je nachdem, welcher Wahrnehmungskanal bevorzugt benützt wird:

„Sehmenschen" nehmen überwiegend visuell wahr. Entsprechend bevorzugen sie in ihrer Rede Verben, die dem Sehen, der Wahrnehmung, der Lichtabstrahlung der Objekte zuzuordnen sind. Wenn etwas nicht so „aussieht", wie es ihrem geistigen „Bild" entspricht, „beleidigt es das Auge". Sie wollen „Klarheit", „Überblick" und „Voraussicht".

„Hörmenschen" dagegen spitzen vor allem die Ohren, und in ihrer Sprache geht es vor allem um „den richtigen Ton", damit alles „stimmt".

„Körpermenschen" oder „Fühlmenschen" hingegen haben gerne „alles im Griff", sonst „fühlen" sie sich „eingeengt" oder die Sache „entgleitet" ihnen. Sie neigen zu psychosomatischen Reaktionen, weil sie sich alles gleich „zu Herzen nehmen" – sie werden ja „berührt" und „gerührt", wo Visuelle noch kühl „zusehen".

Psychisch ausbalancierte Menschen sollten alle drei Zugänge gleichermaßen zur Verfügung haben:

- bewußt sehen, wenn es um Ansichten, Blickwinkel und Sichtweisen geht,
- bewußt hören, wenn der „gute Ton" Harmonie machen soll,
- bewußt zugreifen, wenn etwas angepackt werden soll,
- aber auch bewußt riechen und bewußt schmecken, wenn Gesundes von Giftigem geschieden werden soll.

Mit Ausnahme weniger, auf Hör- und Fühlfähigkeiten spezialisierter Berufe sind in der heutigen Arbeitswelt vor allem Seh-Fertigkeiten gefragt. Alle, die diese beherrschen, sind im Vorteil: Passiv, wenn es darum geht, sich schnell einen Überblick zu verschaffen, aktiv, wenn es darum geht, etwas oder auch sich selbst „glänzend" zu präsentieren; die Show zielt auch aufs Sehen!

Wir könnten jetzt darüber philosophieren, welches dieser „Repräsentationssysteme" dem Yin und welches dem Yang zuzuordnen ist. Sicher ist jedenfalls, daß Sehen und Fühlen wiederum die beiden Extreme auf einer breiten Palette darstellen. Wenn wir uns mit Menschenführung beschäftigen, bekommt die Polarität zwischen Seh- und Fühlmenschen oft dramatische Bedeutung.

	Visuell	Auditiv	Kinästhetisch
Atmung, Bewegungen	schnell	mittel	langsam
Sprache	Sehworte hoch schnell	Hörworte mittel mittel	Fühlworte, Spürworte tief langsam
Körperhaltung	aufrecht	entspannt	„gemütlich“
Augenbewegungen	nach oben	gerade	nach unten
Gefühlslage	distanziert „kühl“	aufmerksam „normal“	anhänglich „emotional“

Gewöhnen Sie sich an, auf derartige Unterschiede zu achten. Sie bekommen damit die Chance, mit denen, die ganz anders sind als Sie, besser zu kommunizieren, indem Sie auf sie „Rücksicht nehmen“ (Yin), auf sie „hören“ (Yin) oder ihnen „entgegenkommen“(Yang).

Der Polarität, die unser Leben bestimmt, gemäß werden Sie von den „Anderen“ entweder angezogen („Oh wie toll! Was der bzw. die hat, möchte ich auch haben! Da möchte ich dazugehören!“) oder abgestoßen („Warum bist du nicht wie ich? Wie kann man nur so schnell bzw. langsam sein! Mit dir will ich nichts gemein haben!“).

Es ist für die Schnelleren (Yang) leichter, sich zu verlangsamen, als für die Langsamen (Yin), sich zu beschleunigen. Unser ursprünglicher Lebensrhythmus ist bei weitem nicht so schnell, wie er uns in Schule und Arbeitsleben abgefordert und beigebracht wird. Die Ungeduld, mit der wir oft reagieren, wenn wir „aufgehalten“ werden, zeigt, welche Gefühlsreaktionen uns als kleine Kinder zur Geschwindigkeit dressiert haben – und wie wir sie jetzt im Wiederholungszwang nachahmen, wenn wieder jemand mit uns nicht „mitkommt“. „Die Schnellen fressen die Langsamen“, seufzte einmal eine – männliche – Führungskraft mittleren Managements in einem meiner Seminare zum Umgang mit dem Zeitempfinden. Ich sehe das nicht mehr so pessimistisch, höchstens als Drohung und Strategie, Menschen zur Beschleunigung zu erpressen: Yang zerstört Yin nicht, es zieht (zischt?) eher vorbei, vorausgesetzt, daß sich Yin ihm nicht in den Weg stellt. Aber das wäre ja schon wieder Yang, nämlich Widerstand.

Mut zur Langsamkeit

Kleine Kinder verfügen noch über die langsame Qualität des Staunens; wenn ihnen etwas zu schnell wird, setzen sie sich nieder. Wenn ihnen etwas zu viel wird, legen sie sich einfach hin und schlafen ein. Wenn nicht auf sie geachtet wird, beginnen sie zu weinen – ein deutliches Signal für ihre Bedürftigkeit. Aber wie schnell wird ihnen diese Ehrlichkeit abgewöhnt!

„Stör mich nicht, indem du Rücksicht von mir verlangst!" Diese Botschaft steht hinter allen „Erziehungs"maßnahmen. Später wird dann mit Kranken, Behinderten, Alten ebenso umgegangen – alles Menschen, die aus irgendwelchen Gründen langsamer sind als der Prototyp des „Helden der Arbeit". Als wenn ihr Wert und ihre Würde vom Tempo abhingen! Wie schnell ist Ihr Lebensstil (nicht Lifestyle)? Überfahren Sie oder werden Sie überfahren? Können Sie sich anderen Menschen anpassen?

Manche Frauen meinen, sich anderen anzupassen, sei ein Zeichen der Unterwerfung und damit der Schwäche: Yin. Den meist praktizierten Widerstand um jeden Preis halte ich aber für falsch verstandenen Feminismus. Jemand zur Anpassung zwingen zu wollen, ist psychische oder sogar physische Gewalt. Das wird noch immer, und nicht nur von Männern, praktiziert. Sich dagegen zu stemmen, ohne den innewohnenden Konflikt zu bearbeiten, ist ein ziemlich ähnlich gearteter Versuch mit umgekehrten Vorzeichen: Yang gegen Yang, der Stärkere gewinnt, bestenfalls gibt es ein Patt.

Jemand in seiner Andersartigkeit wahrzunehmen und ihm oder ihr – noch offen, in welchem Ausmaß – interessiert und anpassungsbereit entgegenzukommen, ist dagegen ein anderes: Nicht jeder Mann ist wie der tyrannische Vater, der Ehemannpascha oder der autoritäre „Boss", nicht jede

Frau gleicht der manipulativen Mutter, Freundin oder Vorgesetzten.

Yin und Yang – kein Widerspruch

Es liegt an Ihnen, ob Sie sich im Reptiliendenken irgendeiner Gewalt unterwerfen (Yin), oder ob Sie sich realitätsgerecht zu einer Anpassungsgeste *entscheiden* –, Yin und Yang zugleich.

Egal, mit welcher Gewalt Sie konfrontiert sind – physischer, psychischer, sozialer oder institutioneller –, das Wichtigste ist, daß Sie in solchen Situationen *Ihren Entscheidungswillen bewahren.* Daß Sie bei sich selbst – bei Ihrem Selbst – bleiben: Sie entscheiden, ob Sie kämpfen, flüchten oder sich tot stellen wollen – Sie sind aktiv, Sie entscheiden!

Zum eigenen Willen stehen

Eines meiner Aha-Erlebnisse stammt aus der Zeit, als ich Obfrau meiner Berufsgruppe in der Bundeswirtschaftskammer war. Wir hatten eine Sitzung, viele Teilnehmer und Teilnehmerinnen waren eingeladen und sollten sich um einen riesengroßen, ovalen Tisch versammeln. Wie es den in Systemtherapie Geschulten aus der Beobachtung vertraut ist, saßen auch hier die, die zusammengehören, nebeneinander: „Gleich und gleich gesellt sich gern" – auf der einen Seite die Sekretäre der Landeskammern und der Zentralorganisation, ihnen gegenüber die Ehrenamtlichen, die gewählten Obleute samt Stellvertretung. Als letzter kam der Kollege, der mein Stellvertreter war: Im Zivilberuf Angestellter einer Firma, die viele Aufträge für die Bundeskammer erledigte, gehörte er quasi zu beiden Gruppen.

Sofort wurde er von den Beamten – alles Männer – in ihre Reihen gerufen: „Kommen Sie nur, Herr Doktor, setzen Sie sich zu uns!" Er hätte ihre Minderheit ausgeglichen, wie ich flugs nachzählte. Und jetzt kam die Sensation für mich: der

Kollege blieb stehen, legte den Kopf schief und sprach langsam und laut: „Will ich das?“ Dann erlaubte er sich, etwas nachzudenken und stellte schließlich laut fest: „Nein, ich will nicht!“ – und setzte sich zu uns.

Das Recht nachzudenken

Sie sind nicht mehr das kleine Mädchen, das wie in der Schule aus der Pistole geschossen das Einmaleins aufsagen muß und keinesfalls ins Stocken kommen darf. Sie brauchen Ihre Energie auch nicht darauf zu verschwenden, gegen irgendwelche falschen Autoritäten zu rebellieren wie „Halbstarke“ in der Pubertät. Allein der panisch suchende Gedanke, wie Sie Ihre Stärke demonstrieren können, verändert Ihre bioelektrische Ausstrahlung, und jeder halbwegs sensible Mensch merkt, daß Sie aus dem Gleichgewicht gekommen sind.

Denken Sie an die Drohgesten bellender Hunde: Ein Tröpfchen Angstschweiß, und schon hat der Hund gewonnen! Bleiben Sie Top-Dog! „Die Hunde bellen, die Karawane zieht weiter“ – einer meiner Lieblingssprüche. Sie werden doch nicht etwa stehenbleiben und zurückbellen?

Wenn ein „Hund“ wirklich angreift, müssen Sie ihm zeigen, wo die Kraft ist – aber das heißt noch lange nicht, daß Sie sich auf sein Niveau begeben und mit ihm kämpfen! Betrachten Sie Ihren Gegner als „nicht satisfaktionsfähig“ – Sie müssen ja nicht jeden Fehdehandschuh aufnehmen, den man(n) Ihnen vor die Füße wirft, Sie können auch elegant darüber „hinweggehen“.

Ob Sie sich in der Polarität Feigheit/Souveränität auf der einen oder anderen Seite befinden, hängt von Ihrem Bewußtsein und damit Ihrer Geistes- wie Körperhaltung ab: aufrecht, wachsam ruhend, distanziert, nicht „zu nahe kommen“ lassen.

„Hinschauen"

Zur passenden Technik zunächst einige Hinweise: Ihnen ist sicherlich schon aufgefallen, daß Sie beim Lenken eines Fahrzeugs anders „schauen", als beim Lesen eines Buches oder wenn Sie „Sterne in den Augen" haben. Beim Autofahren schalten Sie vom „fokussierten" Punktsehen oder vom herzoffenen „Spiegel der Seele"-Blick auf die „zweite Aufmerksamkeit", den Panorama-Blick: Sie überschauen die gesamte Situation im Weitwinkel. Damit scheint alles viel weiter weg zu sein, als wenn Sie direkt auf ein Blickziel hinsehen.

Wenn Sie sich also „distanzieren" wollen und es real nicht möglich oder klug ist, einige Schritte zurückzutreten oder sich sprachlich abzugrenzen, genügt oft das Umschalten auf den „müden Blick". Probieren Sie es aus!

Wenn diese Anleitung bei Ihnen nicht wirkt, weil Sie kein visueller Typ sind oder überhaupt auf Suggestionen nicht gut reagieren – was ja auch ein Vorteil sein kann! –, versuchen Sie es auf folgende Weise:

- Sehen Sie der Person, von der Sie sich distanzieren wollen, zwischen die Augen oder auf einen gedachten Punkt etwa einen halben Meter vor Ihrem Gesicht oder „durch sie hindurch".
- Stellen Sie sich vor, Sie haben eine unsichtbare Fernbedienung wie beim Fernseher und lassen Ihren Partner auf Knopfdruck in die Ferne entschweben oder Sie nehmen auf Knopfdruck Farbe weg oder verkleinern die Ansicht.
- Schlimmstenfalls können Sie auch zu der uralten Volksweisheit greifen und sich die Person in Unterhosen vorstellen oder mit Pfifferlingen auf der Nase oder was immer Sie wollen. Ich stelle mir in solchen Fällen die Menschen immer als Kinder vor – da sind sie lieb und ich kann sie daher auch lieber haben.
  Umgekehrt:
- Wenn Sie mehr positive Gefühle haben wollen, holen Sie sich alles ganz nah heran. Achten Sie dabei auf Ihre Körperempfindungen.

- Suggestion: Spüren Sie bei jedem langsamen Atemzug, wie Ihnen das Herz „aufgeht“, wie Ihre Körperenergie fließt, wie Sie „ergriffen“ werden. Beachten Sie, wie sich Ihre Gesichtsmuskeln entspannen, wie Ihre Pupillen sich verändern.

Verankern Sie beide Sichtweisen mit Autosuggestivsätzen wie: „Wie finde ich denn das?“, oder: „Das muß bzw. will ich mir erst einmal genau anschauen!“ zur Distanzierung; mit Sätzen wie: „Wie fühlt sich das an?“ oder „Wie geht es mir dabei?“ zur Rührung.

Wenn Sie psychotherapeutische Erfahrung haben, kennen Sie diese Sätze wahrscheinlich von Ihren Seelenbegleitern. Nutzen Sie sie auch außerhalb der geschützten Therapiesituation – seien Sie Ihr eigener Coach!

Rätsel lösen

Über die Barriere zur Karriere

Sie haben also einen neuen Job angetreten. Sie haben neue Aufgaben bekommen. Sie sind in eine wichtige Funktion mit Zukunft gewählt worden. Sie fühlen sich „mit dem Marschallsstab im Tornister" und vertrauen darauf, daß diese Metapher auch für Frauen gilt. Sie erwarten eitel Freude und Erfolg. Dennoch können Vorurteile, Mißtrauen, Widerstände nicht ausbleiben. Wie die meisten Frauen reagieren Sie mit Unsicherheit. Sie suchen die Ursachen zuerst bei sich selbst.

Männer dagegen, so haben diesbezügliche Untersuchungen ergeben, suchen prinzipiell die Ursachen außerhalb ihrer eigenen Verantwortung. Sie denken klassisch linear: „Diese Wirkung muß eine Ursache haben. Ich selbst kann bzw. darf keinesfalls die Ursache sein, wo ist der Schuldige!" So suchen sie einen äußeren Feind, womöglich einen, den man nicht nur diesmal, sondern auch im größeren Zeitrahmen – in Vergangenheit und Zukunft – zum Sündenbock stempeln kann.

Viele Frauen scheuen davor zurück, anderen etwas Negatives zu unterstellen. Es könnte ja in der Folge zu Liebesentzug kommen! Und da Frauen – wenigstens bislang – beziehungsorientiert denken, wollen sie ihre Beziehungen nicht gefährden. Männer denken hingegen statusorientiert: Sie wollen ihren Status nicht verlieren.

Frauen wie Männer machen dabei einen Denkfehler: Sie vergessen, daß Beziehungen immer wieder neu definiert werden müssen. Wir verändern uns ja, entwickeln uns weiter, wachsen. Daher muß auch die Raumaufteilung zwischen uns immer wieder neu überdacht und geregelt werden: die reale wie die symbolische.

Wer Neuankömmlingen Platz machen soll, wird von dieser Einschränkung des Reviers nicht begeistert sein. Je mehr jemand sein Verhalten vom Stammhirn steuern läßt, desto mehr wird er (sie?) sein Revier markieren und verteidigen, beispielsweise alles mit seinen Siebensachen belegen. Achten Sie einmal im Büro darauf oder bei anderen Gelegenheiten, bei denen gegessen oder getrunken wird, wer wem seinen leeren Teller, seine leere Tasse ins Revier schiebt. Alles klar?

Wer duldet solche Grenzverletzungen? Wer reagiert sofort mit einem Gegenzug? Wundern Sie sich nicht, wenn Sie bei „Grenzverletzungen“ symbolisch „angepinkelt“ werden, Tiere markieren ihren Bereich auch mit ihrem Urin, und „Urviecher“ spucken oft Gift und Galle. Traditionell erzogene Frauen sind meist in der Familie darauf trainiert, sich mit einem kleinen, bescheidenen Plätzchen oder einem „Biß-chen“ zufrieden zu geben. Tatsächlich höre ich in Einzelberatungen oft, daß Mütter noch immer Väter und Söhne bei der Zuteilung der größten und besten Bissen bevorzugen; als ob Bürohengste noch in freier Wildbahn schwere Lasten tragen oder ziehen müßten! Und in Paargesprächen erlebe ich genauso häufig, wie solche Platzhirsche um ihre ungerechten Privilegien kämpfen. Das ist auch irgendwie verständlich: Wer läßt sich schon gerne etwas wegnehmen? Für viele einfach denkende Männer bedeutet jede Verminderung ihres Besitzstands Kastration.

So erinnere ich mich beispielsweise an eine Kollegin aus dem Trainingsbereich, die ihren Ehemann, einen Verwaltungsjuristen, höflich ersuchte, seine Freunde zu bitten, sie sollten doch nicht mit ihren launigen Anrufen ihren Anrufbeantworter blockieren. Seine Reaktion war blanke Wut. Er betrachtete alles, was ihr gehörte, als sein Eigentum. Daher war es „sein“ Anrufbeantworter, auch wenn er in ihrem Büro stand. Ihr Argument, es koste zu viel von ihrer Zeit und ihrem Geld, wenn sie von einem Seminar im Ausland ihr Tonband fernabfrage und statt ihrer Kunden seine Sportsfreunde höre, steigerte nur seine Widerborstigkeit. Ihr blieb daher nur die Möglichkeit, den Text ihrer Telefonansage zu präzisieren: „Wenn Sie *mir* eine Nachricht hinterlassen wollen ...".

Oft drängen sich da generalisierende Klagen auf wie: „Frauen werden eben nicht ernst genommen". Die sollten tunlichst vermieden werden, denn

- erstens wäre das eine destruktive Autosuggestion,
- zweitens wäre es eine Fremdsuggestion und Verstärkung eines Vor-Urteils (selbst wenn es stimmt),
- drittens ist die Märtyrerrolle eine Sackgasse. Sie verlockt dazu, sich häuslich in ihr einzurichten. Immerhin winkt der „Sekundärgewinn" schwesterlichen Mitleids. Eine bessere Lösung finden Sie, wenn Sie die Metapher „Sackgasse" bildlich betrachten: Kehren Sie um oder „gehen Sie die Wände hoch".
- Außerdem behindern wir damit unser Nach-Denken, wie wir erreichen können, daß wir „ernst genommen werden".

Schwacher Sender

Kämpfe um Lebensraum bieten eine vorzügliche Gelegenheit, die Geschlechterpolarität zu überwinden, indem wir vom männlichen Standardverhalten das übernehmen, was in diesem Zusammenhang für uns nützlich ist: die Überprüfung der Kommunikationsstruktur auf ihre Wirkung zu unseren Gunsten. Möglicherweise müssen wir sie anschließend „verrücken".

Gehen wir davon aus, daß in jeder Kommunikation Sender und Empfänger vorhanden sind. Nehmen wir der Einfachheit halber die Analogie „Radio" zu Hilfe. Dann kann die Kommunikation aus mehreren Gründen gestört sein:

- Der Sender sendet zu schwach,
- undeutlich,
- mißverständlich,
- es gibt Interferenzen (Störungen von außen),
- der Empfänger ist gestört,
- kaputt oder überhaupt nicht eingeschaltet (empfangsbereit).

Immerhin hat schon Max Frisch darauf hingewiesen, daß gelungene Kommunikation immer vom Wohlwollen des Empfängers abhängt.

„Gegen den Wind kann man nicht Klavier spielen", warnt auch der Volksmund. Ich warne: Verwenden Sie Ihre Energie nicht darauf, zu beweisen, daß etwas nicht geht, sondern dafür herauszufinden, wie es gehen könnte!

Halten Sie sich also nicht damit auf, einen „Feind" um jeden Preis zum Freund „machen" zu wollen, Sie würden ihn nur bedrängen. Sie würden ihm „zu nahe kommen", dadurch noch unsympathischer werden und in der Folge womöglich verstärkte Abwehrreaktionen hervorrufen. Entweder, er kommt von selbst darauf, wie tüchtig Sie sind, oder andere, die Sie leichter davon überzeugen können, sagen es ihm. Oder Ihre Kompetenz wird so unübersehbar, daß er merkt, wie er zunehmend zum Geisterfahrer wird.

Mut zum Exhibitionismus

Aus diesem Grund nützt Frauen „Exhibition", die Herstellung von Öffentlichkeit. Leider fürchten viele, damit

- aus dem konservativen weiblichen Rollenbild zu fallen („still und bescheiden"),
- überhaupt zu sehr aufzufallen,
- Neider und Konkurrenten auf den Plan zu rufen, und vor allem
- in archetypische Revierkämpfe verwickelt zu werden.

Autoritäre Vater- oder Mutterfiguren halten es schwer aus, wenn Söhne oder Töchter zu ernstzunehmenden „Nebenbuhlern" werden. Märchen, Mythen und Tagespresse – vor allem die Berichte aus der Innenpolitik! – bieten reichhaltiges Anschauungsmaterial, wie verhindert werden soll, daß man(n) oder frau aus der Platzhirsch-Position weichen muß. Je unreifer man(n) – oder auch frau – in seiner oder ihrer seelischen Organisation ist, desto mehr wird dieses animalische Revierdenken hochgehalten. „Daß mir das ja niemand wegnimmt!"

Vielfach hindert uns aufsteigende Aggression daran, unser Revier angemessen zu verteidigen. Da uns ein Modell für korrekten Grenzschutz fehlt, erstarren wir lieber in Schweigen oder damenhaftem Ignorieren, als deutlich zu machen, daß hier ein Gewalttäter – oder auch eine Gewalttäterin – unsere Grenzen verletzt.

Das Anti-Gewalt-Modell

Wenn wir Sprachgewalt erleben, lädt sich unser Körper meist blitzartig auf, um „Fäuste sprechen" zu lassen. Da wir aber wissen, daß sich das erstens „für eine Dame nicht schickt", und zweitens strafrechtlich verboten ist, „schlucken" wir den Wutschrei hinunter, spülen vielleicht mit Alkohol nach, um uns zu betäuben, und werden lieber depressiv als aggressiv.

Wenn wir spüren, daß sich unser Körper kampfbereit macht, „überlappt" das Stammhirndenken die Fähigkeit zu Großhirnleistungen. Yang dominiert den Körper, im Hirn dagegen herrscht Yin: Funkstille. Unsere Leib-Seele-Geist-Ganzheit hat sich „in Teile aufgelöst". Wie kommen wir in einem solchen Schockzustand wieder ins Gleichgewicht? Durch Übung: immer wenn das innere Chaos zu groß wird, brauchen wir eine haltgewährende Struktur zum Ausgleich. In diesem Fall: eine Sprachstruktur. Und die finden wir im „Vier-Ohren-Modell" von Friedemann Schulz von Thun. Dieses besagt, daß gelungene Kommunikation selbstverständlich auch widerspruchsfreie Klarheit in vier Bereichen herstellt:

- Auf der Sachebene wird erklärt, worum es überhaupt geht,
- auf der Beziehungsebene herrscht respektvolle Gleichwertigkeit: Auf Machtspiele wird verzichtet, daher weder von oben herab belehrt oder genörgelt, noch von unten hinauf geschmeichelt oder gemotzt,
- auf der Ebene der Selbstoffenbarung werden Ziele, Motive geklärt, der Sinn der Botschaft deutlich gemacht, damit sich der oder die andere auskennt,

- auf der Appellebene folgt dann die klare Aussage, was vom Gesprächspartner gewünscht wird.

Den Namen „Vier-Ohren-Modell“ hat diese Strukturhilfe deshalb, weil jeder Ebene ein spezifisches „Hören“ zugeordnet werden kann und Mißverständnisse immer dann auftauchen, wenn mit dem „falschen Ohr“ gehört wird.

Wenn zum Beispiel ein Vorgesetzter seufzt, „Jetzt wäre ein Kaffee gut!“, und Sie stürmen in die Kantine und bringen ihm einen, dann haben Sie mit dem „Appell-Ohr“ gehört, anstatt mit dem „Sach-Ohr“ – und außerdem haben Sie sich als devote Sklavin profiliert. Möglicherweise wollte der Vorgesetzte das auch. Gesagt hat er es nicht. Korrekt hätte er formulieren müssen: „Mein Kreislauf sackt ab. Vielleicht hilft mir Kaffee ... ich erwarte aber einen Anruf und kann mein Telefon nicht blokkieren. Bitte organisieren Sie mir doch einen von Ihrem Apparat aus!“

Wenn derselbe Vorgesetzte Sie demütigen wollte, könnte er dagegen sagen: „Ihr Frauen seid ohnehin zu nichts anderem gut als zum Kaffeeholen, also los!“ Viele Frauen erstarren dann in sprachloser Wut, und manche gehorchen stumm. Andere fauchen zurück: „Holen Sie sich Ihren Kaffee doch selber!“ und zittern dann später vor möglichen negativen Folgen, weil sie spüren, daß sie jetzt genauso „schief“ – von oben herab – kommuniziert haben wie er zuvor. Unter Anwendung des Anti-Gewalt-Modells lautet die Antwort: „Sie haben gesagt, wir Frauen sind zu nichts anderem gut als zum Kaffeeholen.“ (Sachebene: die Gewalt korrekt aufzeigen.) „Solche Aussagen finde ich demütigend und unzutreffend!“ (Ich-Botschaft, Selbstbehauptung.) „Bitte unterlassen Sie es, so mit mir zu sprechen!“ (Appellebene.)

Das Anti-Gewalt-Modell bietet also eine Struktur von drei „Schritten“:

a) „Sagen, was ist“: Das gewalttätige Verhalten wird objektiv nachvollziehbar, es wird ohne Wertungen und Interpretationen – ohne von oben herab zu „donnern“ oder von unten hinauf zu „bellen“ – korrekt angesprochen und benannt.

b) „Protest“: Dann folgt eine klare Willensäußerung, eine Selbstaussage – hier kann auch eine Wertung oder Interpretation angebracht sein –, eine Distanzierung oder ein Protest.

c) „Appell“: Und zuletzt wird deutlich ausgesprochen, was frau will – Aufhören, Zurücknehmen, Wiedergutmachen, eine Entschuldigung etc.

Dieses Modell paßt immer – bei verbalen Attacken wie bei körpersprachlichen oder handgreiflichen, nur bei Lebensgefahr ist es zu langsam. Da hilft nur trainierte Kampfabwehr oder Flucht. Ob diese drei Sätze aber scharf artikuliert oder sanft feststellend gesprochen werden, hängt von der Situation und der Nähe der Beziehung ab.

Viele Frauen erleiden beispielsweise häufig unnötige Arbeitsunterbrechungen – auch eine Form von Gewalt –, und spüren dahinter verborgen, daß ihre Tätigkeit einfach nicht ernst genommen wird, beispielsweise vom Ehemann oder der Mutter. In diesem Fall kann frau ruhig und ernsthaft sagen: „Du hast mich jetzt zum dritten Mal während meiner Arbeit angerufen. Ich will das nicht. Hör auf mit deinen Anrufen!“ Bitte geben Sie keine Erklärungen ab, weshalb Sie nicht angerufen werden wollen! Das könnte als Rechtfertigungsversuch – und damit als Unterordnung – mißdeutet werden und würde nur Ihre Kraft schwächen. Sie wollen das bestimmte Verhalten nicht und damit basta!

Tiefenpsychologische Familienmodelle

Als psychoanalytische Sozialtherapeutin bin ich es gewohnt, Modelle der traditionellen Kleinfamilie als Metapher zur Intervention in Gruppenkonflikten heranzuziehen, egal ob es sich um Teams, ganze Abteilungen oder kleinere Firmen handelt. Nur bei größeren müssen mehrere „Familien“ ausgemacht werden.

Eine Person ist „Vater“. Er zeichnet sich meist dadurch aus, daß er überwiegend abwesend ist. Er interessiert sich nicht dafür, was in der Restfamilie vor sich geht. Dafür verlangt er aber, daß sich alles um ihn und sein Wohlbefinden dreht, wenn er einmal auftaucht. Er lebt nach dem Glaubenssatz: „Wer zahlt, bestimmt" und neigt auch sonst dazu, Sachzwänge, Sachentscheidungen, „sachliche" Kommunikation und den Besitz von vielen Sachen überzubewerten. Der „Vater" kann selbstverständlich auch weiblichen Geschlechts sein – ich spreche dann meist von „Frau Macho".

Die „Mutter" bemuttert nach allen Richtungen und ist daher stets überlastet. Da ihr das Funktionieren der Familie wirklich am Herzen liegt (und ihr daher Unruhe oft echtes Herzweh macht), übernimmt sie alle anfallenden Arbeiten, ohne lang zu überlegen, ob das nicht besser jemand anderer machen sollte. Sie ist Dolmetscherin und Diplomatin und steht zwischen dem „Vater" und den „Kindern".

Die „Kinder" sind entweder brav. Dann respektieren sie den „Vater" aus Achtung oder aus Angst oder der „Mutter" zuliebe, damit sie keine Probleme bekommt. Oder sie rebellieren. Manchmal werden sie dabei von der „Mutter" unterstützt. Meist dann, wenn auch für sie die Pascha-Allüren des „Vaters" unerträglich geworden sind.

Außerdem gibt es Randfiguren: „Großvater" oder „Großmutter" („Onkel", „Tanten"), vielleicht auch einen „Pfarrer" oder „Arzt", der in Notfällen geholt wird. Manchmal hört man auf ihn, manchmal nicht – wie im realen Leben auch.

Erkennen Sie Parallelen zu Ihrer Berufssituation? Und befinden Sie sich da womöglich in der gleichen Position wie in Ihrer Herkunftsfamilie?

Von Joachim Ringelnatz stammt ein Gedicht, das schon viel früher die Erkenntnisse der Systemischen Familientherapie – daß nämlich in einem „System" alle einander beeinflussen – ausgesprochen hat:

Vaterglückchen, Mutterschößchen
Kinderstübchen, trautes Heim,
Knusperhexlein, Tante Rös'chen,
Kuchen schmeckt wie Fliegenleim.

Wenn ich in die Stube speie,
Lacht mein Bruder wie ein Schwein.
Wenn er lacht, haut meine Schwester,
Wenn sie haut, weint Mütterlein.

Wenn die weint, muß Vater fluchen,
Wenn er flucht, trinkt Tante Wein.
Trinkt sie Wein, schenkt sie mir Kuchen:
Wenn ich Kuchen kriege, muß ich spein.

Und weil in einer Familie alle aufeinander reagieren, ist es wichtig, den Ansatzpunkt zu finden, an dem die entscheidende Person beeinflußt werden kann.

Wie im üblichen Familienalltag „funktioniert" die Firmenfamilie, wenn „Vater" und „Mutter" einig sind und wenn es der „Mutter" gut geht, was selbstverständlich noch nicht bedeutet, daß es auch allen Kindern gut geht.

Es ist durchaus möglich, daß „Vater" und „Mutter" im sadistischen Doppel ihren Lebensfrust an den „Kindern" auslassen, keinen „Arzt" (Unternehmensberatung) oder „Pfarrer" (Coach) zuziehen und als „geschlossenes System" versuchen, jede Beeinflussung von außen zu verhindern. In diesem Fall werden die „Kinder", sobald sie groß (bewußt) genug sind, Hilfe und Helfer suchen (Gewerkschaft, Öffentlichkeit) oder fortlaufen (kündigen).

Es kann aber auch der häufigere Fall eintreten, daß „Mutter" oder „Vater" mit einem Lieblingskind koaliert. In diesem Fall besteht die Elterndyade nicht mehr. „Vater" oder „Mutter" ist im Out. Das „Kind" muß seine – ihre – Funktion übernehmen, wodurch es meist überfordert und in seiner eigenen Entwicklung behindert wird. Es kann ja nicht „seinen Weg gehen", sondern muß der „Mutter", dem „Vater", zu Willen sein. In der „Familie" (Firma) geht es dann auch meist drunter und drüber.

Ich will jetzt nicht alle denkbaren Kombinationen aufzählen. Dazu gibt es nämlich eine einfache Technik:

Schreiben Sie Ihr Firmen-Märchen!

Versuchen Sie, im typischen Märchenstil die wesentlichen Beziehungen und Verhaltensweisen Ihrer Berufswelt niederzuschreiben.

- Lassen Sie Könige und Prinzessinnen, Gnome und Hexen, Bauern und Fabelwesen etc. auftreten, handeln und sprechen.
- Schreiben Sie einfach drauflos, ohne viel nachzudenken.
- Lassen Sie dann Ihr Dichtwerk einige Zeit ruhen, damit Sie Abstand gewinnen.
- Dann lesen Sie es durch und achten auf die ungelösten Aufgaben. Am besten wäre es natürlich, wenn Sie es jemandem vorlesen könnten, der Ihre Arbeitswelt andeutungsweise kennt.
- Üben Sie keine stilistische oder grammatikalische Kritik, das ist nebensächlich.
- Dichten Sie gegebenenfalls einen neuen Schluß, der das Ziel beinhaltet, das Sie vor Augen hatten. Es darf auch ein Happy End sein!

Familienspiele

Erinnern Sie sich noch an Es, Ich und Über-Ich? Dem amerikanischen Psychoanalytiker Eric Berne schien die Freudsche Unterscheidung der seelischen Instanzen zu kompliziert für US-Bürger. Daher änderte er Namen und Konzeption und sprach fortan vom „Kindheits-Ich“, „Erwachsenen-Ich“ und „Eltern-Ich“. In der von ihm entwickelten „Transaktionsanalyse“ entschlüsselt er Kommunikationsstrukturen folgendermaßen:

- von oben herab (Eltern-Ich zu Erwachsenen-Ich oder Kindheits-Ich),
- von unten nach oben (Kindheits-Ich zu Erwachsenen-Ich oder Eltern-Ich) und
- symmetrische Kommunikation (Eltern-Ich zu Eltern-Ich, Erwachsenen-Ich zu Erwachsenen-Ich oder Kindheits-Ich zu Kindheits-Ich).

Symmetrische Kommunikation ist zwar oft anstrengend, tut aber allen Beteiligten gut. Ganz im Gegenteil dazu stehen die asymmetrischen Kommunikationsstrukturen: Da geht es mindestens einem schlecht, nämlich der Person, die sich klein fühlt oder klein gemacht wird.

Natürlich ist nicht jede asymmetrische Kommunikation boshaft, grausam oder verletzend. Im Zustand des Kindheits-Ich kann das Pseudokind auch kreativ, witzig, traumtänzerisch mit „Überheblichkeit" umgehen. Und da es auch real gute Eltern gibt, agieren nicht alle Pseudoeltern als Rabenväter oder Rabenmütter.

Im groben Überblick möchte ich folgende Positionen aufzeigen:

Von oben herab wird agiert im

- tyrannischen,
- nörgelnden,
- verführerischen oder
- liebevollen Eltern-Ich.

Von unten nach oben wird kommuniziert im

- rebellischen,
- greinenden,
- koketten oder
- lieben Kindheits-Ich.

Das Erwachsenen-Ich prüft die Realität und trifft angemessene Bewertungen und ebensolche Entscheidungen. Besondere Affekte oder sonstige Triebdurchbrüche liegen ihm fern, denn Denken kommt vor Handeln. Damit ist es leicht, Gleich-Gewicht zu finden und zu halten.

Versuchen Sie einmal, den Kopf so zu halten, als ob Sie angestrengt auf etwas oder jemanden hinaufschauen müßten, das bzw. der viel größer ist als Sie. Tut weh, ja? So geht es kleinen Kindern mit uns Großen. Und so geht es uns Großen, wenn sich jemand massiv über uns erhebt. Wir bekommen Nackenschmerzen, Genickstarre oder sonstige Beeinträchtigungen unserer Wirbelsäule – unseres Stützapparats.

Je nachdem, welche Strategien wir in unserer Ursprungsfamilie gelernt haben, werden wir dann aufheulen oder immer stiller werden. Wir werden versuchen, uns (mehr oder weniger kokett) zu arrangieren. Wir werden aber vielleicht auch weinen, krank werden oder versuchen, uns selbst etwas anzutun; und wenn es nur eine Alkoholvergiftung ist.

Manche Menschen gieren richtig danach, endlich oben zu sein und es denen da unten zeigen zu können – ein typischer Fall von „Wiederholungszwang"! Nur zu oft nörgeln wir: „Wie sieht es denn hier schon wieder aus?" oder üben Druck aus: „Wieso ist das noch nicht erledigt?", „Jetzt gehen Sie schon endlich zu den Kollegen und sagen Sie denen das!" – wie früher die leibliche Mutter.

Die inzestuöse Komponente bleibt nach wie vor den Männern vorbehalten: nämlich Frauen mit Versprechungen oder mehr oder weniger verbrämten Drohungen zum Erdulden sexueller Handlungen zu überreden.

Kastrationsängste der Männer

Männer sind jahrhundertelang darauf fixiert, obenauf zu sein. Traditionell dazu erzogen, überlegen sein zu müssen, ist ihr primäres Ziel, Hackordnungen festzulegen. Den Frauen fühlen sie sich von vornherein überlegen: Zum Teil, weil Frauen bis vor kurzem klein und kleiner, leichtgewichtiger und leichter, ungebildeter und schlechter ausgebildet zu sein hatten. Die Ursachen dafür liegen in schlechterer Ernährung, weniger Körpertraining und Ausschluß von Bildungseinrichtungen. Das alles ändert sich seit einiger Zeit. Nur die Erlaubnis, an Fortbildungsseminaren teilzunehmen, wird Frauen von ihren Vorgesetzten noch immer unverhältnismäßig oft verweigert. Diese Aussage klingt vielleicht hart, entspricht aber meiner jahrelangen Beobachtung.

Wer weiß, wie heftig Männer beim Aufstieg aus einer Dienstklasse in eine andere um größere Zimmer, größere Teppiche oder mehrflammige Lüster kämpfen, versteht, was die Verhaltensforschung mit „Imponiergehabe" meint. Viele kommunale und staatliche Institutionen haben genau festgelegt, welcher Hierarchiestufe welche Raumaustattung zusteht. Gelingt es einem, diese Spielregeln zu durchbrechen, kann er gewiß sein, daß hinter seinem Rücken schon an seiner Demontage gearbeitet wird.

Wieder andere demonstrieren mit ihrem vollgekritzelten Terminkalender oder dem allzeit präsenten Handy ihre Wichtigkeit, kämpfen mit PS oder Promillen und zeigen auch sonst recht unvernünftige und eigentlich unreife Stammhirnaktionen.

Vielen Frauen sind solche „Statusspiele" fremd. Ihnen geht es weniger um Dominanz als um Gleichheit, das haben sogar Untersuchungen kindlicher Spiele bewiesen. *Jungen lernen von klein auf, daß sie ihr Ziel – höheren Status – erreichen, wenn sie ihre Überlegenheit unter Beweis stellen. Mädchen lernen, daß offen gezeigte Überlegenheit sie ihrem Ziel – der Zugehörigkeit zu anderen – nicht näher bringt*, schreibt die amerikanische Linguistin Deborah Tannen in ihrem Bestseller „Du kannst mich einfach nicht verstehen".

Da kommt also eine Frau, mindestens gleich gut qualifiziert, mindestens gleich stark motiviert, und die Männer – vom Kollegen bis zum Vorgesetzten – schlagen Pfauenräder, anstatt die neue Mitarbeiterin willkommen zu heißen. Sie tun das aber nicht, um ihr zu gefallen – das gehörte ja auch in die Privatsphäre –, sondern um ihr zu bedeuten: „Du hast keine Chance gegen mich!"

Des Rätsels Lösung findet sich durch das Wörtchen „zeigen"; indem viele Frauen glauben, sich diese Attacken ersparen zu können, wenn sie bewußt „unterlegen" bleiben oder wenigstens Unterlegenheit spielen. Damit verlieren sie jede Chance auf Respekt. Man(n) akzeptiert nur jemand über sich, wenn diese oder dieser nach seinen Kriterien besser, d.h. stärker, schneller etc. ist. Dieser „Zeigezwang" vieler, vor allem älterer Männer entstammt wieder der frühkindlichen Kastrationsangst: In der phallischen Phase der psychosexuellen Entwicklung, so zwischen dem dritten und vierten Geburtstag, entdecken kleine Kinder den Geschlechtsunterschied und Klein-Bubi stellt fest, daß Vati auch an dieser Stelle – und überhaupt von unten nach oben gesehen – viel größer ist.

Manche Freud-Kritiker bezweifeln die vom Entdecker der Psychoanaylse beschriebenen Seelenqualen der Kinder, wenn sie ihre eigene Kleinheit, Unzulänglichkeit oder das Fehlen des „Phallus" erkennen.

Wer kritisches Denken lediglich an der Fachliteratur übt, findet vieles dann oft veraltet und absonderlich. Die Tiefenarbeit mit Menschen, die keinerlei Ahnung von Theorie und Praxis psychotherapeutischer Schulen haben, beweist dagegen die Existenz all der Phänomene, die Freud beschrieben hat.

Ich habe bei Männern mit ausgeprägter Zeige- oder auch Schaulust immer wieder frühkindliche Demütigungen oder Traumata rund um ihre „Männlichkeit" gefunden. Sie raubten ihnen Selbstvertrauen und trieben sie zu Überkompensationen.

Das Wissen, daß wir alle im Wiederholungszwang anderen das antun, was uns angetan wurde, soll uns aber nicht zum „Erbarmen mit den Männern" verleiten. Es bedarf schon großer Nähe und Vertrautheit mit einem konkreten Menschen, um ihn zu verstehen und sein Leid mit ihm zu tragen; mit solchen „Liebesdiensten" sollten wir daher sparsam umgehen.

Im Beruf werden wir dafür selten bezahlt. Sollte dies aber zu den „geheimen Aufträgen" gehören – bei einer persönlichen Referentin –, so sollten wir den Auftrag offiziell machen: Ansprechen („Erwarten Sie von mir, daß ich Ihnen bei der Bearbeitung schwieriger Situationen als diskrete Aussprachepartnerin zur Verfügung stehe?"), Konditionen aushandeln und diese zusätzlichen Kompetenzen bei der Entlohnung berücksichtigen lassen.

Weibliche Kriterien – wie die Kompetenz, andere zu fördern – müssen wir erst langsam und unauffällig begründen und wachsen lassen. Frauen sollen durchaus an ihrer Überlegenheit arbeiten und sie auch leben, aber „überlegt".

Sein, nicht demonstrieren!

Ihre Überlegenheit muß so selbstverständlich verankert sein, daß Ihnen jede Infragestellung nur ein müdes Lächeln abringt.

Sich mit anderen zu vergleichen (das Kain- und Abel-Syndrom)

- hält unnötig auf,
- lenkt Aufmerksamkeit vom eigentlichen Ziel ab (außer, das eigentliche Ziel ist eben das Statusspiel),
- provoziert rebellische Geister (Managementfehler!),
- schüchtert resignativere Menschen ein (Managementfehler!),
- kränkt und macht krank. Beide!

Verzichten Sie darauf, konkreten Konkurrenten und Konkurrentinnen allzuviel Aufmerksamkeit zu schenken. Konkurrenzbeobachtung gehört zwar zum Selbstmarketing, oberflächliche Information genügt aber (Nicht so gut wie möglich!).

Wenn jemand vor Ihnen angibt oder versucht, Sie niederzumachen,

- sehen Sie ihn distanziert an,
- atmen Sie ruhig.
- Oft ist es gar nicht nötig, etwas zu sagen. Warten Sie einfach (Großhirn). Sie brauchen nicht zu kämpfen. Oder wollen Sie etwa einer unsichtbaren Schwesternriege imponieren?
- Wenn man(n) weiterhin versucht, Sie zu provozieren, distanzieren Sie sich nonverbal: Wenden Sie Ihre Aufmerksamkeit wichtigeren Dingen zu – der Arbeit, die Sie gerade tun wollen. Sie können nach ein paar Minuten freundlich aufblicken und ihm ein Abschiedsnicken schenken.
- Wenn diese vornehme Art nicht verstanden wird, müssen Sie wohl deutlicher werden. Auf Bonmots sollten Sie sich nur einlassen, wenn Sie eine wirkliche Begabung dazu haben.
- Freundliche Reaktion auf Protzverhalten: „Schön für Sie!“, „Ich habe schon gemerkt, daß es Ihnen wichtig ist, ... zu zeigen“, „Man hat mir schon erzählt, daß Sie ... gut können“.
- Bei ernstzunehmenden Dominanzgesten finde ich ernsthafte verbale Abgrenzung besser: „Ich möchte mich meiner Arbeit widmen und dabei nicht gestört werden – verlassen Sie bitte mein Zimmer!“

- Lassen Sie sich auch von Vorgesetzten nicht demütigen. Wenn Ihnen keine passende Reaktion (und kein passendes Vorbild für die Visualisierung einer Hilfsperson) einfällt, tun und sagen Sie im Zweifelsfall gar nichts.
- Sie können später, wenn Ihnen etwas Passendes eingefallen ist, immer noch auf den Vorfall zurückkommen.
- Bleiben Sie fair (auch wenn andere es nicht sind – Sie wollen sich doch nicht auf das gleiche Niveau begeben?). Klären Sie derartige Konflikte mit der Person, die es angeht (wenn Sie wollen, durchaus auch vor Publikum), aber nicht hinter ihrem Rücken. Damit disqualifizieren Sie sich als Intrigantin.

Sexuelle Belästigung am Arbeitsplatz

Die infamste Art, Frauen zu demütigen, besteht darin, sie als „verfügbares Weibchen" zu diskriminieren.

Feministische Sichtweise – und damit auch feministische Wissenschaft – bedeutet, kritisch zu überprüfen, wie weit die Position des Beobachters und Berichterstatters eine männerbegünstigende bzw. frauendiskriminierende ist. Männerbegünstigend wären demnach alle Positionen, die männliche Herrschaft über Frauen – und Mädchen – fordern, begründen und rechtfertigen und damit den Frauen die Möglichkeit der Selbstbestimmung, der Selbstäußerung nehmen.

Aus der vorherrschenden männlichen Sicht gibt es gar keine sexuelle Belästigung, höchstens einen „intensiveren Flirt". In der Fachsprache der Polizeijuristen heißt so etwas „Schutzbehauptung".

Sexuelle Belästigung am Arbeitsplatz wird in der Fachliteratur so beschrieben:

Unwillkommene sexuelle Annäherungen, Aufforderungen zu sexuellen Gefälligkeiten und anderes verbales oder physisches Verhalten sexueller Art, die unter einem der folgenden Umstände stattfinden:

- *wenn die Einwilligung in die sexuellen Annäherungen eine explizite oder implizite Bedingung dafür ist, einen Arbeitsplatz zu behalten oder zu bekommen;*

- *wenn ein Vorgesetzter oder Arbeitgeber eine Personalentscheidung von der Bereitwilligkeit zur Hinnahme sexueller Annäherung abhängig macht;*
- *wenn sexuelle Handlungen die Arbeitsdurchführung einer Person stören oder eine einschüchternde, feindselige oder beleidigende Arbeitsatmosphäre schaffen.*

Viele Menschen können sich gar nicht vorstellen, wie weit sexuelle Erpressungen gehen können; und wenn doch, dann verstehen sie nicht, wieso sich die Frau nicht gewehrt hat. Für mich sind solche Reaktionen nicht nur Mangel an Einfühlung, sondern auch Abwehr eigener Ängste vor Mißbrauch und Ausbeutung.

So erinnere ich mich an eine Klientin, die, jung verheiratet, um psychotherapeutische Hilfe bat, weil ein hartnäckiger Vaginismus (Scheidenkrampf) sie – und damit auch ihren Mann – hinderte, ihren Eltern das ersehnte Enkelkind zu schenken. Die Großeltern *in spe* übten unerträglichen „Druck" aus. In der Sexualanamnese entdeckte ich folgende zwei Schlüsselszenen: Erstens mußte sie als Fünfzehnjährige Demütigungen von Ärzten ertragen, die ihr eine verheimlichte Schwangerschaft unterstellten, als sie nach einem Übelkeitsanfall in der Schule ins Krankenhaus gebracht wurde. Sie war aber „unberührt". Zweitens hatte sie, unter dem Druck der Eltern, die nicht verstehen konnten oder wollten, daß sie nach ihrer exzellenten Reifeprüfung nicht schnell einen Arbeitsplatz fand, den erstbesten Job angenommen, der ihr angeboten wurde: bei einem Steuerberater. Dieser verlangte von ihr, nach Büroschluß dazubleiben und nackt vor seinen Augen Akten einzuordnen, Leiter rauf, Leiter runter. Kein Wunder, daß sie sich allen Männern verschloß.

Nie hatte sie jemand davon erzählt, immer geschwiegen, aus Scham und aus Angst: vor den Eltern, den Leuten.

„Die Macht der Männer ist die Geduld der Frauen" ist der Titel eines Films. In ihm wird gezeigt, wie leichtgläubig vom Ehemann mißhandelte Frauen deren Versprechen „Jetzt wird alles wieder gut!" vertrauen und in den Familienkerker zurückkehren. Jede glaubt, sie sei die einzige. Jede glaubt, es läge an ihr, wenn ihr „sowas" passiert.

In Wirklichkeit wird frau meist in voller Absicht ausgetrickst.

Sexuelle Belästigungen gibt es als

- Einschränkung der Bewegungsfreiheit,
- unerwünschte Berührungen,
- demütigende Gesten,
- anzügliche Worte, Sätze oder andere Töne (Singen, Pfeifen, Keuchen, Schmatzen ...)
- zudringliche Blicke,
- sexistische Witze,
- und andere, verharmloste – „Da ist doch nichts dabei" – Konfrontationen, wie das Zeigen pornographischer Bilder oder permanente Einladungen zu Saunabesuchen.

Ich selbst hatte in meinen ersten Berufsmonaten, als Angestellte in einer großen Versicherung, Anrufe eines Kollegen aus der Telefonzentrale zu ertragen, der offensichtlich ein Ferngespräch mit meinem damaligen Freund belauscht hatte. Er meldete sich meist gegen Dienstschluß und unter dessen Namen, um sich verbal von seinem Testosteron-Druck zu erleichtern. Ich fand damals nur die Reaktionsform, schnell aufzulegen – eine Art Flucht. Daß frau Telefonterror durch Einsatz einer Trillerpfeife abstellen könnte, war für uns damals noch keine Möglichkeit. Heute würde ich herzlich lachen: Über die Dummheit, mich für so dumm zu halten, daß ich die Stimmen nicht unterscheiden könnte.

Ich beschäftige mich seit vielen Jahren mit Machtungleichgewichten und Dominanzstrategien. Daher habe ich viele einschlägige Fallgeschichten gesammelt und analysiert. Entsprechend teile ich Männer, die Frauen sexuell am Arbeitsplatz belästigen, ein in:

Traumatisierte: Sie haben analoge Erlebnisse, z.B. körperliche Übegriffe auf intime Stellen des Körpers, nicht bewältigt und handeln im „Wiederholungszwang": Ihnen kann Psychotherapie helfen, ihre Wunden heilen zu lassen.

Unaufgeklärte, Mitläufer: Sie verstehen augenblicklich, wenn frau ihnen erklärt, was da eigentlich vor sich geht und stellen sofort ihr Fehlverhalten ein.

Babys: Sie sind in der oral-sadistischen Phase ihrer psychosexuellen Entwicklung steckengeblieben und müssen alles, was sie „haben! haben!" wollen, begrapschen. Sie können durch Psychotherapie „nachreifen".

Selbstwertverletzte: Sie stehen unter dem Zwang, ihren Minderwertigkeitskomplex gegenüber Frauen, aber auch gegenüber Männern, überkompensieren zu müssen. Wenn sie schon sonst nichts haben, womit sie reüssieren könnten, muß es ihre Sexualität sein. Auch ihnen hilft Psychotherapie.

Sexmaniacs: Sie sind psychisch schwer gestört und werden meist generell auffällig. Hier sind meine Prognosen für präventive oder kurative Psychotherapie nicht so günstig: Sie empfinden sich nämlich als „normal". Denken wir aber an die Bandbreite zwischen den beiden Polen, die immer vorhanden ist, dann finden wir auf der einen Seite sexuell gehemmte Männer („Klemmis"), auf der anderen die Sexualisierten, die weit über die Norm hinaus sexuell agieren und in der „goldenen" Mitte die Durchschnittsmänner, die ihre Sexualität dort ausleben, wo es angebracht ist, im Schlafzimmer – oder auch auf der grünen Wiese, wenn es frau dort hinzieht.

Sadisten: Ihnen bereitet Verwirrung, Angst, Ekel etc. Genuß; schließlich

Strategen: Sie bilden die größte Gruppe. Sie setzen Anmache ein, um individuell oder kollektiv Macht auszuüben:

- bei weit unterlegenen Frauen, die sie wie Dinge betrachten und nicht als „Personen". Wiederum ein schwerwiegender Charakterfehler (Beziehungsunfähigkeit) und damit Indikation für Psychotherapie;
- bei Frauen auf gleichem oder fast gleichem Status, um sie am weiteren „Fortkommen" und damit möglicher „Überrundung" zu hindern;
- bei Frauen mit höherem Status, um ihnen zu demonstrieren, daß sie sie nicht achten: Daß sie eben doch „nur eine Frau" sind.

Sexuelle Belästigung hat nichts mit Sex zu tun! Sie ist Gewaltausübung in sexueller Verkleidung. Dort, wo nämlich wirklich Sexualität im Spiel ist, sind wir alle eher zögernd:

Wenn uns jemand wichtig ist, wollen wir ja nichts falsch machen. Dann sind wir unsicher, das Herz klopft im Hals und die Knie werden weich. Das sind wirklich ganz andere Signale!

Achten Sie nicht auf Kolumnenratschläge sogenannter Sexpertinnen, die die Arbeitswelt bestenfalls von der „Besetzungscouch“ ihrer Chefredaktion her kennen: Abgesehen davon, daß wir nicht „nicht sexuell“ sein können und eben Mann oder Frau sind, hat unser Geschlechtsleben am Arbeitsplatz nichts verloren. Daher haben Ratschläge wie „Ein Flirt am Arbeitsplatz hebt die Motivation“ höchstens dort einen Sinn, wo einer in der „inneren Emigration“ sonst gar nicht mehr am Schreibtisch, sondern nur noch in der Kantine erscheinen würde.

Flirts in einem bestimmten Sinn sind ohnehin nicht mehr zeitgemäß. Sie paßten in eine Zeit, als Frauen keinerlei Geschlechtslust zugestanden wurde. Damals durften sie allenfalls durch Lächeln und ungefähre Berührungen so tun, „als ob“. Heute, bei der Vielfalt an Verhütungsmethoden und intimen Gelegenheiten ist Flirten ein unfaires Aufreizen mit anschließender Absage. Frauen wie Männer sollten im Sinne einer klaren Kommunikation darauf verzichten. Und da Frauen meist diejenigen sind, die schneller und genauer „spüren“, „was läuft“, sollten sie die Initiative nicht aus der Hand geben: Nicht passiv dulden, sondern aktiv entscheiden, was frau tun will!

Frauen haben viele Wahlmöglichkeiten, wie:

- rechtzeitig für „Aufklärung“ sorgen, „damit es zu keinem Mißverständnis kommt“, oder
- sich nur wundern,
- Zweifel am geistigen Wohlbefinden des „Sexbels“ (meine Kurzform für „Sexueller Belästiger“) anmelden,
- sich deutlich abgrenzen. Durch mentale Distanzierungstechniken wie bereits beschrieben; oder verbal: „Ich merke schon, Sie wollen mich verunsichern/aus dem Konzept bringen/mich als ... hinstellen. Ich bleibe aber bei dem, was ich begonnen habe“, und
- für die Entfernung des Störenfrieds sorgen.

In meiner Zeit als Obfrau meiner Berufsgruppe in der Bundeswirtschaftskammer hatte ich einmal folgendes Erlebnis: Ich hatte in der Vorwoche im Parlament einen schwierigen Erfolg erkämpft und besprach mit dem zuständigen Sekretär die weitere Vorgangsweise. Da stürmte der mir vorgesetzte, etwa sechzig Jahre alte „Ehrenamtliche" in den Raum und pöbelte mich mit folgenden Worten an: „Na, wir haben alle gesagt, das hat die Perner auch nur erreicht, weil sie ein steiler Zahn ist!" Ich: „Das heißt also, Fachwissen, Engagement, Durchhaltevermögen zählen nicht." Er: „Reg' dich nicht auf, ich will ohnehin nicht mit dir schlafen!" Ich (unter Aufbietung aller Kräfte): „Du störst! Bitte verlaß den Raum!" Daraufhin ging er mit hochrotem Kopf hinaus. Der Sekretär, der die ganze Zeit betreten und stumm vor sich hin gestarrt hatte, rang um Worte: „Bitte verstehen Sie – so peinlich – die schwierige Lage – möchte mich für ihn entschuldigen – es ist Nachmittag und heiß, wahrscheinlich hat er ein bißchen viel getrunken."

Das Schweigen brechen, Verbündete suchen, alles öffentlich machen. Das Anti-Gewalt-Modell gibt Ihnen die hilfreiche Sprachregelung!

Gegen Gewalt hilft nur Öffentlichkeit!

Lassen Sie sich nicht entmutigen, wenn Sie in Situationen geraten, wo noch keine passende Abwehr gefunden wurde. Ich denke dabei an „Terrorismus auf der Autobahn": Wenn frau wiederholt abgedrängt wird, oder überholt – vorbeigelassen – überholt – vorbeigelassen – überholt, und so fort, wenn der Verfolger dicht auffährt –, dann ist das kein Spaß, sondern beinharter Psychoterror, besonders nachts. Wenn Sie also zu ungewöhnlichen Zeiten einsame Strecken befahren müssen, sollten Sie

- aufgetankt haben, damit Sie nicht stehenbleiben müssen, um Ihren Reservekanister einzufüllen,
- Alarmgeräte mit sich führen,
- einen „Strohmann" auf dem Beifahrersitz plazieren,

- ein Handtelefon griffbereit haben und einen Zettel mit den Ortsnetzkennzahlen der städtischen Bereiche, die Sie passieren werden.
- Fahren Sie nachts nie auf Parkplätze, sondern nur zu Autobahnraststätten, und parken Sie vor hell erleuchteten Eingängen, egal, ob das erlaubt ist oder nicht.
- Notieren Sie, wenn möglich, das Kennzeichen des Verkehrsrowdys.

Solche Belästigungen beim Autofahren fallen strafrechtlich unter Einschränkung der persönlichen Freiheit. Sie sollten daher angezeigt werden.

Gewalttäter sind Wiederholungstäter. Es gibt bereits genügend Erfahrungen mit einschlägigen Anzeigen. Dabei hat sich gezeigt, daß sexuelle Belästigung am Arbeitsplatz immer von denselben Männern ausgeht, die damit rechnen, daß sich Frauen aus falscher Friedfertigkeit oder echter Angst nicht zu wehren wagen.

Lassen Sie sich keinesfalls ins Minderheiten-Eck drängen! Sie sind nicht allein! Selbst wenn Ihnen unbehelligte Geschlechtsgenossinnen mit dem Argument „Selber schuld“ in den Rücken fallen wollen – sagen Sie ihnen, daß Sie über die mangelnde Unterstützung bzw. Solidarität enttäuscht sind. Bleiben Sie standhaft!

Definieren Sie sich selbst als aufrechte und aufrichtige Frau: Expertin für Ihre Gefühle sind nur Sie selbst! Wenn Männer ihre Gefühle nicht entschlüsseln können oder wollen, weil sie sich nicht die Zeit nehmen (Yang), in sich hinein und auf ihre „wahren“ Motive zu hören, kann frau ja nachhelfen. Es ist keine Heldinnentat, unreife Männer in ihr Unglück rennen lassen. Frau kann sich auch dafür entscheiden, sie fair darüber aufzuklären, daß sie dabei sind, einen großen Fehler zu machen:

- Sie profilieren sich als Baby oder Krokodil, aber sicher nicht als fähiger Manager, der sozial kompetent ist, Verantwortung für Mitarbeiter und Mitarbeiterinnen zu tragen,
- Sie verlieren ihre Glaubwürdigkeit als be-herr-schte, zivilisierte Mitteleuropäer,

- Sie verscherzen sich die Unterstützung der mißachteten Mitarbeiter und Mitarbeiterinnen.

Lassen Sie sich nicht einreden, sexuelle Belästigung am Arbeitsplatz sei ein reines Frauenproblem, und Frauen hätten Sexualängste den Männern gegenüber. Es gibt auch die sexuelle Belästigung am Arbeitsplatz unter Männern!

Ich habe vielfach Klagen von Klienten zu hören bekommen, wie sehr sie unter dem Protzverhalten von Zimmerkollegen, ja sogar von Vorgesetzten zu leiden hätten, die detailliert über ihre Sexualakrobatik der vergangenen Nacht referieren, einen zotigen Witz nach dem anderen „reißen" oder über alle „Weiber" inklusive der Partnerinnen der Angesprochenen herziehen.

Wenn jemand dauernd von seinem bzw. ihrem Intimbereich spricht, dürfen Sie durchaus sagen: „Das ist mir zu intim!" oder: „So genau möchte ich das nicht wissen – so gut kennen wir uns nicht!" Ich halte wenig davon, „Gleiches mit Gleichem zu vergelten".

Denken Sie wieder an die Grundsätze der Transaktionsanalyse: Nicht nörgelndes Eltern-Ich gegen nörgelndes Eltern-Ich und bitte auch keine Sandkastenspiele von Kindheits-Ich zu Kindheits-Ich, sondern die coole Erwachsenenposition: genau hinsehen und aussprechen.

Ich nenne das die „Exorzismus-Technik": Frau muß den Teufel beim Namen nennen, dann kann frau ihn wegschicken. Sagen, was geschieht. Aber kühl, nicht hitzig. Yin, nicht Yang auf Yang! Sie gleichen durch Ihre Ruhe die „action" der anderen Person aus. Mit geradem Blick, nicht mit „niedergeschlagenen" Augen. Mit fester Stimme, nicht wispernd. Auch die Stimme gehört zu unseren Körperwaffen, wie Zähne, Hände – samt Krallen – und Füße!

Selbstbehauptung ist erlernbar!

Je intellektueller Sie sind, desto mehr wird es Sie schmerzen, wenn Sie nicht als kluge Frau, sondern als Püppchen definiert werden. „Sei schön und halt' den Mund!“ Oder wenn Ihnen „Statusunterschiede“ vorgeführt werden.

Zu den üblichen Statusspielen gehört:

- Übertrumpfen mit quantitativen Vergleichen: größer, schneller, reicher, bekannter, beliebter;
- andere zur Unterwerfung zu zwingen: Wer muß zu wem hingehen, Grußritual duzen, warten lassen, nicht weggehen lassen, zu Wiederholungen zwingen etc.;
- Sonderformen dieser Unterwerfungsrituale sind körperliche und sprachliche Gewalt: unerwünschte Berührungen, ins Wort fallen, simultan reden, nicht ausreden lassen. Hier haben soziologische Untersuchungen gezeigt, daß „Statushöhere“ z.B. weiße Amerikaner, Vorgesetzte, Männer, „Statusniedrigere“ z.B. farbige Amerikaner, Untergebene, Frauen, häufig berühren, nicht aber umgekehrt;
- anderen die Nichtzugehörigkeit zu einer – kollektiv, aber auch vom Gegner individuell – höherbewerteten Gruppe zu demonstrieren.

Solche Statusspiele sollen über „schiefe“ Kommunikation Distanz herstellen: „So hoch wie ich stehe, kommst du doch nicht!“ Sie zielen auf Erniedrigung der anderen Person, sollen deren Selbstwertgefühl und damit die leibseelischgeistige Gesundheit zerstören. Die geheime Absicht dahinter ist, den anderen zum Rückzug, zum Verschwinden zu bewegen. Mit destruktivem Yang soll absolutes Yin erzwungen werden.

Zur Wahrung der Selbstachtung und Selbstbestimmung empfiehlt sich wieder, dem destruktiv demonstrierten Distanzbedürfnis auf halbem Wege entgegenzukommen: Die „geheime Absicht“ wird nachgefragt und/oder bestätigt, dann erfolgt die eigene Abgrenzung oder Distanzierung, aber nicht vertikal – auf der schiefen Ebene –, sondern horizontal – durch Distanzierung auf gleicher Ebene: „Ich bin Ihnen offenbar so vertraut, daß Sie mich duzen – ich kann aber per Sie besser arbeiten und ersuche Sie, beim Sie zu bleiben!“

In psychologischen Trainings, beispielsweise für Politfunktionäre, wird immer wieder betont, wie wichtig es ist, den Namen der eigenen Gruppe hervorzuheben, zum Beispiel „Wir von der WFP („Wilde Frauen Partei“) sind der Ansicht ...“. Damit soll einerseits selbstsicheres Hervortreten als unbestreitbare und unbestrittene Gruppe nach außen (Reviermarkierung) wie nach innen (Gruppenidentität) verstärkt werden. Wieder eine Form der verbalen wie nonverbalen Suggestion! Andererseits sollen durch solche Größendemonstrationen bei der Empfängerschaft Kleinheitsgefühle und Zugehörigkeitssehnsüchte ausgelöst werden. Dann soll schrittweise versucht werden, das Revier zu vergrößern und die Zuhörerschaft zu „kolonialisieren“.

Dieses „Raumgreifen“ als wohlgeplante Strategie findet sich nicht nur im parteipolitischen Diskurs oder bei der Eroberung und Behauptung neuer Märkte, sie läßt sich auch gut am Marketing bestimmter Zeitungen oder Magazine beobachten, die nicht genug davon bekommen, unentwegt mit ihrer Größe und ihrem Wachstum zu protzen: Das Scheinwerferlicht wird sozusagen nur noch auf Dimension gerichtet, nicht mehr auf Inhalt oder Qualität. Angehörige solcher Unternehmen laufen dann oft Gefahr, sich mit dieser „psychologischen Kriegsführung“ so sehr zu identifizieren, daß sie auch in ihrem persönlichen Wirken niemand anderen mehr neben sich dulden, und ihr ganzes Streben von der Idee beseelt ist, der bzw. die Größte und Einzige sein zu müssen.

Innerbetrieblich führt dieses Denken häufig zu Konflikten zwischen Ressorts – etwa zwischen Verkauf und Produktentwicklung – wenn die unterschiedliche Zielausrichtung nicht immer wieder deutlich gemacht und die notwendige Ergänzungsfunktion herausgearbeitet wird. Auch hier können wir die Yin-Yang-Polarität klar erkennen: Während die Yin-orientierten Abteilungen versuchen, etwas zu kreieren („gebären“) und aufzubauen („großziehen“), liegt der Schwerpunkt der

Yang-Gruppierungen in eigener Ausweitung und Beseitigung der Konkurrenz.

Den männlichen Stil, mit Konkurrenz umzugehen, demonstrierte schon Kain (Yang) an Abel (Yin). Der weibliche Stil, mit derartigen Positions- und Revierkämpfen umzugehen, kann wohl nur in der Erkenntnis und Bestätigung der anders gearteten Qualität liegen: Alles hat Platz nebeneinander.

Einer meiner liebsten Coaching-Klienten, ein in seinem Wesen sehr femininer Hochschullehrer, erarbeitete sich folgende Lösung: Im Konflikt, ob er um die Besetzung eines Lehrstuhls im selben Stil kämpfen und intrigieren solle wie die konkurrierenden „Platzhirsche" oder stillschweigend resignieren, fand er folgende Position für sich: „Ich habe mich entschieden, sie durch Qualität festzunageln!" – eine deutliche Integration von Yin und Yang.

Selbstbehauptung heißt, weder aggressiv noch resignativ zu „agieren", sondern bei sich, und damit bei der bisherigen Position zu bleiben. Am einfachsten stellen Sie sich das „räumlich" vor. Sie bekommen dadurch auch gleich die nötige Körperempfindung und die entsprechende Gefühlslage mit. Wir „verkörpern" ja unsere Befindlichkeit. Sie ersparen sich damit auch Nachdenkzeit und mögliche Blockaden. Sie kennen ja sicher die Geschichte vom Tausendfüßler, der gefragt wird, mit welchem Fuß er zu gehen anfängt und der daraufhin nicht mehr weiß, wie er gehen soll.

a) Stellen Sie sich aufrecht hin. Das ist Ihre augenblickliche Position. (Selbstverständlich können Sie sie immer verändern, wenn Sie eine bessere entdeckt haben.)
b) Stellen Sie sich jetzt vor, jemand tritt Ihnen zu nahe, bedrängt Sie oder will Sie einfach von Ihrer Position weghaben. Erlauben Sie den passenden Gefühlen hochzukommen. Spüren Sie Ihrer Befindlichkeit nach.

Sie haben jetzt folgende Reaktionsmöglichkeiten:

Aggressiv: mit einer schnellen Kopfbewegung und blitzenden Augen abschrecken, anfauchen oder anschreien, wegstoßen oder einen noch massiveren körperlichen Angriff wagen. Das gesamte instinkthafte Droh- und Kampfverhalten steht

Ihnen zur Verfügung. Überlegen Sie, welche Worte und Sätze, welche Stimmlagen und sonstigen körpersprachlichen Ausdrucksformen dazugehören. Sie verlassen auf jeden Fall Ihre Position und „greifen den anderen an".

Resignativ: Sie „nehmen sich zurück", ziehen den Kopf ein, machen sich klein, rechtfertigen oder entschuldigen sich oder ziehen sich überhaupt ganz zurück, verstummen voller Angst oder auch beleidigt. Da ist dann wenigstens ein Rest Aggression dabei! Denken Sie nach, welche weitere Variationen Ihr Repertoire enthält. Sie verlassen auf jeden Fall Ihre Position und „geben dem anderen nach".

Selbstbehauptend: Sie verlassen Ihre Position nicht, sondern fragen nach, bitten um zusätzliche Informationen – oder geben selber solche. Damit wählen Sie weder eine Entschuldigung, noch rechtfertigen Sie sich. Ruhig und gelassen sagen Sie etwa: „Wenn ich Sie richtig verstanden habe, meinen Sie ...", „Ich kann Ihnen gerne meine Sichtweise darlegen: ...", oder „Ich sehe das nicht so, sondern ...", oder „Dieses Mißverständnis kann ich aufklären!"

Sie merken, daß ich wieder Verben aus dem Repräsentationssystem „Sehen" verwende. Damit will ich helfen, in die „kühle" Distanz des „Überblicks", des „Anschauens" zu kommen und die „hitzige" Nähe zu vermeiden.

Was zu nahe ist, spüren wir, angenehm oder unangenehm, aber wir können es nicht gut sehen. Halten Sie Ihre Hand nahe vor die Augen – sie verdunkelt nur Ihr Blickfeld! Gewöhnlich reagieren wir auf unerwünschte Annäherung mit raschen Stammhirnreaktionen: Gegenangriff, Abwehr, Rückzug, Lähmung. Die langsamen Großhirnreaktionen sind: Ansprechen, was wahrgenommen wird. Raum abgrenzen. Und Auswege suchen, wenn möglich gemeinsam.

Ziele verfolgen

Arbeitsorganisation und Seelenökologie

Jede Problemlösung setzt voraus, daß Sie zuerst die Ausgangslage überblicken. Dann sollten Sie sich über Ihr Ziel im klaren sein: Was wollen Sie im Optimalfall erreichen? Und: Was wäre gerade noch ein Erfolg für Sie? Möglicherweise wird Ihnen bei dieser Überlegung schon klar, daß Sie Ihr Ziel in Unterziele zerlegen müssen. Erst dann hat es Sinn, sich die einzelnen Schritte des Vorgehens zu überlegen:

- Wo setze ich an?
- Was – oder wen – brauche ich dazu?
- Wie lange kann bzw. darf es dauern?

Wenn wir dieses zielorientierte Denken schriftlich strukturieren, sieht das folgendermaßen aus:

a) Zustandsanalyse: Wie ist der gegenwärtige Ist-Zustand? Was konkret soll geändert werden?
b) Zielbeschreibung: Wie soll der zukünftige Soll-Zustand werden? Was konkret soll bestenfalls bzw. geringstenfalls erreicht werden?
c) Erarbeitung mehrerer Alternativen, wie das Ziel oder die einzelnen Teilziele verwirklicht werden kann bzw. können.
d) Bewertung der Alternativen und Auswahl der besten Durchführungsmöglichkeit.
e) Festlegung der Art der Ausführung.
f) Festlegung von Methoden der Erfolgskontrolle.

Je mehr Routine Sie mit diesem strukturierten Vorgehen entwickeln, desto schneller können Sie es gedanklich durchführen. Es läuft dann sozusagen blitzartig und automatisch ab. Wenn Sie allerdings Ihre ersten Erfahrungen mit strukturiertem Arbeiten machen, lohnt sich die Mühe, alles schriftlich aufzuzeichnen – und auch, diese Aufzeichnungen aufzuheben.

Sie haben damit die beste Möglichkeit, genau die Stellen auszumachen, an denen Schwierigkeiten aufgetreten sind, wo Sie Ihren Plan korrigieren mußten, oder wo Abweichungen notwendig wurden. Sie können sich selbst „supervisionieren".

Holen Sie sich Supervision!

Unter Supervision verstehen die Angehörigen von Sozialberufen die Selbsterforschung und Analyse der tatsächlichen Arbeitssituation:

- Was wollte ich ursprünglich?
- Was ist daraus geworden?
- Welche – vorher unbewußten – Motive haben mich geleitet?
- Wo haben sich eigene unerledigte Probleme störend eingeschlichen?
- Was hat mich in der Zusammenarbeit mit anderen behindert?
- Wo habe ich mein Weltbild anderen aufgezwungen?

Das Ziel jeglicher Supervision ist, die Supervisierten arbeitsfähig zu erhalten.

Auch wenn Super-Vision lateinisch „Über-Sicht" heißt, ist sie doch etwas anderes als reines „Daraufsehen" auf eine von Menschen – mit ihrer jeweiligen intrapsychischen Befindlichkeit und interpsychischen Gruppendynamik – bestimmte Situation, auch wenn dieser „Über-Blick" dazugehört. Sie hat wenig mit „Auf-Sicht" zu tun. Allerdings hätten das manche autoritären Vorgesetzten gerne. Denn einem Aufseher oder einer Aufseherin ist ziemlich gleichgültig, wie es ihren Unter-Gebenen subjektiv geht: Wenn sie nicht tun, was von ihnen verlangt wird, werden sie verwarnt oder entfernt.

Supervision soll die Zufriedenheit bei der Arbeit fördern und damit einen wesentlichen Beitrag zur ganzheitlichen Gesundheit leisten.

In der Kommunalpolitik wird soziales Wohlbefinden meist auf die Wohnverhältnisse mit Licht, Luft und Freiräumen im Grünen bezogen und der Stadtplanung und Wohnungsbaupolitik überantwortet; deswegen propagiert die Weltgesundheitsorganisation ja auch „Gesunde Dörfer" neben den „Gesunden Städten"! Wenn nun aber auch verstärkt vom „Gesunden Krankenhaus" gesprochen wird, hat das nicht nur mit Hebung des Pflegestandards zur schnelleren Gesundung der Patienten zu tun, sondern ist auch als Beitrag zur Verbesserung der Arbeitsbedingungen für die Angehörigen der Heil- und Pflegeberufe zu verstehen. Supervision gehört unabdingbar mit dazu: Viele körperlich Kranke befinden sich ja in einem psychischen Zustand, der es schwer möglich macht, ihre oft sehr negativen Äußerungen zu ertragen. Supervision hilft hier, den Zusammenhang mit der Krankheit zu erkennen, die eigene Reaktion darauf zu hinterfragen und möglicherweise bessere Verhaltensmöglichkeiten zu entwickeln. Wer erlebt, daß sein Unbehagen vom Supervisor bzw. der Gruppe akzeptiert wird, kann sich davon freireden.

Gewöhnen Sie sich einen Arbeitsstil an, in dem Sie sich regelmäßig selbst „supervisionieren". Halten Sie vertieft Nach-Schau, wo etwas korrigiert werden soll, weil Sie sich nicht wohlgefühlt haben, beispielsweise weil Sie für eine Arbeit zu wenig Zeit veranschlagt und sich daher in Streß gebracht haben. Damit pflegen Sie Ihre ganzheitliche Gesundheit und tun von vornherein etwas, um Ihre Arbeitsfreude und Leistungskraft zu erhalten.

Jeder erfolgreiche Kaufmann zieht regelmäßig Bilanz und überprüft, ob seine Investitionen (Zeit – dazu zählt auch die vergangene der Ausbildung, Energie – dazu zählt auch die seelische) den Erträgen (Honorar, Anerkennung, Marktpräsenz) entsprechen. Er prüft, ob seine Werbeaktivitäten (Warenpräsentation, Auslage, Teilnahme an Fortbildungs- oder Vernetzungsveranstaltungen, publizistische oder politische Selbstdarstellungen, innersystemische Bewerbungen) nachfragefördernd sind. Tun Sie das auch!

Balance durch Bilanz

Ziehen Sie vielleicht einmal in der Woche, am Wochenende, Bilanz über die vergangenen Arbeitstage, wenn Sie sich nicht die Zeit nehmen wollen, jeden Tag mit einem Rück-Blick zu beschließen.

- Wenn Ihnen Verbesserungsmöglichkeiten auf- oder einfallen, überprüfen Sie, ob die ökonomisch vertretbar sind. Sie erinnern sich: „Nicht so gut wie möglich, sondern so gut wie nötig".
- Nehmen Sie sich vor – am besten wieder schriftlich –, diese Verbesserungen zu einem bestimmten Zeitpunkt oder in einer bestimmten Zeit durchzuführen.
- Wenn Sie mit einem Notebook arbeiten, geben Sie Ihre Vorhaben ein.
- Überprüfen Sie täglich, was noch offen ist.
- Und: Freuen Sie sich, wenn Sie wieder etwas als erledigt löschen können!

Wenn Sie mit Filofax arbeiten, überlegen Sie genau, was Sie alles hineinschreiben! Ein randvoller Manager Timer sieht zwar imposant aus und ist durchaus für Statusspiele geeignet, er kann aber auch zu einer Negativsuggestion unerledigter Arbeit ausufern! Überlegen Sie:

Wenn Sie primär kinästhetisch veranlagt sind, werden Sie zwar alles lustvoll aufschreiben, aber Sie werden nur selten, weil ungern hineinsehen. Das Aufschreiben ist dann bestenfalls eine Stütze für Ihr Bewegungsgedächtnis.

- Wenn Sie primär auditiv veranlagt sind, ist ein Diktaphon die Gedächtnisstütze Ihrer Wahl, aufschreiben ist zwecklos, sie würden nur Ihre Widerstände spüren und sich die Laune verderben. Den gesprochenen Text abschreiben zu lassen, kann hingegen sinnvoll sein, weil er dabei gleich bearbeitet werden kann.
- Wenn Sie aber primär visuell veranlagt sind, sollten Sie aufpassen, daß Sie sich keine Horrorvision gestalten! Dann kann es Ihnen nämlich passieren, daß Sie frühmorgens in Ihren Kalender blicken, sehen, daß da kein freies Plätzchen mehr ist und sofort in tiefe Verzweiflung stürzen!

Aus diesem Grund sollte frau genau überlegen, ob die Art ihrer Zeit-Hilfe für ihre Termingestaltung paßt! Vor allem Politikerinnen möchte ich warnen – im Gegensatz zu den Kollegen steht hinter Ihnen meist (noch) keine Frau, die Ihnen die Arbeit zur „Reproduktion der Arbeitskraft“ abnimmt, sprich einkauft, Essen zubereitet und die Blusen bügelt. Sie können also nicht nach Lust und Laune Ihren Tag verplanen, weil Ihre „starke Zweite“ alles, aber auch wirklich alles erledigt. Tragen Sie daher auf jeden Fall von vornherein Ihre persönlichen Zeiten – aber bitte mit einem beruflich klingenden Code – in Ihren Kalender ein. Sonst geht es Ihnen wie mir, daß ein Klient neben Ihrem Schreibtisch steht, zwecks Terminvereinbarung mit in Ihr Vormerkbuch schaut, und dann mit dem Finger auf die zwei Stunden tippt, die Sie für Ihren Friseurbesuch eingeplant haben, und sagt: „Nein, ich will nicht vierzehn Tage warten, ich komme da!“ Warum sich das antun, dann kontern zu müssen: „Diesen Termin habe ich bereits privat verplant!“ Wenn dort „Service“ steht, klingt es besser.

Arbeit dokumentieren

Schriftliche Aufzeichnungen brauchen zwar einige Zeit, das mag ein Nachteil sein, haben aber viele Vorteile:

- Sie helfen Ihnen, Ihre visuellen Fähigkeiten auszubauen.
- Sie trainieren Ihr Strukturdenken.
- Sie fordern ihr graphisches Talent.
- Sie bieten anderen ein Vor-Bild und erleichtern damit die Verständigung. Und bitte: Wenn Sie andere Menschen führen, geben Sie ihnen ebenfalls Anweisung, wichtige Vorhaben schriftlich zu strukturieren; sie werden Ihnen dafür noch dankbar sein!
- Sie sind gut aufzubewahren, daher auch für ihre Vertretung oder ihre Biographen nutzbar,
- Sie sind leicht kopierbar, vergrößerbar, verkleinerbar.
- Und: Sie gewöhnen sich daran, Ihre Arbeit zu dokumentieren.

Arbeitsdokumentationen halte ich für unverzichtbar – und eigentlich gibt es in jedem anspruchsvolleren Beruf irgendwelche Aufzeichnungspflichten. Es ist eher als Nachlässigkeit bis hin zum Managementfehler anzusehen, daß in den wenigsten Arbeitsbereichen neuen Mitarbeitern konkret mitgeteilt wird, nach welchen Standards die Arbeit durchgeführt werden soll!

Wenn Sie einfach drauflos arbeiten, denken Sie vermutlich nicht daran, daß Sie, nachdem sogenannte „Schornsteinkarrieren" – immer gerade hinauf in derselben Firma – nicht mehr zeitgemäß sind, wohl mehrfach und oft überraschend in die Situation kommen werden, sich zu bewerben bzw. Ihr Arbeitsfeld zu wechseln. Sie werden in Ihrer Vorbereitung auf Vorstellungsgespräche wie bei der Formulierung Ihres Arbeitszeugnisses alle wesentlichen Erfahrungen und Erfolge Ihrer bisherigen Tätigkeiten nachweisen wollen.

Es ist daher sinnvoll, auch in Ihrer Arbeitsdokumentation eine Struktur einzuführen: Was dient der Selbstpräsentation, was dient der Selbstabsicherung.

Es kann sich der Fall ergeben, daß Sie eine Entscheidung gegen die Vorstellungen Ihrer Vorgesetzten getroffen haben. Nach Wochen werden Sie vielleicht nicht mehr wissen, was Sie damals dazu bewogen hat. Aber wann immer Sie bei Ihrer Arbeit ein körpersprachliches Signal (ein mulmiges Gefühl etwa) verspüren, sollten Sie dem nachgehen, Unsicherheiten oder Bedenken vor sich selbst zugeben und dokumentieren: Was Ihnen aufgefallen ist, wie Sie die Lage eingeschätzt haben und zu welcher Handlungsweise Sie sich aus welchen Motiven entschlossen haben.

Ende des Beweisnotstandes

Ich habe in meiner Praxis wieder und wieder erlebt, wie Krankenhausärztinnen im Nachhinein mühselig Krankengeschichten rekonstruieren mußten, weil sie nur die vorgegebenen Standards ihrer Aufzeichnungspflicht erfüllt hatten, ihre subjektive Einschätzung der Situation aber unterdrückten und später dann in uferlosen Rechtsstreitigkeiten (Schadensersatzansprüchen, Disziplinarverfahren, gerichtliche Verfolgungshandlungen) in Beweisnotstand gerieten.

Auch Angehörige anderer Berufe, die wesentlich ins Leben anderer Menschen eingreifen müssen, sollten darauf gefaßt sein, daß die Bandbreite menschlicher Reaktionen auf unerwünschte Amtshandlungen groß ist: von selbstbewußter Inanspruchnahme zustehender Rechtsmittel, amoralischen Schikanen, neurotischem Opponieren bis zum behandlungsbedürftigen Verfolgungswahn.

Wir müssen in Zukunft auf Schadenersatzforderungen als Geldbeschaffungsmethode gefaßt sein, wie es in den USA durchaus üblich ist: Das Versicherungssystem in den Staaten macht es Personen leicht, unter der Angabe, sich subjektiv geschädigt zu fühlen, aus der Haftpflichtversicherung von Fachleuten größere Summen zu beanspruchen. Das erklärt auch, weshalb es in den USA so viel mehr Detektive gibt als bei uns: Sie arbeiten überwiegend für diese Versicherungen.

Es kann sich aber auch der Fall ergeben, daß Sie plötzlich Ihr Alibi nachweisen müssen. Sie wissen nie, wer was über Sie phantasiert und Sie anzeigt. Bei jedem aufsehenerregenden Kapitalverbrechen ohne mutmaßlichen Täter wird die Kripo mit einer Unzahl von Verdächtigungen und anonymen Anzeigen bombardiert. Bei vielen dieser „vertraulichen Hinweise" handelt es sich um gezielte Verleumdungen von Familien- oder Betriebsangehörigen.

Eifersüchtige Intriganten und Intrigantinnen agieren nicht nur auf der Theaterbühne, sondern leider auch in Büros und Praxen. Je größer ein Unternehmen, desto eher finden sich welche, die erheblich von der Norm abweichen. Ganz selten, aber doch kommt es vor, daß von oben eingegriffen und eine solche Person auf einen Arbeitsplatz versetzt oder frühzeitig in Rente geschickt wird, wo sie wenig Schaden anrichten kann. Daß eine derartige Maßnahme möglicherweise nur die bereits vorhandene Symptomatik verstärkt, ist eine andere Sache und gehört zu den Problemen, mit denen sich Führungskräfte herumzuschlagen haben.

Lernen Sie abstrahieren! Viele Frauen bekommen Hemmungen, wenn sie ihre Leistungen wahrnehmen oder davon berichten sollen. Oft fallen ihnen gar keine ein: „Das ist doch selbstverständlich!" Hier hilft:

- eine polare Auflistung und Bewertung: Teilen Sie ein Schreibblatt in der Mitte. Auf die eine Seite wird geschrieben, was frau gut kann und was Freude macht, auf die andere Seite, was noch verbesserungsfähig ist. Der ökologische Check, ob es nämlich auch verbesserungswürdig ist, steht diesmal nicht zur Debatte;
- die Technik des „Verrückens": Bezeichnen Sie die bereits zufriedenstellenden Beschäftigungen als Begabungen und besondere Leistungen. Bei denen auf der anderen Seite suchen Sie das Gegenteil und formulieren daraus eine positive Eigenschaft oder Leistung;
- dann verinnerlichen Sie das Ergebnis: Nicht: „Ich bin eher ungeduldig", sondern: „Ich habe Freude an schnellem Arbeiten!"

Geheimcode der Arbeitszeugnisse

Übrigens: Achten Sie auf solche verborgenen „Verrückungen" in Zeugnissen und wehren Sie sich im gegebenen Fall. Hilfestellung erhalten Sie beispielsweise von der Gewerkschaft, denn Arbeitgeber dürfen keine Zeugnisse formulieren, die dem Fortkommen der aus ihrem Betrieb Ausgeschiedenen nachteilig sein könnten. Daher verwenden sie eine Art „Geheimcode" zur gegenseitigen Verständigung. Wenn es also z.B. in einem Arbeitszeugnis heißt: „Sie fiel durch außergewöhnlich selbständiges Arbeiten auf", so heißt dies zwischen den Zeilen „Achtung! Störrischer Eigensinn, und Schwierigkeiten sind zu erwarten!"

Sie gewinnen mehr und raschere Reaktionsmöglichkeiten, wenn Sie sich angewöhnen,

- regelmäßig zu bilanzieren,
- mit „Verrückungen" Bandbreiten auszutesten und
- Interesse an Lernmöglichkeiten durch sprachdetektivische Kontrollen haben.

Und: Sie vertiefen Ihre Wahrnehmungsfähigkeit, wenn Sie schriftlich nach-denken.

Nun sollen Sie natürlich kein ausführliches Tagebuch mit tiefenpsychologischer Selbstergründung und philosophischen Überlegungen zum Weltgeschehen verfassen, auch wenn dies sicher ein probates Mittel zur Förderung Ihrer leibseelischen Gesundheit wäre. Sie sollen ohne besondere Konzentration, aber mit Neugier darauf, ob und was Sie unter diesem spezifischen Blickwinkel entdecken, den Tag überblicken. Besondere Vorkommnisse trennen Sie von der Routine; was noch einmal wichtig werden kann, heben Sie entsprechend hervor.

In diesem Zusammenhang höre ich oft die Frage: „Aber wie weiß ich, was wichtig werden könnte?" Alle, die „wissen" im Sinne von Schulwissen meinen, muß ich enttäuschen: gar nicht. Aber wenn wir „wissen" ganzheitlich, im Sinne von „ahnen" interpretieren, so leitet uns die „innere Stimme", indem sie flüstert: „Das schreib dir vielleicht auf!" Wir sollten ihr folgen.

Vertrauen Sie Ihrer inneren Stimme!

Zu den erfolgsträchtigsten Strategien gehört es, sich zu erlauben, bilateral zu denken; nicht so, wie wir es im – einseitig linkshemisphärisch ausgerichteten – Schulunterricht gelernt haben, sondern

- ruhig atmend,
- in entspannter Körperhaltung,
- in gelassenem Vertrauen, daß uns schon das Richtige einfallen wird.

Zur Erinnerung noch einmal: Der linken Gehirnhälfte werden zugeordnet: das lineare und folgernde Denken, die logische Analyse, die Sprache mit all ihren Begriffen und Bezeichnungen; der rechten Gehirnhälfte hingegen das analoge und vergleichende Denken, die Intuition und Kreativität, das Bildhafte, räumlich Vorgestellte, Bewegung, daher auch alles praktische Tun, Musik, die Emotionen.

Zum „Umschalten“ und zur Unterstützung des ganzheitlichen Denkens können wir daher auf alle „künstlerischen“ Betätigungen zurückgreifen: Zeichnen oder malen, basteln, formen, singen und musizieren, Musik hören, tanzen und Sport betreiben, sofern dies nicht zielgerichtet angespannt betrieben wird! Wir „dürfen“ aber auch kochen oder backen oder weben oder stricken, wenn wir dadurch in die fördernde „Stimmung“ kommen.

Der Harmonie ist es egal, wie frau sie erlangt

Wenn unsere Identität als kompetente und erfolgreiche Frau gefestigt genug ist, können wir alle Versuche, uns aufgrund der Beobachtung bei nostalgischen Haushaltstätigkeiten als „Nur-Hausfrauen“ aus dem Konkurrenzfeld zu verdrängen, ungerührt an uns vorbeiziehen lassen. Manche Frauen legen allerdings besonders großen Wert darauf, zu demonstrieren, daß sie „richtige“ Frauen sind: Sie betonen bei jeder Gelegenheit, wie gerne und gut sie kochen und liefern ihre Geheimrezepte gleich mit. Damit fallen sie all jenen Frauen in den Rücken, die weder gerne noch gut kochen, aber vielleicht einen Partner haben, der sich mit Wonne in der Küche breit macht. Der könnte damit von seiner Unterstützung abgebracht werden, daß er in überholte Rollenmuster hineingelockt wird. Andere Frauen wiederum verzichten aus Diätgründen auf orale Genüsse und deren Herstellung. Viele Frauen erkennen sehr genau die böse Absicht hinter derlei Reden und protestieren entsprechend gegen die verpackte Diskriminierung.

Haushaltsführung trifft jeden, der oder die für einen Haushalt Verantwortung trägt. Wer sich dieser Verantwortung ohne stichhaltige Begründung entzieht, disqualifiziert sich für jegliche Verantwortung. Wie aber diese Verantwortung aufgeteilt wird, ist entweder eine höchst individuelle Entscheidung und damit Hinweis für Verhalten in analogen Situationen oder eine exzellente Probe auf die Fähigkeit zu kooperativem Handeln.

Haushaltsführung bietet darüber hinaus Gelegenheit, Managementfähigkeiten zu üben: Beschränkte Ressourcen (Zeit, Geld, Fähigkeiten) ökonomisch, also mit größtmöglichem Nutzen (für alle) bei geringstmöglichem Aufwand einzusetzen. Es liegt eher an der oft unpassenden Großzügigkeit (negativ formuliert: mangelnden Bereitschaft, zu sparen oder zu verzichten) vieler Männer, daß sie diese Aufgaben gerne „delegieren".

Bereits 1963 wies Betty Friedan in ihrem Sensationsbuch „Der Weiblichkeitswahn" darauf hin, daß Hausarbeit wie ein Gummiband gedehnt werden kann. Jeder (bewußt männliche Form!) kennt das, der seine Wohnung in Windeseile sauber „geschminkt" hat, wenn sich überraschend Besuch angekündigt hat. Lassen Sie das Gummiband in Ruhestellung: Small is beautiful!

Betreiben Sie Seelenökologie!

Erlauben Sie nicht, daß sich andere durch Sie stabilisieren, d.h. ihr Selbstwertgefühl aufbauen, Sie als wilde Deponie für ihren Seelenmüll mißbrauchen oder an Ihrer Seelenkraft Raubbau betreiben. Auch nicht, wenn Ihr Arbeitsauftrag oder -vertrag so gedeutet werden könnte, wie beispielsweise in Sozial- und Gesundheitsberufen oder bei Personalbetreuungsfunktionen.

Gegen Vampire, das wissen wir aus den zahlreichen Dracula-Filmen, hilft Knoblauch. Gegen die Energiesauger helfen verbale, nonverbale oder mentale Schutztechniken. Alle basieren auf dem Prinzip der Autosuggestion: Sie erleben eine verbale, nonverbale oder gedachte – „unbeweisbare" – Attacke. Schalten Sie um:

- anstatt in Angst (Zukunftsvision: ich habe keine Chance!) zu erstarren oder
- in Wut (Zukunftsvision: der oder die muß vernichtet werden!) loszustürmen,
- wählen Sie ein anderes eingeübtes Ver-halten (Zukunftsvision: er oder sie kann mir nichts tun).

Nonverbale Selbstschutztechniken erfordern am wenigsten Energie und werden bald zu Automatismen. Solche „magischen Gesten" sind z.B.:

- die negative Energie Ihres Gegenparts, die „auf Sie zukommt", mit einer scheinbar unbeabsichtigten, jedoch bewußt zur „Ablenkung" eingesetzten Geste an sich vorbeilenken,
- die „eingeatmete" Aggression des Gegenparts bewußt ausatmen (zwischen gespitzten Lippen ausblasen),
- oder irgendeine andere „Ausweich"- oder „Reinigungs"-bewegung.

Bei mentalen Selbstschutztechniken arbeiten Sie wieder mit Visualisierungen. Sie entwerfen sie beim Nachdenken über erlittene Attacken und üben sie ein, damit Sie sie im Bedarfsfall schnell abrufen können. Üben braucht Zeit. Im Durchschnitt erlebe ich in meinen Seminaren bei einem Dutzend Teilnehmerinnen, daß die Hälfte schnell und gut visualisieren kann, ein Viertel kann es nach einiger Zeit und das letzte Viertel tut sich sehr schwer. Wenn Sie sich zu letzteren zählen, sollten Sie sich an fixe Grundsuggestionen gewöhnen oder lieber körpersprachliche oder Sprachtechniken einsetzen.

- Die stärkste Grundsuggestion ist, eine Art Ei (Fruchtblase) über sich zu ziehen, als ob wir uns darin einhüllten. Das Material kann nach Bedarf gewählt werden, am besten „schützt" die Vorstellung vom verblendeten Spiegel: Sie sehen hinaus, niemand sieht herein. Alles, was auf Sie zukommt, wird reflektiert: Wer Gutes sendet, bekommt Gutes zurück; wer Böses sendet, bekommt seine Sendung zurück. Sie ersparen sich damit auch Schuldgefühle, weil ja der „Sender" die Verantwortung für seine „Botschaft" hat.
- Sie können aber auch Nebelschwaden zwischen sich und den Angreifern aufsteigen lassen, oder eine Waberlohe wie bei Richard Wagner im letzten Akt der Oper „Die Walküre", oder einen „Hexenkreis".
- Sie können sich vorstellen, die negative Energie teile sich links und rechts vor Ihnen in zwei Ströme und fließe vorbei.

- Sie können sich aber auch vorstellen, alle „Pfeile“ fallen einen Meter (oder in welcher Entfernung auch immer) vor Ihnen zu Boden.
- Oder Sie schnappen den scharf auf Sie zugespielten Tennisball der Aggression und stecken ihn für später beiseite, oder „sehen“ ihn sich genau an. Hauptsache, sie spielen ihn nicht zurück (Kampf! Stammhirn!), oder lassen zu, daß er voll ins Weiche trifft.

Sie geben sozusagen der erlebten Negativbotschaft eine passende bildhafte Form und stellen sich vor, wie Sie – selbstverständlich erfolgreich! – mit diesem Symbol umgehen.

Behalten Sie aber immer im Gedächtnis: Sie müssen nicht jeden Fehdehandschuh aufheben, Sie dürfen auch elegant darüber hinwegsteigen! Nicht jeder, der Ihnen den Kampf ansagt, ist satisfaktionsfähig.

Wider die Gewalt

Am schwierigsten ist es wohl, mit Sprache Selbstschutz zu üben. Zu nahe liegt die Verlockung, in Verbalattacken abzugleiten. Oder in Entschuldigungen und Rechtfertigungen. In beiden Fällen verlassen Sie gedanklich „Ihren Platz“ und geben „Ihre Haltung“ auf. Der andere erringt damit bereits einen Teilsieg.

Wenn jemand Sie sprachlich attackiert, kann das mehrere Ursachen haben:

Mangel an alternativem Verhalten: Die Person kennt nur diese Form der Kommunikation. Solche Eingleisigkeit finden wir häufig. Sie hängt von den in der Kindheit nachgeahmten lebenden, aber auch medialen Vorbildern ab.

Beziehungsstörung: Die Person hat in Beziehungen ein Trauma erlitten und schützt sich so.

Antipathie: Die Person mag Sie nicht und will Sie in die Flucht schlagen.

Kampfeslust: Die Person versucht auf diese Weise, Kontakt herzustellen, Sie näher kennenzulernen.

Überheblichkeit: Die Person versucht (prinzipiell oder nur bei Ihnen), sich zu „überhöhen", weil sie sich für gescheiter, edler, moralisch höherstehend oder sonst irgendetwas Großartiges hält.

Strategie: Die Person verfolgt ein bestimmtes Ziel und glaubt, es auf diese Weise am besten zu erreichen.

Dazu einige Grundtatsachen erfolgreicher – nicht gleich friedlicher – Konfliktbewältigung:

Es stehen sich zwei (symbolisch, aber oft auch tatsächlich in der „Verkörperung") oppositionell gegenüber.

- Der Streitpunkt befindet sich irgendwo auf einer gedachten Linie zwischen ihnen.
- Jeder will die Lösung durchsetzen, bei der er Sieger und der oder die andere Verlierer ist. Oder will für den Fall einer Kompromißlösung zumindest einen deutlichen Vorteil für sich oder seine Gruppe herausschinden.
- Kampftechniken werden eingesetzt: psychologische wie Mimik, Gestik, Körpersprache, aber eben auch Sprache; mentale analog den oben erwähnten Schutzmaßnahmen, die ich aber nicht demonstrieren mag, weil ich sie ethisch ablehne; juristische (z.B. auch Geschäftsordnungsregeln); es können aber auch ganz triviale sein wie das Herausschrauben von Sicherungen, damit die abstimmungswilligen Wähler und Wählerinnen im wahrsten Sinn des Wortes „im Dunkeln tappen". Das habe ich bei einer Vorstandswahl in der Studentenzeit erlebt.
- Jeder will sein „Gesicht wahren".

Kooperieren

Wollen wir die Yang-Lösung, also Aushandlung einer Hackordnung mit Sieger und Unterworfenen vermeiden, gibt es im Sinne der Polarität die Möglichkeit, auf der Sachebene zu verhandeln.

Das geschieht, indem man

a) die gegenseitigen Positionen darstellt,

- die eigene und die fremde Optimallösung entweder klar darlegt („Was für mich der erstrebenswerteste Zustand wäre")
- oder zu erahnen versucht,
- die eigene und die fremde schlechteste Lösung klarlegt („Was ich auf gar keinen Fall akzeptieren könnte")
- oder zu erahnen versucht,
- verschiede Varianten anbietet und
- mehr oder weniger freundlich Druck ausübt, damit die jeweils andere Streitpartei zum Nachgeben motiviert wird, bis eine Lösung gefunden wird, bei der es beiden halbwegs gut geht.

b) die emotionale Ebene mitzuberücksichtigen. Das bedeutet zu fragen:
   - Was macht Angst? Weshalb? (Was wäre das Schlimmste, was folgen könnte?)
   - Wie könnte das, was Angst macht, vermieden werden?
   - Gibt es etwas anderes, das die befürchteten negativen Folgen aufheben könnte?

c) von vornherein auf der Beziehungsebene zu „kooperieren": Das heißt, beide Seiten fragen sich:
   - Worum geht es?
   - Was ist es, was den Konflikt ausgelöst hat?
   - Kann dieser „Auslöser" beseitigt werden? Wie?
   - Was kann jede Partei dazu beitragen?

Der erste Schritt ist hier auf jeden Fall die Formulierung eines „gemeinsamen Ziels". Im schwierigsten Fall ist es sehr weit übergeordnet und damit fern.

- In diesem Fall stehen sich die Streitparteien nicht mehr oppositionell „gegenüber", sondern blicken Schulter an Schulter, also einander nahe, auf das zu bearbeitende Problem. Dieses liegt also nicht auf einer gedachten Linie zwischen ihnen, sondern in Dreiecksposition.
- Sie bemühen sich, eine für beide akzeptable Lösung zu finden und auf Vorteilsdenken, Rachegelüste und sonstige Unfairneß zu verzichten. Dabei wird auf die persönliche Verän-

derung – beispielsweise in Richtung größerer Kreativität – in einem angstfreien Klima vertraut.

- Es werden wie in einem Brainstorming gemeinsam Alternativen erdacht, wie solch eine Problemlösung aussehen könnte.
- Es werden die Alternativen hinsichtlich Durchführbarkeit, Negativfolgen, Kosten bewertet und gereiht. Wieder werden in Einzelschritten Alternativen zur Erzielung gewünschter bzw. zur Vermeidung unerwünschter Folgen erarbeitet.

Dabei helfen Fragen wie: Was braucht jeweils der eine vom anderen, um einen Schritt entgegenkommen zu können? Was muß auf jeden Fall vermieden werden, damit keine Opposition entsteht und kein Druck ausgeübt wird?

Voraussetzung sind Offenheit und Fairneß. Mißtrauen führt zu Blockaden, weil die zweifelnde Partei sich immer wieder, unbewußt oder auch absichtlich, zu der Frage flüchten wird: „Wie kann ich wissen, daß ich nicht betrogen werde?" Diese ist nicht ein für allemal beantwortbar – es gibt immer Möglichkeiten, Vereinbarungen zu brechen.

Es wird so lange an der Konfliktlösung gearbeitet, bis eine für alle passende Lösung gefunden ist.

Das Wort – Schlüssel oder Gefängnis?

Von dem amerikanischen Linguisten Edwin Sapir stammt der Satz, das Wort sei nicht nur ein Schlüssel, sondern auch ein Gefängnis. Wir alle wissen, daß Worte ebenso guttun können wie verletzen. Ebenso können (z. B. therapeutische) Beziehungen heilen, aber auch kränken, krank machen. Gespräche tun gut, wenn

- einer den anderen als gleichwertige Person mit eigenen Zielen, eigenen Gefühlen, die ganz anders sein können als die, die wir selbst in vergleichbaren Situationen erleben, und eigenen Grenzen, selbst wenn diese verletzt sein sollten, wahrnimmt,
- man bzw. frau sich um Verstehen bemüht,

- ihre bzw. seine Gefühle respektiert werden, auch wenn sie oder er sie nicht versteht und
- man oder frau selbst aufrichtig und rücksichtsvoll ist.

Gespräche schaden, wenn

- einer sich über die oder den anderen stellt,
- man oder frau sich gar nicht bemüht, die oder den anderen zu verstehen,
- ihre bzw. seine Gefühle mißachtet werden und/oder
- einer unwahrhaftig und rücksichtslos ist.

Einige tiefenpsychologische Aspekte gelungener Kommunikation will ich dort behandeln, wo sie meiner Ansicht nach am besten hinpassen: bei der „Perfektion", der Abrundung unseres Verhaltens. Hier dagegen sollen verbale Selbstschutztechniken beschrieben werden. Dazu eine wichtige Erinnerung: Es besteht immer die Gefahr, daß wir in den Zustand des verschüchterten Kindheits-Ich abstürzen, wenn jemand im Tonfall oder mit Sätzen des nörgelnden Eltern-Ich mit uns spricht: Wir fühlen uns dann klein und ungeliebt, „wo wir doch so lieb sind".

Kritisiert oder angegriffen zu werden, heißt aber selten, daß wir etwas schlecht gemacht haben und schon gar nicht, daß wir schlecht sind. Es heißt höchstens, daß uns die angreifende Person als für sich schlecht erlebt hat. Es kann aber auch lediglich heißen, daß die angreifende Person jemand braucht, um ihren Seelenmüll bei ihm abzuladen. Und es kann der Hinweis auf eine mittlere Alkoholvergiftung sein. In diesem Fall ist jedes ernsthafte Gespräch sinnlos und zu vermeiden. Außer Sie haben eine besondere Begabung, Routine oder Ausbildung dafür.

Ohne Information – Aggression

Das Grundprinzip verbaler Selbstverteidigung besteht in

- Kontrolle der eigenen Position, eventuell Abgrenzung.
- Genauer Erforschung des (vermeintlichen) Angriffs nach Ursache und Anlaß, Form und Ziel.
- Versuch, den (vermeintlichen) Feind besser kennenzulernen.
- Verbesserung des Informationsaustauschs.

Von George Bach stammt die Formel: *Je weniger Information, desto größer die Aggression.* Soll also Aggression überflüssig werden, muß besser, vollständiger informiert werden. Vom Yang-Zustand zum Yin-Verhalten.

Sprachliche Attacken sind dadurch gekennzeichnet, daß sie auf eine Verletzung (Minderung) des Selbstwertgefühls zielen. Das ist es ja auch, was Kinder so schädigt, wenn Eltern mit ihnen schimpfen, statt ihnen zu zeigen, wie sie etwas besser machen können. Und das ist es auch, was bei Erwachsenen dieses scheußliche Gefühl in der Magengrube auslöst. Der erste Schritt, sich gegen verbale Untergriffe zu verteidigen, besteht darin, sich nicht „klein machen" zu lassen. Daher muß frau wachsen.

Kennen Sie „Alice im Wunderland" von Lewis Caroll? Da nascht Alice aus jedem Keksdöschen, das ihr unterkommt, und jedesmal schießt sie in die Höhe, wächst sich zur Riesin aus; wenn sie dann ein Schlückchen aus dem zufällig daneben stehenden Fläschchen nimmt oder ein Rübchen anknabbert, schrumpft sie wieder auf ihr vorheriges Format zurück.

Machen Sie es gedanklich wie Alice: stellen Sie sich immer dann, wenn Sie sich winzig fühlen, vor, Sie greifen in die unsichtbare Keksdose und nehmen einen Bissen – jetzt wachsen Sie. (Bei dieser Suggestion freue ich mich immer, wenn ich beobachten kann, wie sich die Empfängerin meiner Botschaft automatisch aufrichtet, durchatmet und entspannt.)

Legen Sie sich ein Repertoire von Sätzen zu, mit denen Sie Zeit gewinnen. Auch wenn Sie die Pausen zwischen den Sätzen dehnen, gewinnen Sie Abstand – Grenzraum! Lassen Sie sich nicht durch die Angst hetzen, unterbrochen zu werden! Das können Sie ohnehin nicht verhindern – Sie können höchstens in aller Ruhe feststellen, daß Sie dauernd unterbrochen werden: „Ich muß mich schon sehr wundern ...", „Das finde ich nicht richtig ...", „Es fällt mir sehr schwer, Ihrer Argumentation zu folgen ...". Sie setzen damit einen Impuls, das Gesprächstempo zu verlangsamen und geben sich (wie auch der oder dem anderen) Gelegenheit, nachzudenken und möglicherweise den Stil zu ändern.

Spiegeln Sie. Wiederholen Sie die Aussage langsam und mit Nachdruck, damit Ihren Gegnern bewußt wird, was sie gesagt haben: „Sie wollen damit also sagen, ich sei...“, „Sie meinen also, ich bin...“, „Ihrer Ansicht nach habe ich also...“. Die üblichen Reaktionen auf eine solche Verdeutlichung sind:

Rückzug: „Aber nein, so war das nicht gemeint!“ – „Wie denn?“ und weitere Diskussion; oder: „Dann ist es ja gut!“ und Abschluß.

Korrektur: „Nein, da haben Sie mich falsch verstanden! Ich wollte ausdrücken...“

Neuerlicher Angriff: „Ja! Und überhaupt machen Sie immer...“. In diesem Fall neuerliche Verdeutlichung: Sie stellen sich den Attacken: Immerhin bekommen Sie Informationen, die Sie ja später verarbeiten und berücksichtigen können, wenn Sie wollen. Lassen Sie Ihr Gegenüber Dampf ablassen, wie bei einem Druckkochtopf; in den können Sie ja auch erst hineinsehen, wenn der Druck weg ist! Daher darf er ruhig pfeifen, der Topf wird von der Energiequelle (Flamme, Kochplatte) entfernt – von Yang zu Yin und erst, wenn das Ventil gesunken, im Yin ist, wird aufgemacht!

Sie üben inhaltlich Selbstbehauptung nach dem klassischen Muster der „Schallplatte mit Sprung“:

- Sie erklären Ihre Position und bleiben dabei.
- Sie begründen Ihre Position und bleiben dabei.
- Sie zeigen Ihrem Gesprächspartner, daß Sie seine bzw. ihre Beweggründe verstehen – eventuell müssen Sie „verrücken“ –, bleiben aber bei Ihrer Position.
- Sie machen Ihrem Gegenüber deutlich, daß Sie verstehen, daß er bzw. sie sich bemüht, Sie zu seiner Ansicht zu bekehren oder dazu zu bringen zu tun, was er oder sie will, bleiben aber trotzdem bei Ihrer Position.
- Sie erklären, daß Sie das Gespräch jetzt abbrechen, weil Sie die Position zwar verstehen und akzeptieren, aber bei Ihrer eigenen Position bleiben.

Wenn Ihr Gegner ausfallend wird: Legen Sie sich wieder Standardsätze zur Distanzierung zu und setzen Sie diese ein, um den Abstand zu vergrößern: „Ich muß mich über Ihre Formulierung schon sehr wundern ...", „Einen derartigen Gesprächsstil bin ich nicht gewohnt", „Einen solchen Tonfall will ich nicht akzeptieren!", oder Sie spiegeln wider: Ernsthafter Blickkontakt, tief durchatmen, ruhig werden, ruhig ansprechen: „Das ist es also, was Sie von mir denken!", „Und Sie glauben wirklich, daß es möglich ist, mit Ihrer Einstellung ein vernünftiges Gespräch zu führen?"

Lassen Sie sich bitte nicht auf Kampf ein! Akzeptieren Sie nicht, daß ein kampferprobter oder kampflustiger Mann – oder eine Frau, die sich männlich identifiziert – diese Form der Konfliktbereinigung als die einzig richtige gelten läßt und Sie damit verlockt, nach Yang-Spielregeln zu agieren.

Kampfeinsatz oder Geduld?

„Yang auf Yang bricht die Knochen", zitierte mein jungianischer Lehranalytiker oft seinen Karatelehrer. Aus-weichen, weich auffangen. Weich ist immer Yin. Yang ist hart und starr. Wollen wir Frauen verhärtete, trainierte Kampfmaschinen werden und/oder sein wie viele Männer? Wollen wir Kampfkraft und Ausdauer höher bewerten als Geisteskraft und Geduld? Oder lassen wir beides nebeneinander bestehen und andere selbst entscheiden, was sie wann wie bewerten wollen?

- Bleiben Sie nach Möglichkeit im Zustand der Gelassenheit, kontrollieren Sie Ihren Atemrhythmus und geben Sie sich Suggestionen zur Muskelentspannung! Außerdem lenken Sie dadurch Ihre Aufmerksamkeit auf sich selbst und ziehen Energie von Ihrem Gegenüber ab! Sie haben damit Ihr gesamtes Repertoire an Verhaltensweisen, wenn auch nicht immer blitzschnell, aber zur rechten Zeit zur Verfügung.
- Sollten Sie aber doch aus Ihrem Optimalzustand gefallen sein,

- sprechen Sie dies an und aus: „Ich finde es nicht gut, wenn ich mich aufrege, daher will ich ein wenig nachdenken ...“, „Ich möchte gerne eine Pause zum Nachdenken einlegen ...“, „Ich finde es nicht zielführend, immer lauter zu werden, und möchte gerne in Ruhe weitersprechen ..., „Mir ist das wirklich wichtig, deshalb möchte ich in Ruhe weiterreden können ...“
- oder sagen Sie gar nichts und warten einfach; dann kehren Sie mit den bereits bekannten Techniken wieder in Ihren Ausgangszustand zurück.

- Verzichten Sie auf die Autosuggestion „Das kann ich mir nicht bieten lassen!“ So hoch, wie Sie stehen, kann der „kläffende Hund“ gar nicht pinkeln! Und wenn schon, Sie können sich reinigen. Es wird auf jeden Fall deutlich: Den Mißton bringt die mangelnde Erziehung des anderen ins Gespräch, nicht Ihre!

Wer sich zu Hunden legt,
wacht mit Flöhen auf!

Nach meiner Beobachtung ist dummer Stolz nur eine erste Reaktion – Stammhirn, Denken in Hackordnungen, als zweite folgt der Blick auf die Realität. Provokationen dienen meist dazu, jemand zu verleiten, um Rangordnungen zu raufen, zu „rangeln“.

Jemandem, der um jeden Preis dominieren, „über-legen“ sein will, selbstbehauptend und selbstschützend zu begegnen, ist durch Übung erlernbar. Auch wenn das Hasenherz weiterhin bis zum Zerspringen klopft. Jemandem, der sich gar nicht bemüht, andere zu verstehen oder zu akzeptieren, dazu bringen zu wollen, ist meist vergebene Liebesmüh oder versteckte Gewalt. Verzichten Sie darauf! Kümmern Sie sich nur um Ihre Selbstachtung!

Je weniger Information, desto mehr Aggression. Diesen Satz von George Bach kennen Sie bereits – und dieser Grundsatz gilt auch für Sie. Je weniger Sie jemand anderen verstehen, desto größer ist die Wahrscheinlichkeit, daß Sie aggressiv werden.

Ein Beispiel: Vor Jahren hatte ich mich bei einem um einiges jüngeren Mann um einen Auftrag beworben, keine klare Antwort erhalten, bei einer späteren Begegnung nachgefragt und nur die Auskunft „Sie haben mich nicht überzeugt" bekommen. Ich hatte weder beim ersten noch beim zweiten Mal nachgefragt, wie ich ihn hätte überzeugen sollen. Verbal? War nicht meine Absicht. Demonstrativ? Dazu war keine Gelegenheit. Sonstwie? Keine Ahnung. Bei einem dritten Zufallstreffen in größerer Gesellschaft wird nun dieser Mann von seinem Begleiter, der mich angesprochen hatte, gefragt, ob er mich kenne, und er antwortet vor mehreren Personen, darunter potentiellen Auftraggebern von mir: „Doch, das ist die Frau, die bei mir nicht landen konnte!" (Überheblichkeit, sexistische Andeutung). Ich kühl: „So kann man das auch formulieren, ich würde sagen: ‚... deren Arbeitsangebot nicht auf Interesse gestoßen ist' – aber in der Zwischenzeit gibt es andere, die Interesse haben!" (die Wahrheit) Er, höhnisch: „Gibt's die wirklich?" Meine Begleiterin schaltet sich ein und lenkt ab. Sein Begleiter fragt mich leise, dafür deutlich entsetzt: „Sagen Sie, was hat denn der X gegen Sie?" Ich weiß es nicht und sage das. Da ich nicht sicher bin, ob X nicht ziemlich betrunken ist, entscheide ich mich für größtmögliche Distanz, nämlich weggehen, und nehme mir vor, ihn bei einem sehr wahrscheinlichen nächsten Zusammentreffen zu fragen.

Dieses ergibt sich eineinhalb Jahre später und ungünstig: Er ist im Troß seines neuen Arbeitgebers, ich in Begleitung einer Journalistin. Sein Arbeitgeber, eine hochgestellte Persönlichkeit des öffentlichen Lebens, grüßt; es ist unmöglich, nicht zu danken. Mein Kontrahent, drei Schritte hinter seinem Chef, sieht mich groß an. Was tun? Ignorieren? Wäre feige (auch nicht gut für die Selbstachtung). Freundlich grüßen? Wäre eine Art Unterwerfung (Akzeptieren der vergangenen Verletzung). Ausweichen? Geht nicht, wir begegnen einander in einem schmalen Gang. Ich entscheide mich für die absolute Wahrheit und sage mit freundlichem Grußnicken: „Ich warte noch immer auf eine Entschuldigung von Ihnen!“ und gehe weiter. Er hingegen mault aus der immer größer werdenden Entfernung hinten nach: „Da müssen Sie sich aber auch für das entschuldigen, was dem vorangegangen ist! Das sollten Sie doch wissen als Psychologin!“ – ein für mich absolut unverständlicher Satz. Aber jetzt hat er sich zum zweiten Mal danebenbenommen und mich daher in meiner Wahrnehmung bestätigt. Meine Selbstachtung ist wieder im Lot.

Wäre er an fairer Kooperation interessiert, wie es unter potentiellen Geschäftspartnern üblich ist, hätte er antworten können: „Entschuldigen werde ich mich nicht, aber aussprechen sollten oder könnten wir uns!“ oder einfach: „Reden wir doch einmal miteinander!“ Ihn anzusprechen statt zu grüßen oder nicht zu grüßen, ist eindeutig ein aggressiver Akt: Ich gehe einen Schritt auf ihn zu. Seine Reaktion zeigt, daß das schon zu viel für ihn ist. Er überreagiert – versucht mich unter Berufung auf Unwahrheiten in die Flucht zu schlagen. Ich beschließe, diese „Provokation der Mauer“ zu akzeptieren, und verschiebe die nächste Runde auf später. Mein Fehler: Ich habe eine Situation ausgenützt, um vor seinem „Vater“ ein früheres Fehlverhalten anzudeuten – da mußte er natürlich versuchen „sein Gesicht zu wahren“. Mein Gewinn: Genau das Gleiche hatte er seinerzeit mir angetan, wir sind jetzt quitt.

Immer wieder höre ich Klagen, vor allem über Arbeitskollegen und -kolleginnen, die „die Mauer machen“, und damit einerseits die Harmoniebestrebungen anderer stören, andererseits aber im Arbeitsablauf dysfunktional wirken.

Auf Harmonie werden wir in solchen Fällen wohl verzichten müssen. Die konkreten Arbeitsbehinderungen sollten wir aber ansprechen: „Ich möchte über das, was gestern abgelaufen ist, sprechen. Ich bin dadurch an ... gehindert gewesen. Ich möchte gerne verstehen, warum Sie so gehandelt haben, und bitte um Aufklärung bzw. Absprache, wie wir in Zukunft mit solchen Situationen umgehen sollen oder wie ich mich in Zukunft in solchen Situationen verhalten kann, damit Sie mir leichter zuarbeiten können.“

Meist folgt Schweigen, und meist ist dies nur die Folge einer augenblicklichen Denkblockade. Lassen Sie ihm oder ihr Zeit: „Bitte denken Sie darüber nach, und sagen Sie mir vielleicht morgen, wie Sie das sehen ...". Wenn er oder sie sich von sich aus nicht rührt, tun Sie es. Bleiben Sie nicht in der überheblichen Warteposition, außer Sie müssen, weil Sie etwa anderweitg so unter Zeitdruck sind, daß diese Konfliktbereinigung warten muß; Sie wissen nicht, welche Ängste, welche biographischen Verletzungen oder auch Krankheiten die andere Person hindern, „entgegenkommend" zu sein.

Wenn ich mit Menschen arbeite, die als „hart wie Granit" verschrieen sind, kann ich immer wieder beobachten, wie sehr sie selbst unter ihrem „Zu-Sein" leiden. Wie schwer bis unmöglich es ihnen ist, aus ihrem Korsett herauszukommen. Viele leiden unter Stoffwechselstörungen und wissen nicht, daß sie damit wiederum ihre Seelenlage verkörpern: Sie können sich nicht „ausdrücken".

Zauberstrategien

Falls der „steinerne Prinz" oder die „Eisprinzessin" aber für Sie sehr sehr wichtig sein sollten, können Sie versuchen, mit einer spezifischen Visualisierungstechnik den „Zugang" zum Inneren, zum lebendigen Kern zu finden.

- Setzen oder legen Sie sich entspannt hin, wie Sie es nun ja bereits gewohnt sind, und erlauben Sie sich, ruhig und gelassen zu werden.
- Lassen Sie nun vor Ihrem geistigen Auge ein Bild (einen Film) entstehen, in dem Ihr Problemmensch hinter einer Mauer, einer Eisschicht, einem Felsengebirge – was auch immer, es muß nur dem Gefühl entsprechen, das Sie bei ihm oder ihr haben – verborgen ist.
- Sehen Sie sich selbst in einem räumlichen Verhältnis zu ihm bzw. ihr, das Ihrem Gefühl entspricht.
- Bitte „denken" (= konstruieren) Sie nicht, sondern „schauen" Sie nur zu, welche Bilder auftauchen.

- Geben Sie nun sich selbst als Darstellerin im Film Regieanweisungen, was sie wie auch in der Realität – zur Überwindung der Hindernisse tun könnte.
- Wenn alle realistischen Strategien ausgeschöpft sind, dürfen Sie es auch mit „Zauberei“ versuchen: zum Beispiel an der Mauer emporschweben (= „in die Luft gehen“) und sich so „mehr Überblick verschaffen“.
- Zauberstrategien sind wortwörtlich zu nehmende Anweisungen Ihres Unbewußten. Sie sollten daher im Nachhinein die Wortwahl überprüfen, ob sich darin nicht eine symbolische Handlungsanweisung versteckt.

Rüpel, Krankmacher und Sadisten

Besondere Krankmacher sind die Rüpel oder Sadisten, aber auch „Kümmerer“, die bewußt oder unbewußt die Gefühle anderer mißachten. Sie agieren hauptsächlich im Wiederholungszwang, manchmal auch als Strategie (darauf geschulte Politiker): Sie haben es nicht anders gelernt oder kennen keine andere, bessere Methode, mit Emotionen umzugehen.

Emotionen machen oft Angst: denjenigen, die sie haben, wie auch denjenigen, die sie wahrnehmen, besteht doch immer die Gefahr, berührt, bewegt, angesteckt zu werden. Im dem Wort Emotion steckt ja „Motion“. Und gerade die psychoanalytische Erfahrung zeigt, daß immer dann, wenn etwas in Bewegung gerät, Widerstand auftaucht. Gefühle, Emotionen werden mißachtet, indem man

- sie nicht ernst nimmt: „Das ist doch nicht so schlimm!“,
- sie lächerlich macht: „Hahaha! Na so etwas! Das macht Ihnen was?“,
- sie bewertet: „Emotionalität ist unprofessionell!“ – übrigens ein Zitat: So sprach ein Firmenchef gegenüber seinem Marketingleiter, der sich über die Marktentwicklung „Sorgen“ machte;
- Folgen androht: „Wenn Sie immer so ‚sensibel‘ reagieren, werden Sie wohl nie ... erreichen!“; aber auch

- ablenkt: „Kümmer dich einfach nicht darum!";
- tröstet: „Mach dir nichts draus! Das wird schon wieder!";
- Rat-schläge erteilt: „Was du brauchst, ist ...", oder
- durch sonstige Reaktionen zu verstehen gibt, daß Gefühle unerwünscht sind, oder den Gefühlsausdruck behindert.

Wenn Sie aber entdecken, daß Sie selbst die Gefühle anderer Menschen beiseite geschoben oder zugedeckt haben (wenn Sie ein eiskalter Frosch oder ein aufgeblähter Ochsenfrosch waren), fällt Ihnen kein Zacken aus der Krone, wenn Sie sich entschuldigen. Dafür ist es nie (!) zu spät, auch nach Wochen, auch nach Jahren nicht: „Ich habe noch über das letzte Mal nachgedacht und bin mit meinem Verhalten Ihnen gegenüber nicht zufrieden. Ich habe Sie nämlich nicht genügend ernst genommen. Das tut mir leid, und ich möchte mich dafür entschuldigen!" Wenn Sie das wirklich ehrlich meinen, werden Sie spüren, wie Ihnen – aber auch Ihrem Gegenüber ein „Stein vom Herzen fällt" und Sie beginnen, zueinander eine ehrliche Beziehung zu finden.

Manchmal spüren Sie ganz genau, daß jemand nicht die Wahrheit sagt, können es aber nicht beweisen. Oder Sie merken, daß jemand Informationen, die er haben müßte, nicht berücksichtigt oder nicht einmal zur Kenntnis nimmt (z.B. angekündigtes Fernbleiben).

Kein Tribunal

In beiden Fällen erhebt sich die Frage: Will er nicht oder kann er nicht?

Fragen Sie wieder Ihre innere Stimme: Entspannen Sie sich, spüren Sie nach, welches Gefühl Ihnen antwortet.

Wenn die Antwort lautet: *„Will nicht":* Stehen Sie zu diesem Gefühl: „Das glaube ich Ihnen nicht!", „Das nehme ich Ihnen nicht ab!" bzw. „Das finde ich unfair!"

- Spielen Sie aber nicht „Gerichtssaal". Verlangen sie keine Beweise. Entweder der andere hat sie und bringt sie freiwillig, dann wird Sie das möglicherweise überzeugen. Sie haben eine Gelegenheit, sich aufrichtig für Ihr Mißtrauen zu entschuldigen, vielleicht kommen Sie einander dadurch näher. Oder der andere wird ehrlich sagen, daß er auf Ihr Vertrauen angewiesen ist; auch dann ist ein Näherkommen wahrscheinlich, zeigt er doch einiges von seinem Innenleben. Oder der andere wird Beweise konstruieren. Dann war Ihr Mißtrauen nur zu berechtigt.

- Falls Ihnen Ihr Mißtrauen vorgeworfen wird – nehmen Sie den Vorwurf an. So erlebt es Ihr Partner. Es ist ein Punkt auf Ihrer gemeinsamen Zeitlinie. Der nächste, den Sie mitsammen erreichen, kann schon wieder ganz anders sein.
- Falls Sie damit konfrontiert sind, daß über Sie oder Ihre Arbeit grobe Unwahrheiten oder Verleumdungen verbreitet werden:
  - Überlegen Sie, was davon Ihnen wirklich Schaden zufügt. Die meisten Menschen merken schon, wer was mit welcher Absicht verbreitet, und lassen sich nicht manipulieren.
  - Fragen Sie sich, bei wem Sie schlecht gemacht werden sollen.
  - Diese Person können Sie darüber informieren, wie die Dinge wirklich liegen. Bitte nicht sich ausweinen, oder: das „Schandmaul" anklagen.
  - Der Person, die die Unwahrheiten verbreitet, sollten Sie geradlinig entgegentreten: „Ich habe gehört, daß Sie gesagt haben, ... Ich darf Sie informieren, daß dies unwahr ist. Bitte unterlassen Sie zukünftig solche Aussagen!" (Anti-Gewalt-Modell!)
  - Lassen Sie sich auf keine weiteren Debatten ein: „Damit ist die Angelegenheit für mich erledigt. Ich will nicht weiter darüber diskutieren."
- Falls Ihnen vorgeworfen wird, Sie hätten „immer" etwas auszusetzen, stehen Sie dazu: „Ja, es ist richtig, daß ich oft etwas auszusetzen habe (Selbstbehauptung – keinen Schritt vor oder zurück!). Mir ist nämlich wichtig (Selbstbehauptung), immer gleich auf Störungen hinzuweisen."

Wenn die Antwortet lautet: *„Kann nicht":*

- Vermeiden Sie, Druck auszuüben (Yang) – das wäre sinnlos.

- Lassen Sie Raum und Zeit (Schwangerschaftssymbolik-Yin), vielleicht kann dann doch noch etwas entstehen und wachsen.
- Antworten Sie auf der Gefühlsebene: „Schade. Mir wäre es lieber gewesen“, oder „Vielleicht findet sich doch noch ein Weg. Mir ist das nämlich sehr wichtig.“

Manche merken allerdings nicht, was los ist. Sie disqualifizieren sich durch dieses mangelnde Problembewußtsein zwar für Managementaufgaben, das nützt Ihnen aber nichts. Sie stehen vor der Wahl,

- loyal zu unterstützen bzw. zu kooperieren. Z.B. die fehlende Information zur Verfügung zu stellen. Ich verwende in diesem Zusammenhang gerne die Analogie vom Baby, dessen Magen noch nicht alles verdauen kann: Ihm Eisbein zu essen zu geben, wäre verhängnisvoll. Denn entweder es ißt und wird geschädigt, oder es ißt nicht und verhungert. Wenn nichts anderes da ist, muß man das Fleisch zerkleinern und mit Milch verdünnen. Die mangelnde Information heißt hier: Was und wie kann ein Baby annehmen und verdauen? Für uns alle gibt es solche „große Brocken“, die wir weder schlucken noch verdauen können.
- oder mehr oder weniger hoffnungsvoll bis schadenfroh abzuwarten, was passiert, oder
- zu konkurrieren, z.B. die fehlenden Aktionen selbst zu setzen und für gebührende Wahrnehmung zu sorgen.

Pfad zum Tao

Charisma, Intuition und Kreativität

Sie haben eine vage Vorstellung von dem, was Sie brauchen. Sie möchten Zukunftsvisionen haben, Ihr Charisma wirken lassen, kreativ sein. Sie wissen aber nicht, wie Sie das alles konkretisieren können? Grundsätzlich: Beachten Sie zunächst einmal die Bedeutung des jeweiligen Zielbegriffes. Vision beispielsweise hat mit „sehen" (lateinisch „videre") zu tun; Charisma (von Charis, einer der drei Grazien, der Trägerin der Gnadengaben; als Bedeutung: Anmut, Gnade, Wohlwollen, Dank), mit Strahlkraft, mit Energieausstrahlung. In der Sprache der Physik formuliert, meint Charisma die Lichtabstrahlung, die andere wahrnehmen, wenn sie Sie betrachten. Sie bekommen dadurch bereits einen Hinweis, in welchem Repräsentationssystem – Sehen, Hören oder Fühlen – Sie die Lösung suchen sollten, nämlich im Sehen.

Sehen beinhaltet „Distanz": Eine Vision ist etwas, das eher am Horizont auftaucht, erst undeutlich, dann näher und deutlicher wird. Auch Charisma braucht Abstand, sonst wird aus der Strahlkraft nur zu leicht ein verbrennendes Feuer. Distanz können wir schaffen

- durch Verlangsamung unseres Atemrhythmus und
- Suggestionen des ganzheitlichen Wahrnehmens:
  - Schauen
  - Empfindungen zulassen
  - mitfühlen und gleichzeitig
  - überdenken.

Die Mitte finden

Paradoxerweise werden wir dadurch aber auch eins mit dem, was wir auf diese Weise wahrnehmen. Wir schaffen also zugleich eine besondere Art von Nähe. Wir bringen die Gegensätze – außen wie innen – zum Verschmelzen. Wir finden unsere Mitte. Diese Mitte verlieren wir immer dann, wenn wir uns einseitig an einen Pol der Bandbreite begeben, wenn wir „nur" vernünftig sein wollen oder „ganz" locker oder „voller" Liebe. Zum Glück für unsere ganzheitliche Gesundheit schleicht sich immer der Gegenpol mit ein: Dann passieren den Vernünftigen ganz unvernünftige Fehlleistungen, und die Lockeren erleben, daß ihnen etwas entgleitet. Sie müssen sich schnell anstrengen, die wegschwimmenden Felle noch festzuhalten. Liebende spüren die Angst, ihre Liebe zu verlieren.

Je mehr wir uns gedanklich anstrengen, eine Idee (von „Eidolon", das bedeutet im Altgriechischen übrigens auch „Bild"), einen Hinweis für die Zukunft, zu bekommen, desto eher werden wir einen Hinweis auf die lückenhafte Gegenwart erhalten.

Je mehr wir versuchen, uns selbst in Szene zu setzen, um andere zu faszinieren, desto mehr werden wir sie abstoßen: Wir werden ihnen schlicht auf die Nerven gehen, weil sie spüren, daß wir etwas von ihnen wollen.

Überhaupt liegt im zielgerichteten Wollen (Yang) der Keim der Destruktion, allerdings auch der Erneuerung (Yin), im absichtslosen Geschehenlassen (Yin) dagegen eine Wachstumschance, aber auch die Gefahr des Fehlwuchses und Auswucherns (Yang).

Licht und Schatten

Wie immer und überall kommt es auf den passenden Wechsel, auf Ausgleich und Ergänzung, auf Balance der Gegensätze an. Wir alle haben Eigenschaften und Verhaltensweisen, die wir an uns mögen, die uns Sicherheit vermitteln, die wir gerne zeigen:

unsere Lichtseite. Wir haben aber auch solche, die wir am liebsten unterdrücken würden und es meist auch versuchen: unsere Schattenseite.

Leider landet vieles auf der Schattenseite – sozusagen in der Senkgrube hinter dem Haus – was wiederverwertet wertvolle Aufbaustoffe liefern könnte: Alles, was Eltern und andere Bezugspersonen tabuisieren oder verurteilen. „Mach Gold daraus!" steht oft auf Recyclinggeräten. Daß Sie Ihre „goldene Mitte", Ihre voll integrierte Persönlichkeit, zwischen den beiden Polen finden, wissen Sie ja bereits: nicht licht, nicht dunkel, sondern weder – noch, und/oder, sowohl – als auch, gleich-gültig, mittel-mäßig.

Gerade die letzten beiden Attribute zeigen wieder einmal deutlich, wie ein an sich hilfreicher Begriff durch die Überheblichkeit der Bewertung in einen verletzenden verwandelt werden kann. Beurteilen heißt nur zu oft Verurteilen! Wenn wir aber die eigentliche Bedeutung der Worte durch sprachliche Betonung oder schriftliche Hervorhebung verdeutlichen, kommt der ursprünglich positive Sinn wieder heraus.

Worte und Sätze so zu wählen, daß bewußte Absicht mit unbewußter und wortwörtlicher Entschlüsselung zusammenpaßt, schafft Authentizität – Echtheit. Dann haben Sie Ihre volle Energie zur Verfügung, denn Sie müssen keinen Teil zur Unterdrückung Ihres wahren Selbst vergeuden. Authentisch sein bedeutet, daß bewußte und unbewußte Botschaften auf der Sach- und Gefühlsebene übereinstimmen. Unecht, nicht authentisch, sind Sie etwa, wenn Sie eine traurige Geschichte lachend erzählen; Ihre Zuhörerschaft wird sich nicht auskennen und möglicherweise ganz falsche Schlüsse ziehen: daß alles gar nicht so schlimm war, daß Sie aufschneiden, daß Sie etwas zu verbergen haben.

Wohlwollende Zuhörer werden merken, daß irgend etwas nicht stimmt und nachfragen. Psychotherapeuten registrieren dann, daß zwei unterschiedliche Gefühlsanteile in Konflikt zueinander stehen und vermuten, daß einer davon der wahre, von Autoritätspersonen verbotene Teil und der andere der unwahre, von diesen erwünschte oder vorgelebte Teil ist. Nutzen

Sie die Gelegenheit, wann immer Sie die Rückmeldung bekommen, daß anderen bei Ihnen Ungereimtheiten auffallen, oder wenn Sie selbst merken, daß Sie Hemmungen mit sich herumschleppen: Sie haben eine Chance, einen Zauberspruch loszuwerden. Ändern Sie dann das Drehbuch, das Ihnen Ihre Erzieher vorgegeben haben. Überprüfen Sie dazu die darin verpackten Ziele. Fragen Sie also:

- Welchen Vorteil hatte meine Mutter, mein Vater, wer immer, wenn ich aufhörte zu ... (Setzen Sie das verbotene Tun ein).
- Was mußte ich tun, wenn ich nicht aufhörte zu ... (Setzen Sie wieder Ihr angebliches Fehlverhalten ein).

Wahrscheinlich werden Sie entdecken, daß solche Gebote oder Verbote darauf abzielten, den Eltern etwas Unangenehmes zu ersparen: von ihren eigenen Prioritäten oder der Notwendigkeit der Zuwendung ablenken wollten, Schamgefühle oder Konflikte mit anderen Menschen vertuschen wollten.

Anstatt Ihnen Anleitung zu geben, wie Sie mit innerseelischen Spannungen selbst-bewußtseins-fördernd umgehen könnten, bekamen Sie den Befehl, wesentliche Anteile Ihrer Persönlichkeit zu unterdrücken. Als gehorsames Kind haben Sie erhebliche Energiequantitäten zum Unterdrücken umgeleitet und damit Ihre Strahlkraft gemindert. Das wiederum führte zur Unterversorgung bestimmter intrapsychischer „Talentstudios“: Sätze wie: „Was bildest du dir denn da schon wieder ein?“, oft genug wiederholt, können dazu führen, daß jegliche Phantasie, Kreativität, Vision abgewürgt wird. Fragen Sie sich:

a) Wer hat mich in meiner Kindheit und Jugend am meisten kritisiert?

b) Welche verbalen und nonverbalen Botschaften habe ich erhalten, was man von mir erwartete und wie man mich beurteilte?

c) Was davon erlebe ich heute noch?

d) Lassen Sie Erinnerungen aufsteigen. Schreiben Sie sie, wenn möglich, auf (bannen Sie sie auf Papier)!

e) Überprüfen Sie sie ganz konkret: War diese Botschaft oder Beurteilung damals hilfreich für Sie? Haben Sie daraus etwas gelernt, das Ihre Entfaltung gefördert hat?

f) Wenn ja, bedanken Sie sich gedanklich bei Ihren Lehrmeistern.
g) Wenn nein, überlegen Sie, was die positive Absicht dabei war: Was sollte Ihnen erspart bleiben (z.B. daß Ihre Eltern auf Sie ärgerlich werden).
h) Stellen Sie sich jetzt die damalige Szene vor, oder eine ähnliche. Für das Unbewußte ist die präzise Wiedergabe des tatsächlich Erlebten unerheblich; die seinerzeitigen Gefühle aber sollten präzise dieselben sein!
i) Ändern Sie den Ablauf so, wie Sie ihn damals gebraucht hätten, um einen Schritt zur Reife statt zur Hemmung zu machen.
j) Das Stückchen Filmrolle, auf dem die mißlungene Szene zu sehen ist, geben Sie zum Recycling.
k) Wenn Sie die Szenen Ihres Lebensfilms, um die es aktuell geht, neu bearbeitet haben, können Sie auch Ihr Bann-Schreiben vom Anfang dem Recycling zuführen: Verbrennen Sie es. Damit lassen Sie es sich in Luft auflösen. Oder zerreißen Sie es in kleine Schnipsel und werfen Sie es in die Toilette. Auch so kommt es in den ewigen Kreislauf der Atmosphäre. Oder zur Müllverbrennung.

Hauptsache, Sie führen Ihre Befreiungsbewegung bewußt aus (magische Geste!) und lassen „es" los, damit es dorthin gelangen kann, wo jemand anderer es braucht.

Umgekehrt: Wenn Sie wollen, daß Sie eine Fähigkeit besonders stark zur Verfügung haben, wiederholen Sie die entsprechenden Szenen in Ihrem Lebensfilm und verankern Sie sie.

Denken Sie etwa:

- Als ich einmal sehr kreativ war ...
- Als ich einmal sehr gute Intuition bewies ...
- Als ich einmal eine präzise Vision hatte ...

a) Gehen Sie nun mit allen Sinnen (Sehen, Hören, Riechen, Schmecken, Fühlen, Haltung, Bewegung, Atmung) durch die damalige Szene, fühlen Sie sich wieder „ganz" ein.
b) Suchen Sie insgesamt drei Beispiele für solche Erfolge.
c) Finden Sie heraus, welche Bedingungen immer gleich waren.

d) Verankern Sie dieses Wissen mit dem Gefühl und in dem Vertrauen, diese oder ähnlich fördernde Bedingungen immer wieder inszenieren zu können.

Strahlen

Charisma hat sehr viel mit Vertrauen und Dankbarkeit zu tun. Lassen Sie daher keine Gelegenheit aus, das Gefühl der Dankbarkeit spüren zu können! Und wenn es nur die Dankbarkeit dafür ist, daß Sie überhaupt entdeckt haben, daß etwas verbessert werden sollte! Sie wissen ja: Jeder Fehler ist eine Gelegenheit, etwas zu verbessern! Außerdem folgen Sie mit dieser Reaktion wieder dem Yin-und-Yang-Prinzip: Wer Sie kritisiert, an Ihnen herumnörgelt (auch Sie selbst, wenn Sie diese Stimme verinnerlicht haben), bildet den Yang-Anteil, wenn Sie den positiven Kern herausfinden und annehmen können, nehmen Sie im Yin auf.

Die Seele ist ein „weites Land", formulierte der österreichische Schriftsteller Arthur Schnitzler. Und auch wir erleichtern uns das Verständnis unseres So-Seins, wenn wir mit Analogien, Metaphern oder Symbolbildungen arbeiten: Wenn wir also bei der Landschaftsmetapher bleiben wollen, so wissen wir aus Schulunterricht und vielleicht auch aus der Wanderpraxis, wie hilfreich Positionszeichen, Entfernungsangaben, Grenzsteine, Wegweiser, Landkarten und Kompaß sind.

So wie wir auf Landkarten Höhen und Tiefen, Flüsse und Straßen, Orte und Anlagen verzeichnet haben, können wir auch unsere Seele aufteilen: Nicht nur Freud tat dies mit seinen Modellen von Unbewußt, Vorbewußt und Bewußt, von Es, Ich und Über-Ich, sondern auch andere Psychotherapeuten, beispielsweise Virginia Satir. Sie spricht ganz einfach von „Teilen". Wir finden für jede Eigenschaft, für jedes Verhalten einen „Teil", der verantwortlich zeichnet – und der immer nur unser Bestes will. Manche dieser Teile verstehen sich blendend, andere nicht so gut. Manche Teile dominieren, andere sind tief im Keller der Verbannung (Verdrängung) eingesperrt. Aber alle sind dankbar, wenn Sie beachtet, akzeptiert, beschäftigt und gelobt werden! Werden unangenehme Teile dagegen akut „ausgesperrt“, pflegen sie sich wie unerwünschte Kneipengäste zu verhalten: Sie drehen auf, randalieren und versuchen über die Hintertür doch wieder hereinzukommen. Läßt man Sie aber ein und weist ihnen ein gemütliches Plätzchen zu, wo sie still teilhaben dürfen, können sie sehr konstruktiv auf den Augenblick warten, wo man sie wirklich braucht.

Im Sinne der Arbeit mit der Polarität heißt dies: keine Energie für die Abwehr von extremen Verhaltensweisen, sondern diese einfach als Teil der allumfassenden Ganzheit annehmen.

In dem Augenblick der Akzeptanz verändert sich bereits jegliches „Störende“: „Ungezogene“ kleine Kinder werden zutraulich, verbitterte Erwachsene „tauen auf“, es entsteht Raum für positive Entwicklung, Wachstum.

Wenn wir uns auf die Spurensuche nach der verborgenen positiven Absicht begeben, können wir manchmal entdecken, daß ein „Teil“, z. B. ein bestimmtes Verhalten, noch nicht ausreichend entwickelt ist.

Heinzelweibchen hilft

Nehmen wir beispielsweise die Angst, vor einer größeren Zahl von Unbekannten zu sprechen. Sie können annehmen, daß Ihr Helferteil Sie mit dieser Angst vor etwas Nachteiligem bewahren will. Und daß Sie selbst bewußt noch keine andere Form des Schutzes dagegen besitzen.

- Sie schauen, hören oder fühlen in sich hinein (je nachdem, was Ihr bevorzugtes Repräsentationssystem ist)
- und bitten den Teil, der Ihnen diese Angst schickt, sich zu melden.
- Je nachdem wird wohl ein geistiges Bild, eine innere Stimme (ich hatte einmal eine Klientin, die bekam immer Liedchen mit passendem Inhalt vorgesungen! Bei Konflikten mit ihren Eltern z. B. „Fein sein, beinander bleiben!“) oder ein Gefühl bzw. eine Körperempfindung auftauchen.

- Bedanken Sie sich bei Ihrem Helferteil, daß er Ihnen diese Botschaft geschickt hat. Sie können ihn auch fragen, wie er, sie oder es heißt, Sie dürfen sogar einen Namen anbieten, um in Zukunft leichter kommunizieren zu können.
- Fragen Sie z.B. Ihr „Heinzelweibchen“, was sie damit bezweckt.
- Warten Sie – geduldig! – auf die Antwort.
  - Falls keine kommt, fragen Sie sich, was notwendig wäre, damit eine Antwort kommen könnte.
  - Erfüllen Sie die Forderung.
- Wenn die erbetene Antwort aus Ihrem Unbewußten auftaucht – in unserem Beispiel: Sie vor Blamage zu bewahren –, bedanken Sie sich bei Ihrem „Teil“.
- Überlegen Sie dann, wie dieses Ziel konstruktiver erreicht werden könnte, z.B. durch gründliche Vorbereitung.
- Sagen Sie Ihrem „Heinzelweibchen“ im Stillen, daß Sie ganz glücklich darüber sind, wie gut sie auf Sie aufpaßt; erklären Sie ihr sodann mit freundlichen Worten – wie man einem kleinen Kind gut zuredet –, daß Sie in der Zwischenzeit recht groß sind und auch selber ganz gut auf sich aufpassen können und daß Sie in der glücklichen Lage sind, Ihre Helferin dadurch zu entlasten.
- Schlagen Sie ihr vor, in Zukunft statt dem bisherigen Signal (Angst) einen Satz („Achtung! Fremde!“) oder ein Bild (wie eine Verkehrstafel) oder ein anderes, schwächeres Gefühl (Vorsicht) zu senden.

Denk-Art: Träumen

Sie können fehlende Teile aber auch – erträumen:

a) Bereiten Sie sich auf einen (längeren oder kürzeren) „Schlaf“ vor.
b) Entspannen Sie sich, indem Sie sich in eine leichte Trance reden:
c) Sie legen sich bequem hin, lassen die Augenlider sinken, fühlen Ihren Körper schwer und warm werden und

d) gehen gedanklich und sprachlich durch Sehen, Hören und Empfinden: Sie sagen sich insgeheim z.B.: „Ich sehe (den Vorhang; wenn Sie die Augen geschlossen haben: Dunkelheit, Lichtsensationen, was auch immer), ich höre (das Tikken der Wanduhr, die eigene Stimme), ich spüre (meinen Rücken auf der Bettdecke, die Verspannungen in meinen Waden, was auch immer).
e) (hier folgt die erste Suggestion: z.B. „werde immer entspannter, werde eine Viertelstunde schlafen, werde die ganze Nacht tief und friedlich schlafen")
f) dann wiederholen Sie noch einmal den „Durchgang" durch Ihre Sinneswahrnehmungen (wenn Ihnen nichts Neues auffällt, können es ruhig dieselben sein!)
g) und geben eine zweite Suggestion: Entweder Sie vertiefen die erste, wenn Sie vielleicht noch nicht richtig entspannt sind, oder Sie koppeln mit den Worten: „und während ich immer entspannter werde, entwickelt sich mein ..." – was Sie eben entwickeln wollen – oder: „und während ich eine Viertelstunde schlafe, entwickelt sich mein ...", oder was immer Sie eben erzielen wollen: eine Vision, einen Titel für eine Arbeit, einen Hinweis, wo Sie etwas suchen sollen).
h) Wiederholen Sie diese Durchgänge, bitte immer mit gleichmäßiger, langsamer Betonung, so richtig einschläfernd. Erlauben Sie sich, so richtig schlapp zu machen, ganz faul zu sein, wie bei einer langen Zugfahrt oder in einer gemütlich warmen Badewanne, wo Sie durch die rhythmische Bewegung und die Wärme eingeschläfert werden.
i) Geben Sie sich irgendwann auf jeden Fall sicherheitshalber auch die Suggestion, daß Sie das wissen werden, was Sie wissen wollen, wenn Sie „erfrischt" aufwachen.
j) Rechnen Sie damit, daß Sie je nach Ihrer Begabung, sich zu entspannen und in Trance zu fallen, nach vier bis fünf Durchgängen weggetreten sein werden.

Denk-Art: Nachdenken

Wenn weder die „Arbeit mit Teilen" noch das „Träumen" Ihrer „Denk-Art" entspricht, weil Sie eine unverbesserliche Linkshemisphärikerin sind, bevorzugen Sie möglicherweise das Nach-Denken über einige Grundtatsachen:

- Anspannung verengt,
- Entspannung erweitert Ihr Potential an Energie, Kreativität und Strahlkraft.
- Mit Bewertungen wird Macht beansprucht und damit eine überlegene Position. Dadurch können Kindheitsängste ausgelöst werden. (Angst kommt von Enge: Luft anhalten, Muskeln anspannen, Körper kampf- bzw. fluchtbereit machen.)
- Kritik löst Anspannung und damit Verengung aus.
- Verengung behindert Gefühlsausdruck und schafft damit „Knoten".
- Entspannung löst wieder auf.
- Es ist gleichgültig, wie die Entspannung erzielt wird: durch Bewegung (von Tennis (Yang) bis Tai Chi (Yin), Musikmachen (Yang), Musikhören (Yin), bildende Künste, Tagträume, Herumtrödeln ...).

Bedenken Sie: Sie sind um so energiereicher, kreativer und in sich selbst ruhender,

- je authentischer Sie sind: Wenn Sie alles an und in sich akzeptieren und wertschätzen können, keine Teile – Eigenschaften und Verhaltensweisen – im Widerstreit halten oder abspalten müssen,
- je mehr Sie Ihre Wahrnehmungen und Gefühle akzeptieren und ausdrücken können.
- Ihre Gefühle ändern sich, Ihr Verhalten ändert sich – auch Sie können sich ändern.

Merken Sie: Sie haben Gefühle – Sie sind nicht Ihre Gefühle. Genauso haben Sie Ihr Verhalten – Sie sind nicht Ihr Verhalten. Genauso haben andere Menschen ihre höchstpersönliche Sicht der Welt, ihre höchstpersönlichen Glaubenssätze und Werthaltungen, ihre höchstpersönliche „Wahrheit". Sie werden es mit denen besonders schwer haben, die

- das leben, was Ihnen verboten ist,
- das leben, wovor Sie Angst haben,
- das auch haben, tun, sind, was Ihnen Schwierigkeiten bereitet – die Sie spiegeln.
- Sie werden jene besonders attraktiv finden, die
- das haben, tun, sind, was Sie gerne haben, tun, sein würden,
- oder die Sie bestätigen.

Je mehr Sie sich wirklich für andere interessieren (und nicht nur so tun, als ob, um sich beliebt zu machen oder die anderen auszuspionieren), werden Sie

- ihre Andersartigkeit als Möglichkeit zum Dazulernen nützen
- und den anderen wiederum Ihre eigenen Ressourcen zur Verfügung stellen und
- desto mehr befinden Sie sich im Energieaustausch und ermöglichen soziale Kreativität.

Leider fehlt vielen von uns die Sprache, um Gefühle, Wünsche, aber auch Abgrenzungen, Kritik auszudrücken: Unsere Eltern wurden vielfach in der Zeit des „Dritten Reichs" mit seinem absoluten Autoritätsgehorsam sozialisiert oder in der Wiederaufbauphase, als vor lauter Besitzdenken kaum Zeit für Beziehungsarbeit blieb, oder in den „wilden" sechziger und siebziger Jahren mit antiautoritärer Erziehung und sexueller Befreiung.

Die Sprache war dem jeweiligen Zeitgeist entsprechend von Befehlstönen und Autosuggestionen zum Durchhalten und Dienen, Leistungsappellen oder „Make Love not War"-Klängen geprägt.

Anleitung zum Gefühlsausdruck

Virginia Satir hat vier „Typen" beschrieben, deren Sprachstil echten Gefühlsausdruck bei ihnen selbst wie bei anderen verhindert.

„*Ankläger*“, weisen „von oben herab“, quasi mit drohend ausgestrecktem Zeigefinger auf Übeltäter und Störenfriede, greifen stets an, suchen Angriffsflächen und neigen zur Gewalttätigkeit. Sie drücken Affekte aus, Wut, Zorn, Ärger, verfolgen und bekämpfen ihre Mitmenschen, dulden keinen Widerspruch und wollen immer Sieger sein. Mit dieser destruktiven Yang-Form schädigen sie ihre Mitmenschen und vertreiben sie meist auch aus ihrer Nähe.

Ihr Gegenpart sind die „*Beschwichtiger*“, die „von unten hinauf“, quasi kniend mit flehentlich erhobenen Händen um Gnade und Verzeihung bitten. Sie verzichten auf jegliche Selbstbehauptung, reden den Mächtigen nach dem Mund und gehen vielen mit ihrem „Terrorismus des Leidens“ auf die Nerven. Mit ihrer Art, unterwürfiges Yin zu verkörpern, bilden sie oft die duldsame Ergänzung für „Ankläger“.

„*Computer*“ vermeiden starr und reglos jeglichen Gefühlsausdruck und -austausch und versuchen mit Gewalt – nämlich gegen sich selbst –, perfekt zu sein. Konflikte vermeiden sie, indem sie alles wissen, alles erklären oder überhaupt nur unbeteiligt zusehen. In ihrer Reglosigkeit können sie sowohl totgestelltes Yin sein, nur keine Aktivität verkörpern, als auch Yang, verdichtet, angespannt, jeder Veränderung abhold.

„*Verwirrer*“ sind nicht faßbar, weichen in alle Richtungen aus. Sie geben sich selbst und jedem, der ihnen zu nahe kommt, entweder indirekte Botschaften („Es wäre schön, wenn irgend jemand das Salz brächte“, statt: „Gib mir bitte das Salz!“), verwickeln sich immer wieder in Widersprüche („Soll ich dir das Salz geben?“ „Ach nein, ich brauche keines, ich dachte nur ... eigentlich sollte man ja überhaupt weniger salzen ... ich selber habe ja salzige Speisen recht gerne ... wo ist eigentlich der Pfefferstreuer?“) und verwenden viel Energie darauf, keine Verantwortung übernehmen zu müssen. Nicht einmal für ihre eigenen Bedürfnisse. Auch sie sind schwer einer Energiequalität zuzuordnen: ihre Dynamik ließe sie Yang zuordnen, ihre Flexibilität Yin. Um Gefühle zu spüren und gar auszudrücken, mangelt es ihnen an der notwendigen Langsamkeit.

Gerade Verlangsamung bringt aber in Kontakt mit der eigenen Gefühlstiefe: Konzentration auf den eigenen Wesenskern, Achtsamkeit gegenüber anderen, Zulassen von Gefühlsregungen bei sich und anderen, vor allem der zarten und zärtlichen Gefühle, die verletzlich machen, auch der unangenehmen. Dann ist jede Mitteilung „kongruent“: Inhalt und Form stimmen überein.

- Kongruente Kommunikation spricht in Ich-Botschaften statt in Du-Anklagen: „Ich möchte gerne Salz. Wo ist es?“ statt: „Wer hat schon wieder das Salz weggestellt?“
- Sie verzichtet auf indirekte Botschaften, sondern formuliert direkt: „Ich habe heute etwas anderes vor und möchte nicht ins Kino gehen!“ statt: „Wenn du möchtest, gehen wir ins Kino. Du weißt, dein Wunsch ist für mich alles.“
- Sie integriert auch Botschaften auf der Gefühlsebene und scheut daher keine potentiellen Konflikte: „Ich habe mich vorhin nicht beachtet gefühlt, als ich dir das Salz gegeben habe. Ich möchte, daß du mir in Zukunft zumindest zunickst!“ Möglicher Konflikt: „Sei doch nicht so empfindlich!“
- Sie formuliert klar und eindeutig, steht zu Entscheidungen und übernimmt Verantwortung für mögliche Folgen: „Nein, ich möchte heute nicht ins Kino gehen – ich sehe, daß du traurig bist, aber ich habe etwas anderes vor.“
- Sie spricht in Ich-Form und übernimmt damit Verantwortung (statt mit „man“, um sich in der anonymen Menge verstecken, oder mit „wir“; diese „Mehrzahl“ heißt ja auch „pluralis majestatis“, weil z.B. Kaiser und Könige ihre Ansprachen mit „Wir von Gottes Gnaden“ begannen).
- Sie ist „echt“, wahrhaftig,
- verzichtet auf Über- oder Untertreibungen, Verallgemeinerungen wie z.B. die Männer, die Frauen, die Radfahrer, ...
- meidet Generalisierungen wie *immer* oder *nie*, und
- sie ist symmetrisch: Sie verzichtet auf Über- oder Unterordnungsansprüche, Aggression, etwa durch Killerphrasen, Manipulation oder Resignation.

Zur gelungenen Kommunikation gehört auch das „Aktive Zuhören“, nämlich:

- Wiederholen der empfangenen Botschaft mit eigenen Worten. Damit wird dem Gegenüber die Möglichkeit der Korrektur gegeben, falls etwas falsch oder nicht wie beabsichtigt verstanden wurde,
- die Bitte um Feedback, also Rückmeldungen, wie die gesendeten Botschaften angekommen sind,
- Nachfragen und um Präzision ersuchen, wenn Unklarheiten bestehen, und
- Korrektur der eigenen Aussagen, wenn deutlich wird, daß die erste Botschaft unklar formuliert war.

Diese Bereitschaft, anderen entgegenzukommen, sich mit ihnen in einer gedachten Mitte zu treffen, erfordert Verzicht auf Dominanz und damit hohes Selbstvertrauen. Im Geschäftsleben wird dann oft von „kundenorientiertem Verhalten" gesprochen. Damit ist gemeint:

- Herauszufinden, was die Geschäftspartnerinnen und Geschäftspartner suchen oder wollen – was deren Zielvorstellung ist, statt eine Selbstdarstellung zu liefern, wie gut die eigenen Produkte und Dienstleistungen oder die eigene Person sind,
- Abstimmung der eigenen Angebote auf diese Ziele anstelle von Überredung, etwas aus der eigenen Produktpalette sei auf jeden Fall besser als das, was eigentlich gewünscht wurde,
- echtes Bemühen, die andere Person bestmöglich zu versorgen und nicht, die eigene Ware oder Dienstleistung anzubringen,
- daher auch Anbot der Hilfestellung bei Reklamationen, was heißt: möglichen Konflikten, damit der
- Aufbau einer möglichst lang anhaltenden und zufriedenstellenden Geschäftsbeziehung und
- Weiterempfehlung an andere potentielle Geschäftspartner erreicht werden kann.

Auch hier zeigt sich wieder einmal die Wechselwirkung des Yin-und-Yang-Prinzips: wer sich mehr um den anderen kümmert als um den eigenen Vorteil – wie die Goldmarie im Märchen von Frau Holle –, erreicht schließlich mehr für sich, als jene Person, die wie die Pechmarie nur das eigene Ziel im Auge hat.

Exhibitionieren

Selbst-Marketing

Diese Kapitelüberschrift ist provokativ. Ich habe sie deshalb gewählt, weil viele Frauen mit ihrer Selbstdarstellung und all dem, was unter Öffentlichkeitsarbeit im weitesten Sinn subsumiert werden kann, Probleme haben. Das hängt wiederum mit der rollenspezifischen, frühkindlichen Prägung zusammen. Die psychoanalytische Forschung hat die Phasen der psychosexuellen Entwicklung folgendermaßen beschrieben: Auf die „orale", die Mund-Phase, die etwa die ersten anderthalb Lebensjahre dauert und in der das Kleinkind Vertrauen lernen sollte – was auch heißt, seine Ungeduld zu bezähmen –, folgt im nächsten Jahr die „anale", die After-Phase, in der das Kind Zurückhaltung – vor allem auch seiner Körperausscheidungen! – und Widerstand lernen sollte. Letzterer wird von vielen Eltern gebrochen. Die wundern sich dann später, wieso ihr Kind sich so viel gefallen läßt, vor allem Mädchen sexuelle Belästigungen! Mit drei, dreieinhalb Jahren kommen Kinder dann in die „phallische", die Protz-Phase, und da kann eine deutliche Diskriminierung der Mädchen beobachtet werden.

In dieser Phase entdecken Kinder den Geschlechtsunterschied. Vorher „begreifen" sie ihn zwar, aber ihre Geschlechtsorgane sind schlicht Körperteile wie die Nase oder die große Zehe, mit denen man spielen kann, die sich vielleicht gelegentlich angenehm anfühlen, aber mehr nicht. In der phallischen Phase entdecken Kinder, daß es Frauen und Männer gibt und wodurch die sich unterscheiden. Und wenn nun um den Penis viel Aufhebens gemacht wird, wenn er als besonders geheimnisvoll tabuisiert oder als Zauberstab hochstilisiert wird, fühlen sich kleine Mädchen bald abgewertet; wenn sie zudem erleben, daß Mutter, Großmutter oder Nachbarin zu Hause nichts zu sagen haben, ja womöglich sogar in ihren Lebensäußerungen behindert oder zusammengeschlagen werden, wird dieses Gefühl, nicht lebens- oder liebenswert zu sein, ins Unermeßliche verstärkt.

Wenn kleine Jungen in dieser Entwicklungsphase zeigen, was sie da Besonderes in der Hose haben und wie weit sie damit in der Gegend umherpinkeln können, pflegen ihre weiblichen Familienangehörigen selbst bei Ermahnungen noch entzückt zu reagieren; Väter sind sowieso stolz, wenn die nächste Männergeneration es „den Weibern zeigt".

Wenn ein kleines Mädchen sein Röckchen hebt, wird es gebremst. Wenn ein kleines Mädchen, wie es diesem Alter entspricht, „kokett" schmeichelt, löst es bei vielen Menschen sexuelle Phantasien aus. Die einen wollen sich dann „selbst bedienen", die anderen schreiten ein, um solche Miß-Handlungen zu verhindern. Wie auch immer, das kleine Mädchen entbehrt nicht nur den „Glanz im Auge der Mutter", den kleine Knaben meist überreich genießen dürfen, sondern auch den im Auge des Vaters. Kein Wunder, daß später Frauen, die in dieser Entwicklungsphase herb beschränkt wurden, später Angst vor Selbstpräsentation haben. Und sie auch bei anderen Frauen ablehnen: Was sie selber nicht dürfen, darf eine andere natürlich auch nicht.

Bei Frauen, die sich bei jeder Gelegenheit „aufspielen", die sozusagen sich selbst als „Phallus" herzeigen, habe ich in der tiefenpsychologischen Arbeit entsprechende frühkindliche Prägungen gefunden: Verführerische Vaterfiguren, die die Kleine zur eigenen Lust zu Schau-Spielen animierten, wesentlich ältere Spielgefährten, die ihre „gynäkologische" Neugier durch Untersuchungen an dem angstvoll duldenden Mädchen befriedigten, aber auch unsensible Mütter, die das natürliche Schamgefühl des Kindes, das etwa im Freibad nicht mehr nackt ins Wasser gehen wollte wie ein Kleinkind – aufgrund welcher eigenen blinden Flecken auch immer – nicht respektierten und ihren eigenen Willen durchsetzen wollten: auch eine Art Vergewaltigung.

Zwischen den beiden Polen Hemmung und Wildwuchs gibt es wieder die „goldene Mitte“: Vorzeigen, Information geben, wo es sinnvoll ist, aber Zurückhaltung dort, wo Informationen für andere keinen Wert haben, sondern nur der eigenen Gloriole dienen. Phallisches Protzen fordert nur diejenigen zum Kampf heraus, die nicht ertragen, daß andere auch gut oder sogar besser sind. Die Folgen solch unreflektierten, psychodynamischen Geschehens füllen dann die Chronikspalten der Tageszeitungen: Kneipenraufereien und sonstige Racheakte, oder auch nur „Drohgebärden“. Selbst vor Schießereien am Arbeitsplatz scheut man(n) nicht zurück, und nicht wenige solcher „Kurzschlüsse“ werden vertuscht, weil es zu peinlich wäre, wenn in der Zeitung stünde, daß beispielsweise der Verwaltungschef mit der Pistole wild herumballert. Dieser „männliche“ Weg, mit unerwünschten Rivalen umzugehen, wird in zahllosen Filmen vor Augen geführt und leider auch immer wieder nachgeahmt. Vielleicht haben viele Frauen genau wegen dieser Vor-Bilder unbewußt Angst vor solchen Reaktionen.

Imageaufbau

Wenn wir uns darauf einigen, daß „Vorzeigen“ funktionell sein soll, gibt es folgende Gründe für derartige Exhibitionen:

- Sie haben ein Produkt und wollen es anbieten. Als Produkt sind auch persönliche Dienstleistungen und überhaupt Arbeitskapazitäten zu verstehen.
- Sie sind im Besitz von Informationen, die für andere Personen von großer Bedeutung sind.
- Sie wollen ein bestimmtes Image aufbauen.
- Sie betreiben Kommunikationsforschung und wollen beobachten, wie auf bestimmte Informationen reagiert wird.

Gewöhnlich werden Imageaufbau, Werbung und Öffentlichkeitsarbeit – vor allem von den Professionisten dieser Branchen – streng getrennt. Das wird verständlich, wenn man weiß, daß Werbeeinschaltungen in Medien kostenpflichtig sind, während Öffentlichkeitsarbeit Journalisten mit Information versorgt. Ich erlaube mir, im gegenwärtigen Kontext auf diese Trennung zu verzichten; wichtig ist aber der Hinweis, daß frau nicht enttäuscht sein soll, wenn sie im Konfliktsfall mit ihrer brandheißen Information an die Anzeigenabteilung verwiesen wird. In diesem Fall bekommt sie die Gegeninformation, daß ihr Coup als verdecktes Product Placement verstanden wurde.

Daß Sie nicht nach dem Prinzip Flaschenpost vorgehen werden, versteht sich von selbst. Sie werden also im ersten Schritt die Fragen klären,

- welchen Personenkreis
- Sie mit welchen Mitteln
- mit welcher Botschaft erreichen wollen.

Verzichten Sie daher zuallererst auf Größenphantasien der Art: „Seid umschlungen Millionen". Auch von Ihrer Zielgruppe werden Sie nicht alle erreichen. Geben Sie sich eine realistische Erfolgsquote vor: „100 Briefe, 10 Antworten, 1 Kunde!" resümierte einmal eine meiner Klientinnen über den Erfolg Ihrer Kundenwerbung. Eine solche Rechnung nenne ich realistisch!

Viele Mißerfolge werden nach folgendem Unglücksmuster programmiert: Erstmal die Latte zu hoch anlegen, dann ungeduldig werden, depressive Verstimmungen bekommen, pessimistische Geistes- und Körperhaltung einnehmen, alle potentiellen Kunden abschrecken.

Erfolge programmiert man so: Latte niedrig ansetzen und jede Reaktion freudigst zur Kenntnis nehmen. Es hätte ja auch niemand reagieren können! Alles als Ansporn für Bitten um ausgiebigeres Feedback nützen: So verfügen Sie bald über die Erfahrungen anderer, über Anregungen und Verbesserungsvorschläge. Dann legen Sie eine Bewertungsrunde ein: Hätte eine andere Vorgangsweise mehr Erfolg gebracht? Hätten andere Schwerpunktsetzungen befriedigendere Ergebnisse gezeitigt? Wenn ja, ist eine Kurskorrektur angebracht?

Eine ökonomisch denkende Freiberuflerin verblüffte einmal einen potentiellen Kunden, der weniger als ihr übliches Stundenhonorar bezahlen wollte: „Für diesen Preis arbeite ich nicht – da gehe ich lieber mit meinen Kindern im Park spazieren!“

Kundschaft selektieren

Wenn ein potentieller Kunde schon von Anfang an zeigt, daß er nicht bereit ist, sich an Ihre Geschäftsbedingungen zu halten, müssen Sie schon schwerwiegende andere Interessen an ihm oder ihr haben haben, wenn Sie sich auf diese Beziehung einlassen wollen. Selbst wenn Sie am Beginn Ihrer Karriere stehen und daher vor Dankbarkeit überfließen, wenn überhaupt jemand Ihre Dienste in Anspruch nehmen will – belasten Sie nicht Ihr künftiges Geschäftsgebaren. Sie verärgern Ihre Stammkunden nur, wenn Sie nach kurzer Zeit teurer werden – dann nämlich, wenn Sie erkennen, daß Sie im Verhältnis zur Konkurrenz zu billig sind.

Sie sollten sich bei jeder Selbstpräsentation überlegen, auf welche Kundschaft Sie leicht verzichten können. Erinnern Sie sich an Ihren Mathematik-Unterricht: Wenn Sie eine bestimmte Menge Erde ausheben wollen, können Sie dies auf einer großen Fläche tun und kommen dabei nicht sehr tief – oder Sie verzichten auf die breite Ausdehnung, dafür können Sie dann tief schürfen. Und wieder sehen wir uns mit einer Bandbreite konfrontiert: Oberflächlichkeit oder Tiefe – viel und billig oder wenig und teuer.

Nach dem Böhm-Bawerk'schen Gesetz vom Grenznutzen sinken die Preise, wenn viel Ware vorhanden ist, doch kaum geht der Vorrat zu Ende, steigen die Preise. Wenn weniger Kunden zum Zuge kommen können, werden die bevorzugt, die am meisten zahlen: Der Preis gleicht Angebot und Nachfrage aus.

Sie sind daher gut beraten, wenn Sie für Ihre Informationsarbeit den Zugang zu den wichtigsten Adressaten suchen, und wenn es nur eine Person ist; lieber eine einzige Person exklusiv und intensiv informiert, als viele oberflächlich.

Selbst wenn Ihr Karrierefeld die Politik ist und Sie mit einer Aktion alle Wählerinnen und Wähler informieren wollen: Wenn „die eine“ Person die kleine Lebensmittelhändlerin vor Ort ist oder der Chefredakteur der Hauptabendnachrichten, haben Sie einen Multiplikationseffekt, der Ihnen voraussichtlich mehr bringt als eine Postwurfsendung an alle Haushalte.

Wählen Sie das Medium, das zur Zielgruppe paßt. Langweilen Sie nicht den Nachrichtenredakteur einer Tageszeitung mit den neuesten Fusionsgerüchten aus der Bankbranche; der Chefredakteur eines Wirtschaftsmagazins wird Ihnen für dieselbe Information die Hand küssen. Lesen und sehen Sie daher regelmäßig so viele einschlägige Medienprodukte, wie Ihre Zeit – und Ihr kritisches Bewußtsein – zuläßt. Wir leben in einer Mediengesellschaft und sollten die Medien daher bestmöglich auswerten:

- um schnell, aktuell und im Wesentlichen informiert zu sein,
- um keine Bildungslücken hinsichtlich des aktuellen Geschehens aufzuweisen,
- um präzises, knappes Formulieren (und möglicherweise auch Sprachstile) zu erlernen,
- um Konfliktverhalten bei Streitgesprächen zu studieren,
- um sich in Kundendienstanrufen und Leserinnen-, Hörerinnen- und Zuschauerinnenbriefen zu üben,
- um mögliche Adressaten eigener Aktivitäten auszumachen,
- weil Konkurrenzbeobachtung auch zur Karriereplanung gehört.

Lächeln Sie nicht über den Tip, den eigenen Redestil an professionellen Sprechern zu üben: Eine bekannte Gynäkologin, halb aus Polen, halb aus Israel stammend, lernte so ihr fast akzentfreies Deutsch: durch regelmäßiges Mitsprechen der Fernseh-Wetterberichte.

Das Medium ist die Botschaft, lautet ein berühmter Satz von Marshall McLuhan. Das gilt nicht nur als Richtlinie für die Medien-Profis, sondern auch für Sie. Sie sind nämlich das Medium Ihrer eigenen Botschaften, ob Sie wollen oder nicht.

Kommunikation findet immer statt

Wir können nicht nicht kommunizieren. Dieser mindestens ebenso berühmte Satz stammt vom Kommunikationspapst Paul Watzlawick. Wir kommunizieren also immer, auch wenn wir meinen, es nicht zu tun. Auch wenn Sie schweigen und sich nicht bewegen, sprechen Ihre Mimik und Ihre Körperhaltung Bände. Und auch Ihre Ausstrahlung!

Wir kommunizieren – bewußt oder unbewußt – durch

- unsere Sprache (Inhalt, Artikulation, Lautstärke, Tonfall, Timbre)
- unser Aussehen (Mimik, Gestik, Körperhaltung, Körperschmuck und Frisur, Kleidung, Wahl unserer persönlichen Gebrauchsgegenstände, vom Feuerzeug bis zum Auto) und
- unsere bioelektrische Ausstrahlung, die Kraft unserer Gedanken.

Jeder Gedanke ist ein chemisch-elektrischer Prozeß im Gehirn: Chemische Botenstoffe, die Neurotransmitter, werden von Schaltstelle (Synapse) zu Schaltstelle transportiert und konstruieren so die Kettenreaktion von äußeren oder inneren Reizen zu Folgereaktionen – ob es nun eine weitreichende Handlung ist oder nur das Aufstellen der Härchen am Handrücken. Diese Prozesse sind je nach Intensität der „Sendung" bzw. nach Sensibilität der „Empfangsstation" für andere bemerkbar.

Denken Sie nur an jemanden, der wütend ist: Auch wenn diese Person scheinbar ruhig dasitzt, nichts spricht und sich entspannt, spüren Sie dennoch, daß „Gewitterstimmung" in der Luft liegt. Sie spüren die bioelektrische Aufladung mit Plus-Ionen, und genau wegen dieser Analogie zum Wetter sprechen wir ja auch von „dicker Luft": Der Körper macht sich kampf- oder paarungsbereit, je nachdem, ob sich jemand aggressiv oder sexuell „auf-regt". Und genau wie bei der Großwetterlage verschwindet die dicke Luft erst nach der Entladung, wenn es geblitzt, gedonnert und geregnet hat: wenn geschimpft, gestritten, verletzt und geweint wurde.

Das Bild im Computer lächeln lassen ...

Vertrauen Sie bitte immer Ihrem sechsten Sinn – Ihrem elektrischen Hautwiderstand. Den kann man sogar messen. Der Lügendetektor beispielsweise funktioniert nach diesem Prinzip, aber auch in der modernen Computertechnik finden sich derartige Programme. Der Magic Mirror etwa: Da wird eine Elektrode mit einem Ihrer kleinen Finger verbunden; nun sitzen Sie möglichst unbewegt da und betrachten das „Gesicht", das Sie auf dem Monitor vor Augen haben. Dann denken Sie an etwas Schönes, und das Gesicht auf dem Bildschirm beginnt zu lächeln. Denken Sie an etwas Trauriges, bekommt seine Miene tragische Züge. Durch diese Sonderform des Biofeedback können psychisch labile Menschen lernen, ihre eigenen Gefühlsregungen bewußter wahrzunehmen und zu steuern. Dafür wurde dieses Programm entwickelt.

Nur wenige Menschen erlauben sich, andere bewußt und gezielt zu beobachten: Sie wollen nicht aufdringlich erscheinen. Oder sie haben nicht die Muße – und das Interesse –, anderen Menschen soviel Aufmerksamkeit zu widmen. Das ist schade – und zwar aus ganz egoistischen Motiven: Solche Wahrnehmungsübungen schärfen unser diagnostisches Instrumentarium. Das bewährt sich dann, wenn wir mit unerwarteteten oder unerwünschten Botschaften konfrontiert werden und um die passende Antwort ringen.

Ich denke da an sexuelle Belästigungen am Arbeitsplatz. Wie oft ist es ein unmerkliches Grinsen, ein bestimmter Blick oder Tonfall, der die Anzüglichkeit ausmacht!

Wenn Sie unsicher sind – Ihrer Wahrnehmung egal aus welchen Gründen nicht trauen oder noch immer versuchen, Vatis liebes Mädchen zu sein, ist die Wahrscheinlichkeit groß, daß Sie zu „entgegenkommend" reagieren werden. Wenn Ihnen im Radio eine Sendung nicht gefällt, schalten Sie doch auch aus – oder? Eben.

Wieder kommt es auf Ihr Ziel an: Als was wollen Sie sich darstellen? Als Frauchen, das sich von einem – sexuell oder aggressiv oder beides – aufgeladenen Männchen dominieren läßt –, oder als Kollegin, die sich nicht bei ihrer Arbeit stören lassen will? Je hitziger Ihr Gegner wird, desto kühler sollten Sie werden. Begeben Sie sich nicht auf sein Niveau! Sie würden ihm sonst die Wahl des Mediums bzw. die Wahl der Waffen lassen. Sie können sicher sein, daß er gewinnt – außer Sie sind eine Meisterin des trockenen Humors. Rechnen Sie aber damit, daß er umso rabiater wird, je weniger Sie sich von seinen Drohgebärden beeindrucken lassen.

Dem Pinkelstrahl ausweichen

„Anmachen" – welch tiefer Doppelsinn steckt doch in diesem Wort! Bei Männern hat das jahrhundertelange Tradition. Je kraftloser ein Mann ist, desto mehr tendiert seine Anmache in Richtung Anpinkeln. Da hilft nur eins: schnell raus aus der Schußlinie! Wenn er Sie aber dennoch getroffen hat – Ihr Image beschmutzt hat –, verlieren Sie nicht die Nerven!

Sie haben sich nichts vorzuwerfen – außer, daß Sie ihm zu nahe gekommen sind (wiederum im doppelten Sinn des Wortes!). Er hat offensichtlich nur diese primitive Reaktion zur Verfügung: Auch Tiere markieren ja ihr Revier mit dem Urinstrahl. Sie brauchen nur

- eine gründliche Reinigung, das heißt eine Imagekorrektur (Sie wollen ja nicht auf ewig bepinkelt dastehen – oder?),
- mehr Distanz zu dem identifizierten Feind und
- mehr Vorsicht und Voraussicht.

Nicht notwendig ist hingegen, daß Sie in Zukunft als Frau Rambo sozusagen mit dem Wasserwerfer unterwegs sind und nach potentiellen Gegnern Ausschau halten.

Als Frau müssen Sie damit rechnen, daß Ihre sachlichen Botschaften weniger beachtet werden als Ihre formalen. Selbst bei der ehemaligen britischen Premierministerin Thatcher konnten Pressemeldungen nicht auf Zusätze wie „frisch onduliert" oder Hinweise auf ihre lackierten Fingernägel verzichten. Strategie der Abwertung oder Nachlässigkeit? Entscheiden Sie selbst!

Wir könnten uns vielleicht auf „Mangel an Fairneß" einigen: Ich werde nicht müde, immer wieder darauf hinzuweisen, daß es den Begriff „fair" im Deutschen nicht gibt. Es gibt Gerechtigkeit, Korrektheit, Anstand. Alles hat eine andere Bedeutung. Schon die Noblesse haben wir aus dem Französischen importieren müssen. Fairneß bedeutet den Verzicht auf einen Vorteil, wenn er jemand anderem zum Nachteil gereichen würde.

Hunde bellen, Karawanen ziehen weiter

Fairneß im Bereich der Medienberichterstattung würde bedeuten, auf unwesentliche Hinweise zu verzichten, wenn sie zwar möglicherweise stilistisch reizvoll wären, die Aussagekraft der beschriebene Person aber in den Augen der Rezipienten verzerren könnten. Achten Sie einmal darauf, wie oft bei Frauen durch Angaben des Alters, des Familienstands oder der Nationalität eine Meldung in Richtung Diskriminierung eingefärbt wird – und wie selten dies bei Männern der Fall ist. Oder erinnern Sie sich an einen Text wie: „der dreiundvierzigjährige, geschiedene Politiker"?

Gegen eine grobe Verletzung Ihrer Persönlichkeitssphäre durch schriftliche oder bildliche Medienberichterstattung können Sie sich wehren. Dazu gibt es Einrichtungen wie Presserat oder Verbraucherschutz. Bedenken Sie aber genau, ob es auch klug ist, diese Rechte in Anspruch zu nehmen! „Die Zeitung von heute ist das Toilettenpapier von morgen", tröstete mich einmal ein befreundeter Chefredakteur. Damals war ich über die in mehreren Printmedien fast gleichzeitig plazierten, weitgehend gleichlautenden, üblen Attacken eines abgehalfterten Möchtegern-Kollegen verzweifelt. Da ich als Psychotherapeutin dessen Motive und Persönlichkeitszustand sehr wohl einzuschätzen wußte, verzichtete ich auf gerichtliche Schritte: Sie hätten nur neuerliche Aufmerksamkeit – in seinem Sinne! – erregt, mich als beleidigte Frau Michael Kohlhaas hingestellt, und mir aus der Kollegenschaft den Vorwurf eingebracht, einen psychisch „Gestörten" noch mehr zu stören.

Bedenken Sie: Kein Journalist wird gerne damit konfrontiert, daß er auf die Ränke eines Intriganten hereingefallen ist! Er – aber auch sie, wenn es eine Frau ist! – wird in Elfmetersolidarität versuchen, die Schwachstellen in der Redaktion zu schützen: Wer läßt sich schon gerne Fahrlässigkeit vorwerfen oder gar böse Absicht? Eine gute Kooperationsbasis sollte wichtiger sein als Ihr persönliches aktives wie passives Bedürfnis nach Entschuldigungen.

Haben Sie allerdings wirklich Schaden genommen, psychisch oder materiell, und haben Sie bereits persönliche Kontakte zu Mitarbeitern des betreffenden Mediums, so ist zu überlegen, ob Sie sich nicht vertrauensvoll an Ihre Kontaktperson wenden und nachfragen sollten, in welcher Weise eine Schadensbegrenzung oder Wiedergutmachung möglich wäre. Bestenfalls wird die Sache redaktionell ausgeglichen und Sie umgehen die Gefahr, zu emotional zu reagieren, schlimmstenfalls wird nichts geschehen – Sie werden eine Niederlage einstecken müssen. Na, wenn schon: Sie werden es überleben! – Auch wenn sich die ganze Redaktion vor Freude über die „Story" schon ins Fäustchen gelacht und sich auf ein monatelanges Duell von Richtigstellungen und Entgegnungen gefreut hat: Sie haben Wichtigeres zu tun als den Voyeurismus der – vielleicht nur in manchen Wunschvorstellungen vorhandenen – Interessenten zu unterstützen.

Erinnern Sie sich: Wir müssen nicht jeden Fehdehandschuh, den man(n) uns hinwirft, aufheben! „Die Hunde bellen, die Karawane zieht weiter" lautet eines meiner Lebensmottos.

In den fünfzehn Jahren meines politischen Mandats habe ich immer wieder beobachten können, wie es Meister der politischen Taktik und Strategie anstellten, den politischen Gegner von wesentlichen Aufgaben abzulenken und damit auf längere Zeit vom Zentrum des Geschehens fernzuhalten:

- man sucht irgendein Thema, von dem man sicher sein kann, daß es heftige Gefühlsreaktionen auslösen wird,
- garniert es noch mit ein paar persönlichen Spitzen,
- wirft dem Gegner Ignoranz oder Untätigkeit vor;

- dieser wird dann versuchen, seine sachliche Kompetenz wie auch erfolgreiche Aktivitäten nachzuweisen – um den Vorwurf nicht auf sich sitzen zu lassen. Damit ist er auf einige Zeit beschäftigt.
- Gegenstrategie:
- Nicht im Affekt reagieren! Erst einen inneren Distanzierungsschritt setzen!
- Kühl werden und kühl bleiben, kühl überlegen, ob der Vorwurf zutrifft und ob es ernsthafte Nachteile bringen würde, dies zuzugeben.
- Wenn nein, dann einfach bestätigen: „Ja, das ist zutreffend. Ich – oder wir, je nachdem – habe mich deswegen entschieden, diesen Aspekt zu vernachlässigen, weil ...“, oder „Mir erscheint dieser Aspekt vernachlässigenswert. Wenn Sie wollen, kann ich Ihnen das gern ausführlich begründen ...“ (Wichtig: Der wesentliche Eindruck, den Sie hinterlassen, ist der Ihres Stils – nicht der Inhalt Ihrer Rede!)
- Wenn ja, dann bitte genauso! Zeigen Sie keinesfalls, daß Sie an Ihrer Achillesferse getroffen wurden! Sie wurden getroffen und damit basta. Es genügt, wenn Sie es wissen, das muß nicht öffentlich gemacht werden.
- Ist es aber wirklich unabdingbar, daß Sie nachlernen oder nacharbeiten müssen, so soll das für Sie der Hinweis sein, daß Sie zusätzliche Arbeitskapazitäten – Ihre oder fremde – einplanen müssen. Sie müssen Ihre Arbeit also neu strukturieren. Auch das ist kein Grund, die Nerven zu verlieren.

Berufswelt – ein Dschungel

Schminken Sie sich Ihre Heile-Welt-Erwartungen von Fairneß ab! Die Berufswelt ist – zumindest auf den Ebenen, wo es um Einfluß und viel Geld geht – kein Paradies, sondern ein Dschungel. Und den sollte man und auch frau nur gut ausgerüstet und wohl vorbereitet betreten. Nicht laut singend und durchs Unterholz stapfend, damit Tiger und Klapperschlange gleich wissen, wo sie sich ihr Frühstück holen können.

Gegen Unfairneß hilft:

- sie als das zu bezeichnen, was sie ist: „Ich finde es unfair, dieses Detail in den Vordergrund zu stellen", – und mit einer Begründung zu untermauern: „weil dadurch der Eindruck entstehen kann, daß ..."
- die Frage zu stellen, was mit diesem Hinweis beabsichtigt wurde: „Mir ist nicht klar, was dieser Hinweis in dem Zusammenhang bezweckt?"

Blickkontakte

Versuchen Sie dagegen selbst, Ihrem Gegenüber respektvoll zu begegnen: Wählen Sie für Ihre Botschaften eine möglichst klare und verständliche Form. Trainieren Sie nicht nur, langsam, laut und deutlich zu sprechen, sondern auch, Ihrem Gesprächspartner – und Ihrer Gesprächspartnerin! – in die Augen zu sehen. Auch auf die Gefahr, daß Sie dann irgend etwas fühlen. Genau deswegen vermeiden ja viele Menschen Blickkontakt: Weil sie sich vor unerwünschten, ablenkenden Gefühlen schützen wollen. Damit schmälern Sie aber einerseits ihre Fähigkeit, andere zu verstehen: Sie verzichten auf eine Fülle zusätzlicher Information, die Augen sind bekanntlich der „Spiegel der Seele". Andererseits verringern Sie aber auch Ihre eigene Strahlkraft: Sie werden weniger „spürbar".

Wenn Sie in einer Ansprache eine größere Personenanzahl mit Ihrer Botschaft erreichen wollen,

- wählen Sie ein, zwei, drei Personen in Ihrem Blickfeld aus, mit denen Sie Blickkontakt halten können.
- Suchen Sie sich bitte nicht diejenigen aus, an deren Körperhaltung Sie bereits ihre kritische Einstellung Ihnen gegenüber ablesen können!
- Suchen Sie diejenigen, die Ihnen vom ersten Anblick an am sympathischsten sind – Sie können nach dem Prinzip der Gegenseitigkeit darauf vertrauen, daß sie auch Ihnen ein positives Vorurteil entgegenbringen werden.

- Sprechen Sie so, als ob Sie nur für diese Elite sprechen würden. Beziehen Sie mit zunehmender Sicherheit – und dem zugrundeliegenden positiven körpersprachlichen Feedback Ihrer Zuhörerschaft – immer mehr Publikum ein. Sie vernetzen sich sozusagen im Laufe Ihrer Rede mit allen Adressaten.
- Scheuen Sie sich nicht, zwischendurch nachzufragen, ob Ihre Ausführungen Ihren Zielen gemäß ankommen.

„Störungen haben Vorrang"

lautet ein Grundsatz in der Erwachsenenbildung; er bedeutet, daß zuerst störende Einflüsse beseitigt werden müssen, damit dann konstruktiv gearbeitet werden kann. Solche Störungen können in der Person des oder der Vortragenden liegen:

- zu schnelles oder zu langsames, einschläferndes oder undeutliches Sprechen,
- schlechte Positionierung im Raum. Wenn man mit niemandem im Raum Blickkontakt halten kann, weil alle zu weit weg sind – wie in manchen Universitätshörsälen oder auf einer traditionellen Bühne –, wird man leicht zum Schauobjekt, Gladiator oder Hanswurst, und dementsprechend entwickelt sich dann auch die Gruppendynamik.

Sie können aber auch von der Zuhörerschaft ausgehen, wenn diese beispielsweise

- von vornherein desinteressiert nur eine Pflichtübung absolviert,
- oder mit konkreter Störabsicht gekommen ist;
- wenn das Verbot von Nikotin oder Alkohol die Aufmerksamkeit beeinträchtigt,
- oder wenn die nächste Kaffeepause dringend fällig wäre.

Es können aber auch andere Ursachen stören: verbrauchte Luft oder schlechte Lichtverhältnisse, Außenlärm oder etwa auch negativ wirkende Raumdekoration.

So entsinne ich mich noch genau eines Seminars, das ich für Jugendleiter gestaltete. Immer wenn wir in einem bestimmten

Gruppenraum des Schulungszentrums arbeiteten, sank die Aufmerksamkeit auf den Nullpunkt, in anderen Räumen hingegen jagte ein Hoch das andere. Auf der Suche nach dem, was uns da so behinderte, kamen wir auf die Bilder: ein Zyklus von Graphiken, die heidnische Bräuche darstellten. Ihre Ausstrahlung war eindeutig negativ.

In einem anderen Seminar der Wirtschaftsuniversität, in dem wir uns mit optimalen Arbeitsbedingungen befaßten, kritisierte eine Teilnehmerin – eine akademisch ausgebildete Farbberaterin – die typischen „Architektenfarben", nämlich abgestufte Brauntöne, und das in der Mitte des Raumes aufgestellte Blumenarrangement: Dieses passe wohl für ein offizielles Arbeitsessen, die Farben hingegen allenfalls zu einem privaten Tête-à-tête mit Cognacglas und Schmusemusik.

Das falsche Ambiente verringert die Wirkung Ihrer Botschaft. Unpassende Aufmachung auch. Ich erinnere mich an eine Klientin, die neben ihrer sehr anstrengenden Tätigkeit als Chefsekretärin erfolgreich einen Lehrgang für Werbung und Marketing an einer Wirtschaftsuniversität absolviert hatte. Dann bewarb sie sich mehrmals für Positionen, die für sie, vor allem im Hinblick auf ihre Vorkenntnisse, wie geschaffen schienen. Dennoch erlebte sie eine Enttäuschung nach der anderen. Im Coaching fanden wir den „Fehler" schnell heraus: Sie sah noch immer aus wie eine Schreibkraft in einem Großraumbüro. Daher wurde sie auch so eingeschätzt.

Nur wenn Sie dank außergewöhnlicher Leistungen und hervorragender Persönlichkeit bereits zur „Marke" geworden sind, haben Sie „Narrenfreiheit"! Dann können Sie sich Stilbrüche leisten – denn dann ist das eben Ihre persönliche Eigenart. Vorher sollten Sie eher nicht zu sehr von Ihrer Umgebung – oder von der angestrebten Umgebung – abweichen. Denn weder die Erregung besonderer Aufmerksamkeit, die in den Ballsaal oder die Disco paßt, noch die Bescheidenheit, die im vorigen Jahrhundert der „züchtigen Haufrau wohl anstand", haben am Arbeitsplatz etwas verloren.

Fast uniform herumzulaufen, wie es in manchen Branchen üblich ist, ist kein Fehler. Selbst wenn das obligate Seidentuch zu weißer Bluse und dunklem Rock vieler absolvierten Betriebswirtinnen auf manche Betrachter und Bewerter genauso langweilig wirkt wie der Grunge-Look mancher Journalistinnen. Nadelstreifenanzüge sind auch nicht das Nonplusultra der Männermode. Dennoch signalisieren sie den Herrn. Oder den Mafioso.

Hüten Sie sich vor

- nicht altersgemäßer Mode. Wenn eine Fünfzigjährige stolz darauf ist, sich wie eine Dreißigjährige zu kleiden, zeigt das nur, daß sie nicht in Würde altern kann!
- Baby-Look, z.B. Teddybären am Pullover, auch wenn es sich um Designerware handelt;
- Overdressing. Nie mehr als sieben sichtbare Teile am Körper, Schmuck mitgerechnet. Weniger ist mehr, außer Sie arbeiten in einer Branche, wo Sie sich einen Gipsy-Look leisten können, weil er zur Werbung gehört;
- zuviel Design. Was allzu perfekt ist, löst Beklemmung aus;
- zuviel Kinkerlitzchen. Sie lenken von Ihrer Person ab.

Trennen Sie sich von allem, was nicht zu Ihnen paßt. Hören Sie lieber auf professionelle Stilberaterinnen als auf Eltern, Freundinnen oder gar den Mann Ihres Herzens! Alle haben Ihre eigenen Interessen, und die sind kaum dieselben wie die Ihren.

Der Ton macht die Musik

„Kleider machen Leute", heißt es zwar bei Gottfried Keller und in der Modewerbung. Da aber doch einige Mitmenschen mehr auditiv sind, können wir den Titel der Novelle abwandeln: „Der Ton macht die Person". In diesem Sinn sprach mich eine bekannte PR-Expertin vertraulich an, nachdem ich ihr eine befreundete Ärztin vorgestellt hatte: „Sagen Sie doch der jungen Frau, sie möge darauf achten, weniger stark im Dialekt zu sprechen! So hübsch, so gebildet wie sie ist, ist das ein eklatanter Stilbruch!" Mir war das gar nicht aufgefallen, visuell wie ich bin.

Ein anderer Mißton, den frau sich leicht abgewöhnen kann, ist der „Hiatus“ (lateinisch: Gähnen), das „Äääh“. Meist schleicht es sich ein, wenn man oder frau versucht, schneller zu reden als zu denken. Das ist ohnehin ein kapitaler Fehler: Es gibt wenige Menschen, die dann nicht dumm plappernd oder bestenfalls gehetzt oder streberisch ehrgeizig („Bitte Herr Lehrer, ich weiß was!“) erscheinen.

Anstelle des hektischen Luftschnappens bietet sich ein tiefer Atemzug oder ein sinnierend gesummtes „mhm“ an. Selbst „tja“ klingt noch besser! Eine meiner Klientinnen pflegte bei diesen Notpausen immer die Lippen zu spitzen, den Kopf schief zu legen und die Augenbrauen leicht zu runzeln und vermittelte damit das Bild kritischen Nachdenkens.

Andere Dissonanzen werden durch Modewörter geschaffen: „Super“, „affengeil“, „megaout“ gehören ebensowenig in den Wortschatz verantwortungsträchtiger Führungskräfte wie „well“ oder „kathexochen“, auch wenn man gerade aus L. A. zurückgekehrt ist oder an einer Eliteschule das Abitur bestanden hat.

Etwas anderes beabsichtigt hingegen das der Psychotherapeutensprache entlehnte „Ich denke“: Hiermit soll der individuelle Denkprozeß kenntlich gemacht und von „meinen“, „glauben“ oder „dafürhalten“ unterschieden werden.

Aus meiner Grundschulzeit erinnere ich mich noch genau, daß die Lehrerin der Nachbarklasse hoch über der Tafel eine Art Käfig angebracht hatte, in dem das Wörtchen „Tut“ eingesperrt war: So brachte sie den Kindern bei, etwa „ich gehe“ statt „ich tu gehen“ zu denken und zu sagen. Auf ähnliche Weise eingesperrt gehören Formulierungen wie:

- „Ich verstehe zwar nichts davon, möchte aber doch sagen...“ (Negativstrategie: Wieder eine Gelegenheit gefunden, sich selber runterzumachen!)
- „Ich bin „wahnsinnig“ neugierig, begeistert...“ (Übertreibung)
- „Ich kann nicht ...“ (Negativsuggestion, wenn schon über eigenes Nichtkönnen gesprochen werden muß, dann mit der zeitlichen Begrenzung des „noch nicht“!)

- Die „feine englische Art“ – Sprechen im Konjunktiv („Würde es Ihnen vielleicht etwas ausmachen ...?“; richtig ist: „Macht es Ihnen etwas aus ...?“).

Gewöhnen Sie sich an, langsam und deutlich zu sprechen und so viel Tiefe wie möglich aus Ihrem Brustkorb herauszuholen und in die Stimme zu legen. Eine recht hilfreiche Übung für mehr Resonanz in der Stimme besteht darin,

- mit der Faust rhythmisch auf das Brustbein zu klopfen (etwa im Takt von „Über Stock und über Steine“ aus dem Kinderlied „Hopp hopp hopp, Pferdchen lauf Galopp“) und
- dabei in tiefstmöglicher Stimmlage „Ma me mi mo mu“ zu „röhren“. Je mehr Resonanz Sie im Brustraum spüren, desto besser.

Verzichten Sie darauf, Ihre Stimmbänder durch Rauchen zu strapazieren. Durch die permanente Reizung verlieren sie nur an Flexibilität.

Scheuen Sie sich aber auch nicht, wenn es paßt, stimmliche „Paukenschläge“ zu setzen. Selbst wenn sofort die (männliche) Verunsicherungsstrategie einsetzt: So ist mir ein Erlebnis aus meiner Zeit als Wiener Stadtteilabgeordnete in Erinnerung: Damals ging es um die Lizenz für eine Videothek; die Hausbewohner klagten über die Lärmbelästigung durch die Kundschaft. Der „Hausvertrauensmann“ ließ dezent durchblicken, daß ein „Bußgeld“ die Toleranz der Hausbewohner erhöhen könnte. Die Forderungen stiegen und die Tonhöhen auch, in denen die Auseinandersetzung geführt wurde. Ich erhob meine ohnehin recht tiefe Stimme und donnerte: „Reden wir doch auch über den bereits vorhandenen Lärmpegel!“ Denn nebenan befand sich eine nicht gerade stille Kneipe, und das alles an einer der verkehrsreichsten Straßen. Mein Hinweis war wesentlich: Sofort erwiderte der Hausvertrauensmann – nicht auf der Sachebene, sondern mit einem persönlichen Angriff! – empört: „Und das will eine Frau sein!“, worauf ich ihn charmant anlächelte: „Ich will nicht nur – ich *bin* eine Frau!“

Lassen Sie sich nicht durch – männliche – Kritik an den angeblich „schrillen“ Frauenstimmen verunsichern: Glücklicherweise haben wir diese hellen Obertöne zur Verfügung und können uns damit gegenüber den – im wahrsten Sinne des Wortes – „Unter-Tönen" der Männer Gehör verschaffen, mit denen sie uns „übertönen" wollen. Jede Sirene, jeder Alarm verwendet diese Frequenzen, um Aufmerksamkeit zu erzwingen. Seien wir also dankbar, daß uns „Mutter Natur" diese Signalwirkung geschenkt hat!

Auch wenn es um Sie herum extrem laut (Yang) zugeht und die Herausforderung des „mehr vom selben" im Raum steht – „kämpfen" Sie nicht mit! Sie wissen ja: „Yang auf Yang bricht die Knochen"! Wählen Sie den Weg des Yin – werden Sie leiser, dafür aber intensiver: Langsamer, betonter sprechen, festen Blickkontakt halten, tief atmen, ansprechen, was soeben geschieht. Eventuell „verrücken": „Ich merke, wie wichtig Ihnen die Angelegenheit ist!" Eine Ausweichmöglichkeit anbieten. Erst wenn Ruhe eingekehrt ist, weiter am Ziel arbeiten.

Viele Frauen sprechen mit monotoner leiser Stimme und sind sich dessen gar nicht bewußt: Sie fahren „untertourig", nützen die Kapazität ihrer Stimmbänder nicht aus und bekommen auch prompt einen „Muskelkater", wenn sie sich einmal stimmlich anstrengen müssen. Unsere Stimme gehört aber zu unseren „Körperwaffen" – wir können damit drohen, angreifen oder uns verteidigen.

- Üben Sie, artikuliert zu sprechen. Am besten, indem Sie Gedichte auf Tonband sprechen, immer wieder, aber mit wechselnden Betonungen.
- Kontrollieren Sie erstens, welcher Sinn jeweils dabei herauskommt – Sie werden sich wundern, wie unterschiedliche Botschaften sich durch eine einzige veränderte Intonation ergeben; zweitens, wann Sie sich selbst am überzeugendsten erleben.

Mit Neid, Eifersucht und Rivalität müssen Sie schon rechnen, wenn Sie sich „hervortun". All dies hat wenig mit Ihnen zu tun, sondern mehr mit den frühkindlichen Prägungen der anderen, mit Geschwisterkonstellationen und dem Verhalten sowohl des gleich- als auch des gegengeschlechtlichen Elternteils in der „ödipalen Phase": In dieser erleben Kinder das Bedürfnis, den gegengeschlechtlichen Elternteil zu umwerben und ganz allein für sich gewinnen zu wollen: „Ich heirate Vati!" Gleichzeitig treten Beseitigungswünsche gegenüber dem gleichgeschlechtlichen Elternteil auf. Diese machen einerseits Angst, weil Eltern ja als groß und mächtig erlebt werden, andererseits führen sie zum Konflikt mit den gleichzeitig vorhandenen Liebesgefühlen diesem Elternteil gegenüber. Je nachdem, wie „erfolgreich" ein kleines Mädchen in dieser Dreieckssituation ist, wird es sich später als erwachsene Frau in Konkurrenzsituationen verhalten: Wenn es ihr gelingt, einen Keil zwischen die Eltern zu treiben, wird sie sich ohne Scheu an „Gebundene" heranwagen; hat sie aber schmerzlich erlebt, keine Chance gegenüber der Mutter zu haben, wird sie unter Konkurrenz leiden; wenn sie erkennt, daß sie – zumindest teilweise – „wie die Mutter" werden muß, um Frau zu werden und dadurch die Bestätigung des Vaters zu bekommen (was Freud für die gesunde Bewältigung des ödipalen Konflikts hielt), wird sie von anderen Frauen lernen; wie auch immer in der konkreten Familie miteinander umgegangen wurde, es wird sich später wiederholen: Frau wird intrigieren, resignieren oder sich selbst weiterentwickeln.

Frühkindliche Verletzungen sitzen tief, eitern – ein Selbstheilungsversuch – und sondern regelmäßig das innewohnende Gift ab. Viele solcher Wunden werden durch die Bevorzugung von Brüdern geschlagen und sind damit die Wurzel von Aggressionshemmung (elterliches Verbot!) und Konkurrenzvermeidung (Stammhirn: Totstellen!) gegenüber Männern. Das fängt oft mit dem Verzicht auf „Präsenz" an. Achten Sie einmal darauf, welche Sitzplätze Männer einnehmen und welche Frauen. Wer in der ersten Reihe sitzt und den Vor-sitzenden anstrahlt: Es sind die Streber, die Sonny Boys, die

- ein „Gesichtsbad nehmen" (visuelle Anker setzen),
- sich dauernd zu Wort melden (auditive Anker) und
- sich anbieten, Arbeit abzunehmen (Erleichterung, Lastabnahme, in die Zukunft projizierter kinästhetischer Anker).

Frauen sitzen meist, und nicht immer freiwillig, auf den Hinterbänken, zögern mit Diskussionsbeiträgen und lassen sich anonym mit Arbeit eindecken, so daß ihr „persönlicher Beitrag“ gar nicht auffällt.

Raum und Zeit beanspruchen

- Kommen Sie, sofern Sie es irgendwie einrichten können, eine gute Viertelstunde zu früh, damit Sie die bereits Anwesenden begrüßen und einige Worte mit ihnen wechseln können.
- Wenn Sie niemand kennen, suchen Sie sich die sympathischste Person heraus (es darf auch ein Mann sein!) und sprechen Sie sie an: Stellen Sie sich vor. Fragen Sie, wer Ihr Gegenüber ist, und auch sonst alles, was Sie wissen wollen.
- Fühlen Sie sich bitte nicht „zudringlich“. Solche inneren Nörgeleien gehören in die Kindergartenzeit. Sie sind jetzt kein spontanes kleines Mädchen mehr, das wie ein junger Hund jung und alt, lieb und bös beschnuppert. Sie sind eine kompetente Fachfrau, deren Gesellschaft jedem eine Bereicherung ist und dürfen daher alle beglücken, die es Ihnen wert erscheinen.
- Vermeiden Sie unterwürfige Formulierungen („Entschuldigen Sie, wenn ich Sie vielleicht stören sollte, aber ...“), sondern formulieren Sie wahrheitsgemäß, sachlich, aber durchaus freundlich: „Ich hoffe, ich störe nicht zu sehr, ich möchte ...“
- Falls Sie mit einem Mann sprechen, der Ihnen sehr gefällt und Sie durch sexuelle Phantasien behindert werden: Vermeiden Sie Geplänkel! Sagen Sie – wieder wahrheitsgemäß, sachlich, aber durchaus freundlich – was Sache ist, z.B.: „Ich möchte in der nächsten Viertelstunde die Akte XY durchbesprechen – und dann würde ich gerne mit Ihnen einen Kaffee trinken. Haben Sie Zeit?“ Wenn er zum dritten Mal keine Zeit hat, ist es sicher nicht mehr Zufall, sondern Abwehr. Den Korb müssen Sie einstecken. Männer müssen das auch!

Wenn Sie also an die Öffentlichkeit treten – die kleine in der Firma, die größere in der Branche, die ganz große auf dem jeweiligen Markt –, exponieren Sie sich unweigerlich: nicht nur mit dem, was Sie aktuell inhaltlich (Sachebene) und formal (Beziehungsebene) zeigen wollen: Sie „werben“ für sich als „Marke“, gewinnen einen bestimmten „good will“ und treue Kundschaft bzw. „Fans“, aber auch Konkurrenten.

Aber auch das, was Sie nicht zeigen wollen, ist wahrnehmbar. Nur rechnen Sie mit „Phantasien“. Von Sigmund Freud, der ja für größtmögliche „Abstinenz“ der Psychoanalytiker zu ihren Patientinnen plädiert hat, ist ein Ausspruch überliefert: Es wäre sinnlos, den Patienten etwas verbergen zu wollen, sie würden doch die Umrisse erkennen. Ich ergänze: und je nach ihrer ausufernden oder beschränkten Phantasie vermuten, was darunter ist. Wie die Erwachsenen in „Der kleine Prinz“ von Antoine de Saint-Exupéry gleich zu Beginn der Geschichte immer einen Hut wahrnehmen und nie einen von einer Schlange verspeisten Elefanten.

Abschied an den Jugendkult

Eine Eigenschaft, die heutzutage kaum jemand gerne vorzeigt, auf die aber unentwegt angespielt wird, ist das Alter. Fast keine Zeitungsnotiz, in der nicht neben dem Namen eine Zahl den – wahrscheinlich ohnehin nicht stattfindenden – Höhenflug der Phantasie bremst. Es gab einmal eine Zeit, da gehörte die Berufswelt den Männern noch allein. Da war eine Führungskraft unter sechzig „jung“. Welche Sensation, wenn ein Minister, ein Bankdirektor oder ein Dirigent altersmäßig noch näher bei den fünfzig als bei der magischen Weisheitsgrenze war! Heute zählt Alter und daher Erfahrung nur, wenn regelmäßige Filmaufnahmen beim Jogging, Tennis oder Bergsteigen oder zumindest ärztliche Bulletins bezeugen, daß das biologische hinter dem tatsächlichen Alter bei weitem zurückbleibt. Jung, sprich billig, motivierbar, sprich ausbeutbar, da noch mit geringer Erfahrung über die negativen Folgen von Selbstausbeutung, und dennoch erfahren sollen Mitarbeiter sein. Weibliche zusätzlich noch so schön, daß man(n) sie „jederzeit über den Laufsteg schicken kann" (Zitat eines Wiener Ministers über das Anforderungsprofil von Spitzenfunktionärinnen).

Die Karrierefrau als Gegenstand der Kosmetikwerbung prägt die Klischees in männlichen Köpfen: „Working girl", Betonung auf girl. Diese Karrierefrau gelangt relativ schnell – Anfang bis Mitte dreißig – ins mittlere Management und fällt den Männern der vorausgegangenen Generation als Exotin auf. Das bleibt sie dann auch. Die wirklichen Top-Positionen – nicht nur die, die in den Magazinen als solche bezeichnet werden –, die mit Macht über die Firmenpolitik, erreicht eine Frau kaum unter Mitte Fünfzig. Männer übrigens auch nur unwesentlich früher – außer sie nützen den Schleichweg über die Politik.

Frauen in der Blüte ihrer beruflichen Kompetenz und Qualität meiden meist die Öffentlichkeit. Sie sind ihre Erfolge schon so gewohnt, daß sie davon nicht mehr zum Gackern verlockt werden können, auch wenn sie gerade wieder ein Riesenei gelegt haben. Das Krähen auf dem Misthaufen überlassen sie auch lieber den Presseprofis – die werden dafür bezahlt. Diese Publicityscheu finde ich sehr bedauerlich: Genau diese Frauen fehlen als Vorbilder: Unternehmerinnen, Prokuristinnen, Spitzenbeamtinnen, Wissenschaftlerinnen, Künstlerinnen. Managerinnen. Wenn ich nicht beruflich in Seminaren, im Coaching, im Networking so viel mit ihnen zu tun hätte, wüßte ich nicht, daß es sie gibt. Aber es gibt sie, und es werden immer mehr. Sie sind klug, routiniert, diplomatisch, gebildet und – attraktiv. Also gefährliche Konkurrenz, wenn nicht mehr.

„Erika Pluhar – eine alternde Schauspielerin". Dieser Mißgriff im Ton passierte Burgtheaterdirektor Claus Peymann. Er gehört derselben Generation an. Er altert auch, wie wir alle, aber er verdrängt es offensichtlich, projiziert auf andere: Sie, nicht ich. Wer nicht in Würde altern kann, macht sich lächerlich. Distanzieren Sie sich vom Wettkampf der „schönen Fünfzigerinnen" mit den flotten Dreißigerinnen – so etwas Ähnliches ist schon auf dem Berg Ida mit Hera, Pallas Athene und Aphrodite schiefgegangen. Lassen Sie nicht zu, daß Frauen gegen Frauen ausgespielt werden: Akademikerinnen gegen

Selfmade Women, Verheiratete gegen Singles, Frauen „mit Schatten“ gegen Kinderlose usf.

Alles, was Sie erlebt haben, gibt Ihnen Erfahrung: Das ist Ihr Leben. Stehen Sie dazu!

Lassen Sie nicht zu, daß irgendein Schwächling aus dem Kindheits-Ich „Mutti“ dumm anredet, oder ein Opa Sie zum Kindchen degradieren will. Kompetenz hat nicht unbedingt mit Alterserfahrung zu tun. Und um Ihr Privatleben zu offenbaren, muß das schon echten PR-Vorteil bringen. Wenn nach Ihrem Alter gefragt wird, sagen Sie es (immer die Wahrheit), aber kühl und distanziert: „Ich bin 49 – weshalb ist das wichtig?“

Beruf und Familie balancieren

Normalverrückt als Hausfrau und Mutter?

Zu den häufigsten Vor-Urteilen, die Frauen auf Erfolgskurs begegnen, gehört: Mutterschaft und Karriere sind unvereinbar.

Zu dieser Ansicht gelangen alle, die in ihrem Inneren das folgende Phantasiebild hegen: Die glückliche junge Mutter sitzt am Fenster, hat einen Säugling zufrieden an der Brust, ein Kleinkind lauscht ihr mit großen Augen, während sie ihm ein Märchen erzählt, und ein Schulkind macht in einiger Entfernung konzentriert seine Hausaufgaben. Moritz von Schwind – der berühmte Illustrator Grimm'scher und Bechstein'scher Märchen – läßt grüßen. Es gibt auch eine dunkelgraue Variante dieser rosaroten Kinderlandidylle: Da schneidet die verhärmte Mutter der hungrigen Kinderschar sorgenvoll eine Scheibe Brot vom Laib.

Ist das erste ein Wunschbild, durchaus vergleichbar den Inszenierungen des Werbefernsehens, so suggeriert das zweite schlechtes Gewissen: Schau, wie sich Dein Mütterchen plagt! Für auditiv veranlagte Kinder, egal welchen Alters, erfüllen die Muttertagsliedchen im Wunschkonzert eine ähnliche Funktion.

Wenn wir diese Fremd- oder Autosuggestionen kritisch betrachten, finden wir bald heraus, wem sie dienen: All denen, die damit ein bestimmtes Verhalten hervorrufen wollen – Müttern, die mehr Lob oder Unterstützung erzielen wollen, Ehemännern, Schwieger-, aber auch eigenen Eltern, die Frauen anspornen wollen, diesem Vorbild nachzueifern, oder die indirekt die Botschaft vermitteln wollen: „Sei froh, daß es dir so gut geht, schau, wie es anderen geht!“ Aus männlichem Mund hört sich das dann so an: „Ja, wie wollen Sie das denn machen? Haben Sie etwa eine Mutter, die Ihnen die Arbeit abnimmt?“

und aus weiblichem: „Wir konnten das ja auch nicht, solange unsere Kinder klein waren!"

Es sind primär die Bedürfnisse der Männer, die insgeheim versorgt werden wollen wie kleine Kinder, die in dieser Sichtweise zum Ausdruck kommen. Er sagt: „Du vernachlässigst die Kinder!", und unbewußt meint er: „Du vernachlässigst mich!"

Kinder haben selbst andere Bedürfnisse: Sie wollen zwar, daß immer jemand für sie da und verfügbar ist und brauchen das auch, aber das muß nicht unbedingt die biologische Mutter sein. Sie wollen die Welt und sich selbst erkunden und erfahren. Sie brauchen jemand, der erklärt, ermutigt, tröstet, der die fehlende Struktur einbringt, weil Kinder ja noch ganz weich und formbar sind und daher Halt und Grenzen brauchen, bis sie alt und stark genug sind, daß sie sich dies selbst gestalten können. Kinder brauchen Anregungen und Freiräume, wo sie sich erproben können. In der Enge der üblichen Drei- oder Vierzimmerwohnungen ist das Angebot an „Reizen" bald erschöpft, es bleiben nur die Bezugspersonen. Steht aber noch weniger Raum zur Verfügung – übrigens ein klassischer Motivator für „Auf-Stieg" –, führt der dadurch entstehende „Dichtestreß" bald zu Konflikten: zu nah, zu intensiv, zu viel, zu laut; da bleibt von der Biedermeieridylle wenig übrig! Die stammt nämlich aus der Zeit, in der sich Kinder noch sorglos auf der Straße oder in der Natur, in der nachbarlichen Werkstätte oder im Pfarrhof bewegen konnten: Autos gefährdeten ja nicht ihr Leben, und die „anonyme Großstadt" barg noch nicht die Gefahr des unbeachteten Verschwindens.

Geschwister pflegen um Aufmerksamkeit und Zuwendung zu rivalisieren, daher scheinbar ohne Anlaß zu raufen, und vielfach die Hausaufgaben zu verweigern: „Wieso ich und der bzw. die nicht?", wenn jüngere Geschwister gleichzeitig nicht „arbeiten" müssen. Die Vor-Bilder stimmen also nicht. Je näher ihnen ihre Betreuungspersonen stehen – was ja auch heißt, daß diese sehr persönliche, konkrete Erwartungen und Wünsche an das Kind haben –, desto eher wird es zu

Konflikten kommen. Größere Distanz ist förderlicher. Das fängt oft schon bei den Großeltern an. Und je professioneller die Erziehung ist, desto weniger Gefahr besteht, daß im „Wiederholungszwang" die erlittenen eigenen Verletzungen weitergegeben werden.

Familienorganisation

Wie bei jeder Managementaufgabe – und Familienorganisation ist eine Managementaufgabe! – stellt sich auch hier die Frage des „make or buy": Erfülle ich die Aufgabe selbst oder kaufe ich Arbeitskraft?

Gehen wir zum Ausgangspunkt zurück und machen wir Bestandsaufnahme: egal, ob Sie alleinstehend oder in Partnerschaft mit einem Mann, einer Frau oder mehreren Menschen leben oder ob sie die Verantwortung für Kinder tragen oder nicht –, Sie haben neben den Aufgaben und Erfordernissen Ihres Berufes und Ihren Entfaltungswünschen folgende private Bereiche einzukalkulieren:

- Die Regeneration Ihrer Arbeitskraft: Dazu gehört vor allem die Sicherung Ihrer existentiellen Bedingungen, ihres physischen, psychischen und sozialen Wohlbefindens und Ihrer geistigen Fitness.
- Alle Arten von Wartungsarbeiten und Reparaturen: Von der Wohnungsreinigung bis zum Friseur, von der Vorsorgeuntersuchung bis zur Autoinspektion, von Krankheit bis zum Wasserrohrbruch, von Nachfragen in Schule oder Krankenhaus bis zur Gerichtsverhandlung.
- Unvorhergesehene oder -sehbare Störungen wie Familienstreitigkeiten, Autopannen oder schlichtweg „höhere Gewalt", wie es so schön in der Juristensprache heißt.

Wie Sie Dienstreisen einordnen, liegt daran, ob Sie sie positiv oder negativ einschätzen. Meiner Erfahrung nach bedeuten sie für fast alle Frauen zusätzlichen Streß. Weniger, weil beruflich und privat für die Zeit der Abwesenheit disponiert werden muß, sondern vielmehr, weil noch immer keine funktionsgerechte standardisierte Kleidung entwickelt wurde und frau daher erst mit zunehmender Erfahrung den platz- und pflegesparenden Allround-Dress findet.

Der griffbereite Koffer

Hier empfiehlt sich, was in vielen Ratgeberbüchern zur Geburtsvorbereitung vorgeschlagen wird: Wie das Gepäck für die Klinik stets griffbereit sein sollte, weil Babys ja oft viel zu früh ans Licht der Welt drängen, sollte auch ein Köfferchen mit allem bereitstehen, was frau für den Fall benötigt, daß sie plötzlich verreisen muß – von Pille bis Tampons, vom kompletten Kosmetik- und Maniküresatz bis zu Strumpfhosen und Reservebrille. Sie werden mit der Koordination Ihrer Angelegenheiten keinerlei Probleme haben, wenn Sie

- möglichst viel standardisieren und in Routinehandlungen verwandeln,
- den Ehrgeiz aufgeben, alles „so gut wie möglich" zu machen, und
- Einsatzpläne für den Notfall entwickelt haben.

Sie werden staunen, wieviel Zeit Ihnen dann für das Zelebrieren und Genießen der Dinge bleibt, die Sie wirklich wollen, nicht nur sollen oder müssen.

Am besten machen Sie die Analyse der anfallenden Arbeiten wieder schriftlich und heben sie für regelmäßige spätere Kontrollen auf, um zu überprüfen, ob alles unverändert bleiben kann oder ob sich an den Grundanforderungen etwas geändert hat und daher eine Korrektur angebracht oder erforderlich ist. Wenn Sie diese Liste erstellt haben, überlegen Sie: Was davon muß oder will ich selbst machen? Selbst machen sollten Sie nämlich nur, was wirklich niemand außer Ihnen kann – und das wäre dann eine echte Seltenheit: Abschmecken oder zeichnen können ja andere auch, es wird allenfalls etwas anders werden. Oder was niemand anderer machen soll, weil es Ihr größtes und absolut unteilbares Vergnügen ist, z. B. die Blumen für den Mittagstisch selbst auszuwählen. Dann klagen Sie aber bitte nicht, Sie hätten so viel zu tun, sondern stehen Sie zu Ihrem Ego und sagen Sie: „Ich will das selber machen!"

Überlegen Sie, wer sonst bestimmte Aufgaben übernehmen bzw. erfüllen könnte. Es genügt schon, wenn jemand anderer die Verantwortung übernimmt, an wen er oder sie dann weiterdelegiert, kann Ihnen egal sein. Erst das Ergebnis sollten Sie wieder bewerten, damit Sie Ihren Kooperationspartnerinnen und -partnern ein korrektes Feedback und damit eine Chance für Verbesserungen in der Zukunft geben können. Wenn es jemand ist, der Ihnen ferner steht, werden Sie wohl einen (mündlichen) Vertrag abschließen:

- wer
- macht was,
- wo,
- wann,
- wie lange,
- mit welchem Ziel,
- in welchem Ausmaß,
- in welcher Form,
- was kann allein entschieden werden,
- wo sind die Grenzen,
- wo muß rückgefragt werden
- und was ist die Gegenleistung?

Scheuen Sie sich nicht, auch bei ehrenamtlichen Dienstleistungen nach Erwartungen des anderen zu fragen. Sie ersparen sich späteres Beleidigtsein oder auch Beleidigungen.

Ist es aber jemand, der Ihnen nahesteht, werden solche Absprachen oder Verhandlungen meist viel komplizierter. Die Ursache dafür sehe ich in unausgesprochenen Konkurrenzgefühlen (siehe Geschwisterneid). Ob eigene oder Schwiegereltern – wir sind uns doch einig, daß Väter wie Mütter für die Erfüllung von Haushaltspflichten zuständig und geeignet sind? – oder Lebensgefährten, alle wollen gebeten und nicht eingeteilt werden. Manche drängen sich allerdings auch unerbeten auf.

- Beim ersten Mal beschreiben Sie bitte möglichst genau Ihr Problem und bitten um Hilfestellung bei der Problemlösung.

- Geben Sie nicht gleich Ihre Lösung vor, möglicherweise kommen Ihre Ansprechpartner auf bessere!
- Lassen Sie ihnen daher Bedenkzeit. Sie sollen sich nicht vergewaltigt fühlen, sondern nach eigenem Gutdünken entscheiden.
- Daraus ergibt sich, daß Sie vorausdenken und möglichst frühzeitig an Ihre Helferinnen und Helfer herantreten sollten. Besonders wenn es Ihr Mann ist! Andere Menschen haben auch Ihre Zeit im voraus verplant. Es bedeutet daher großes Entgegenkommen, wenn jemand einen Dienst erbringt, ohne daß dies zu seinem Beruf gehört.
- Zerstören Sie mögliche Kooperationsbereitschaft nicht durch schroffe Forderungen, auch wenn es Ihnen zum Hals heraushängt, abhängig zu sein.
- Wenn Sie Ablehnungen zu hören bekommen, verzichten Sie bitte auf spitze Bemerkungen oder blanke Wutausbrüche. Nehmen Sie die Absage als eine „derzeitige“, daher veränderbare, und bitten Sie, sich alles noch einmal zu überlegen und Ihnen wenigstens mit Lösungsvorschlägen weiterzuhelfen. Viele Menschen, die selbst keinen Finger krümmen wollen, sind sehr erfinderisch, wenn es darum geht, anderen Arbeit zuzuteilen.
- Verzichten Sie auf Angriffe wie: „Es ist doch auch dein Kind, also tu du einmal etwas!“ Auf Angriffe bekommen Sie nur Gegenangriffe, Verteidigung, Flucht oder den „toten Mann“!
- Verzichten Sie auf plumpe Schmeichelei und Manipulation. Sie erzielen vielleicht einen kurzfristigen Erfolg, langfristig wird man Ihnen den Trick aber übelnehmen und den Kontakt meiden.
- Wenn Sie aber ein bestimmtes „Nein“ zu hören bekommen – halten Sie sich nicht länger an dieser Stelle auf, sondern versuchen Sie es woanders, wo Sie mehr Aussicht auf Erfolg haben. Auch „Loslassen“ will gelernt sein. Bedenken Sie, daß Sie dieselbe Energie, die Sie an dieser Stelle vergeblich verschwenden, an einer anderen wahrscheinlich sinnvoller einsetzen können.

Unabhängig davon, ob es sich um die Delegierung von Erziehungs- oder Haushaltsaufgaben handelt, stellt sich die Frage: Wann und wie oft muß oder sollte die jeweilige Aufgabe erfüllt werden? Davon hängt es ab, ob Sie Ihre Kooperationspartner nach Bedarf suchen, oder von vornherein in eine feste Zusammenarbeit einsteigen. Bei Raumpflege ist das meist selbstverständlich, bei der Kleiderpflege schon nicht mehr und beim Lebensmitteleinkauf fast nie. Und bei Erziehungsaufgaben denkt kaum jemand weiter als an die Oma, den Kindergarten und den Hort.

Kindererziehung

Gerade in der Kindererziehung hängen wir an Klischees, die nichts mit der Alltagswirklichkeit zu tun haben! Ich habe in meiner gut zehnjährigen Praxis als Projektleiterin im Verein Jugendzentren der Stadt Wien hinreichend Gelegenheit gehabt, in teilnehmender Beobachtung das Verhalten junger Mütter gegenüber ihren Kindern zu erforschen. Die oberste Priorität in ihrer Bedürfnispyramide hatte der Gefühlsaustausch mit anderen – gleichsam eine kleine Selbsthilfegruppe gegen Isolation und geistig-seelische Unterforderung. Dann kamen handwerkliche Tätigkeiten wie Putzen oder Nähen, dann Einkaufen und Spazierengehen und zuletzt die eigentliche pädagogische Arbeit.

Der Schluß, es handle sich um Frauen, die zu wenig Information und auch Anleitung zur Förderung von Kindern, egal welchen Alters, besäßen, wäre irrig; ich kenne fast identische Verhaltensweisen von Männern. Und selbst Angehörige pädagogischer Berufe pflegen alles andere eher zu erledigen, als sich ihren Kindern zu widmen.

Ich sehe die Ursache dieser meiner Ansicht nach völlig sinnwidrigen Gewichtung darin, daß meist nur Hand-Arbeit als Arbeit gewertet wird. Andere, geistige oder emotionale Tätigkeit wird nicht wahrgenommen oder abgewertet, weil sie weder schmutzig macht noch die Gefahr sichtbarer Verletzungen birgt und auch nicht durch Schwitzen und Schnaufen demonstriert werden kann.

Männer lesen – Frauen putzen

Ich sehe einen Zusammenhang zwischen klassischem Rollenbild der Frau und traditionellen Frauenberufen: Die Sorge um das leibliche Wohl der Lieben, die Versorgung mit den Dingen des täglichen Bedarfs und die Reinigung des Hausrats sind, wie auch die Berufe der Köchin, Weißnäherin und Putzfrau, Frauen zugeordnet. Aber auch die „Vor-Bilder" in den Lesebüchern zeigen noch immer Frauen bei der Hausarbeit, Männern hingegen wird etwa das Vorlesen zugeteilt: Einerseits, weil sie in früheren Zeiten allein bildungsprivilegiert waren, andererseits, weil dies eine Möglichkeit war, sie im Familienverband nutzbringend einzusetzen, während die Frauen eben kochten oder handarbeiteten.

Auch heute noch ist eine derartige – unbewußte – Arbeitsteilung durchgängig. Weil frau etwas „besser" – nämlich schneller, weil routinierter – kann, z.B. Zwiebelschneiden, glaubt sie, für diese Arbeit prädestinierter zu sein; sie nimmt damit dem Mann die Chance, die gleiche Kompetenz zu erlangen, fixiert sich auf bestimmte, möglicherweise sogar geliebte Tätigkeiten und bleibt ewig im traditionellen Rollenbild.

Besonders kraß wird diese Aufgabenteilung, wenn es gilt, Schulaufgaben zu kontrollieren oder auch zu betreuen. Abgesehen davon, daß unser Schulsystem noch immer den unbezahlten familiären Förderunterricht stillschweigend voraussetzt – und ich daher die allgemeine Einführung einer umfassenden pädagogischen Betreuung in den Schulen als politische Aufgabe für äußerst wichtig halte –, finden sich meist die Frauen zu diesen schulischen Hilfsdiensten bereit: „Das Kind soll keinen Nachteil haben!" Erst wenn ihre Belastung zu groß wird, wird der Partner zur Hilfe gerufen. Vor allem mit der autodestruktiven Schmeichelei: „Da kenne ich mich nicht aus, da mußt du her!" Damit wird aber dem Kind eine – geistige –

Rangordnung vermittelt: die Mutter als Gesellin, der Vater als Meister. Auch im Lesebuch findet sich dasselbe Klischee, ebenso in den audiovisuellen Medien. Wen wundert es da, daß es auch im Beruf greift, selbst wenn die Frau die Kompetentere ist?

Besprechen Sie diese Aspekte daher mit Ihrem Partner. Wenn er kooperativ und klug ist, wird er gemeinsam mit Ihnen darauf achten, daß hier Ausgewogenheit herrscht und sich nicht ein Elternteil über den anderen hebt. Ist er aber weder das eine noch das andere, so bezweifle ich, daß das für Sie förderlich sein kann.

Möglicherweise empfiehlt sich auch hier der Ankauf professioneller Hilfe, eventuell zusammen mit anderen Eltern. Ein Au-pair-Mädchen (wieso nicht Bübchen?) zu finden, das nicht nur Essen wärmt und gelegentlich babysittet, ist ein Glücksfall und ohnehin nur bei denen möglich, die über reichlich Wohnraum verfügen. Angehende Pädagoginnen und Pädagogen hingegen könnten hier sogar zusätzliche Berufserfahrung erwerben und nicht nur ein paar Nachhilfestunden geben.

Schonen Sie Ihre Nerven und Ihre Arbeitskraft, wo immer es geht.

Erst wenn Sie in der gewonnenen Freizeit *alle Tage wenigstens ein kleines Lied hören, ein gutes Gedicht lesen, ein treffliches Gemälde sehen und, wenn es möglich zu machen wäre, einige vernünftige Worte sprechen* (Goethe), haben Sie Ihre Persönlichkeit wirklich gefördert und damit alle, die mit Ihnen zusammenleben und -arbeiten.

Erlauben Sie sich bei all diesen Aufgaben ein kleines Brainstorming:

a) Machen Sie völlig kritiklos eine Liste all dessen, was Ihnen als Alternative einfällt.
b) Machen Sie eine Pause und beschäftigen Sie sich mit etwas ganz anderem.
c) Kehren Sie dann wieder zu Ihrer Liste zurück und bewerten die einzelnen Punkte nach Sinnhaftigkeit, Realisierungsmöglichkeit, Kosten und möglichen Negativfolgen.
d) Dann reihen Sie sie: Die Lösungen mit dem größtmöglichen Nutzen zuoberst oder umgekehrt, wie Sie wollen, die schlechtesten Lösungen zuerst.

Lassen Sie sich nicht durch Werbestrategien davon abhalten, Ihr eigenes kritisches Denkvermögen zu entfalten: Auch wenn alle davon schwärmen, wie billig bzw. „kostengünstig" bestimmte Lebensmittel, Elektrogeräte oder Kleidungsstücke sind – Sie sind kein Penner am Rande des Verhungerns und daher auf Ausschuß angewiesen! Und selbst wenn Sie sich ausrechnen, daß zwei Dutzend Kinderjeans beim Verschleiß ihrer Junioren wieder ein halbes Jahr Kleidungssorgen überbrücken würden – vorausgesetzt, das Längen- und Breitenwachstum Ihrer Sprößlinge hält sich an Ihren Versorgungsplan! – Ihre Arbeitszeit ist wahrscheinlich ein Vielfaches von dem wert, was Sie durch den Ausflug ins Einkaufszentrum sparen würden! Vorratshaltung hat ihre Tücken.

Was Lebensmittel anbelangt, bekommen Sie Informationen nicht nur über die einschlägigen Verbraucherorganisationen. Zu wissen, daß Sie für Notfälle vorgesorgt haben, ist ein beruhigendes Gefühl. Nur wundern Sie sich nicht, wenn bei Ihnen zu Hause die Getreidemotten umherflattern, falls Sie Ihre Notvorräte alternativ in Form von Körnern lagern. Vorräte müssen auch regelmäßig kontrolliert und erneuert werden und die alten verbraucht. Wenn Ihnen das alles keinen Spaß macht, suchen Sie die passende Kooperation – vom alternativen Zustelldienst bis zur begeisterten Heimköchin; sie wird möglicherweise dankbar sein, wenn sie für Geld und gute Worte ein paar Portionen zum Tiefgefrieren für Sie mitkochen kann.

Wir alle brauchen einander

Unabhängigkeit ist ein illusorisches Ziel. Meist entwickeln wir es aufgrund erlittener Verletzungen: Wir hoffen dann, „mit denen nichts mehr zu tun haben" zu müssen. Von anderen abhängig zu sein, beweist uns hingegen, daß wir weder die großen Übermenschen sind, noch die Superheldinnen, die mit allen Drachen fertig werden.

Sie brauchen für Ihren leibseelischen Ausgleich einen Ort und Menschen, an den und zu denen Sie sich zurückziehen können, auch wenn es Ihnen gerade einmal nicht so gut geht. Und irgendwann einmal brauchen Sie auch ein Helfersystem: Nicht alles, was man an persönlichen Dienstleistungen braucht, kann man kaufen, und Sie wollen doch nicht ein weibliches Zerrbild des Bonzen mit dem dicken Scheckbuch werden, der meint, aufgrund seiner finanziellen Potenz auf jede Mitmenschlichkeit verzichten zu können, oder?

Selbst wenn Sie tolle Umsätze machen oder auch ein exklusives Gehalt bzw. hervorragende Honorare auf Ihr Konto buchen – die Wahrscheinlichkeit ist ziemlich groß, daß Sie auch mit Fremdkapital arbeiten werden. Und viele Frauen wundern sich, wieso Sie trotz Ihrer Eigenschaft als potentielle „erste Kundin" nicht die Informationen oder Konditionen bekommen wie irgendeine weniger zahlungskräftige Kollegin.

„Der Ton macht die Musik", sagt der Volksmund, und so manche irrte, wenn sie meinte, ein Paukenschlag sei die richtige Geschäftsanbahnung. Gerade im sensiblen Bankbereich kommt es auf die Ouverture an! Fangen Sie daher frühzeitig an, sich in Ihrer Hausbank über alles Mögliche beraten zu lassen. Informieren Sie sich aber auf jeden Fall auch über die Angebote der Konkurrenz. Halten Sie engen, kooperativen Kontakt zu der Person, die Sie als Kundin betreut. Lassen Sie sie an Ihren Plänen teilhaben. Demonstrieren Sie, daß auf Sie Verlaß ist: Eventuell sogar dadurch, daß Sie einige Zeit bevor Sie einen großen Kredit in Anspruch nehmen wollen, einen kleinen Kreditrahmen beanspruchen und mit pünktlicher Abdeckung Ihre Vertrauenswürdigkeit beweisen.

Sollten Sie einmal aufgrund von Zeitdruck oder sonstigen „atmosphärischen Störungen" so streß„geladen" sein, daß Sie nicht dem Vorbild damenhafter Nonchalance entsprechen, entschuldigen Sie sich ruhig das nächste Mal: Wir können alles korrigieren, vor allem schlechtes Benehmen. Erklären Sie Ihren Kooperations- und sonstigen Partnern, was die Ursache Ihrer Entgleisung war und bitten Sie um Nach-Sicht.

„Die Hast ist der Erzfeind der Qualität"
(Beau Brummel)

Zeitdruck ist der größte Feind aller „human relations". Leider sind besonders Frauen dafür anfällig; weil sie alles besonders gut machen wollen, neigen sie dazu, sich einerseits die Latte zu hoch zu legen, und andererseits zu viel in ihren Tag hineinzupacken. Was dann meist auf der Strecke bleibt, ist die Muße, das Pflegen von Freundschaften und die eigene Gelassenheit. Dabei ist die Freundschaftspflege nicht nur als Basis gegenseitiger Unterstützung in Notfällen und als vertrauliche Informationsquelle zweckmäßig, sondern als ausgleichende Übung in Zuhören, Einfühlen, Mitschwingen, Sichöffnen und Hingeben unerläßlich. Sind Sie allerdings in einem Beruf wie ich tätig, in dem Sie das alles den ganzen Tag professionell tun, brauchen Sie zum Ausgleich Freunde und Freundinnen, die echt an Ihnen und Ihrem Innenleben interessiert sind, Ihnen zuhören, und denen Sie durch Ihr Abgeben etwas „geben", sonst endet Ihr Energieaustausch wieder nur in professioneller Supervisionsleistung.

Menschen, auf die die Diagnose Arbeitssucht zutrifft, meiden zwischenmenschliche Kontakte, die Nähe bedeuten, bestenfalls inszenieren sie eine „Pseudonähe". Politiker beispielsweise, die sich scheinbar interessiert nach dem Befinden betagter Mütter erkundigen oder reihenweise kleine oder auch ältere Mädchen abküssen. Sie haben auch keinerlei schlechtes Gewissen, daß sie vielleicht die Menschen brüskieren, von denen sie geliebt werden, weil ja „leider so viel zu tun ist".

Menschen, die wirklich überlastet sind, ächzen auch unter ihren Arbeitsbergen, bemühen sich aber redlich, temporäre Arbeitsungleichgewichte so schnell wie möglich zu beseitigen. Gefährlich werden solche Situationen, wenn man oder frau beginnt, sich mit der einseitigen Konzentration des Zeitvolumens in der Berufsarbeit einzurichten: Dann kommt nämlich der notwendige Ausgleich zu kurz. Wir haben nur ein bestimmtes Quantum an Energie, und das ist nicht vermehrbar.

Da der Mensch nicht über unbegrenzte Quantitäten psychischer Energie verfügt, muß er seine Aufgaben durch zweckmäßige Verteilung der Libido erledigen. Was er (nämlich „der Mann". Anm. d. Autorin) *für kulturelle Zwecke verbraucht*, schrieb Sigmund Freud 1930 in „Das Unbehagen in der Kultur", *entzieht er großenteils den Frauen und dem Sexualleben: das beständige Zusammensein mit Männern, seine Abhängigkeit von den Beziehungen zu ihnen entfremden ihn sogar seinen Aufgaben als Ehemann und Vater.* Das entsprach der Geschlechterorganisation der Jahrhundertwende. Heute trifft diese Aussage auf Frauen genauso zu. Wenn wir ein ausbalanciertes Leben anstreben, muß auf Spannung Entspannung folgen wie auf das Einatmen das Ausatmen. Auf Zeiten der Aktivität müssen Zeiten der Ruhe folgen, auf Tempo Muße, auf Alleinsein Gemeinsamkeit, auf Entfernung Annäherung – und umgekehrt.

Regelmäßiges Eintauchen in die private Peergroup, sei es nun eine Gruppe alter Schulfreunde, Sportkameraden oder die fröhliche Runde in der Stammkneipe, weckt und regeneriert schlummernde Energien und hilft, unnütze Tagesreste aus dem Beruf abzubauen. Vorausgesetzt, Sie verstehen diese Freizeitaktivität nicht als Pflichtübung, neuerlich „aktiv" sein zu müssen. Wettläufe oder Tennismatches zum Tagesausklang sind daher nicht unbedingt die beste Form, zur Ruhe zu kommen.

Am besten sind wohl körperorientierte Meditationsformen geeignet, den Tag zu beenden. Tai Chi, Yoga, die „Fünf Tibeter" – es gibt vielerlei Zugänge, vom Schwimmen bis zu Atemübungen, von Callanetics bis zum Geschlechtsverkehr.

Sexualität zum Tagesausklang

Ja, Sie haben richtig gelesen. Auch der Energieaustausch zwischen Mann und Frau reinigt und erneuert – vorausgesetzt, beide stimmen sich meditativ aufeinander ein, „erkennen" einander – durchaus im biblischen Sinn – und wagen es, sich ineinander zu verströmen. Das wäre dann auch das, was im

Christentum das „Sakrament der Ehe“ genannt wird: ganzheitliche Paarbildung, die Rekonstruktion des Platonschen „Kugelmenschen“.

Mit dem, was in Pornofilmen an Slapstick und an Show gebracht wird – mit der schnellen „action“, mit „der Quicky hat wieder Saison“ – hat das allerdings wenig zu tun.

Viele berufsorientierte Frauen klagen darüber, daß ihr Partner sie nach einem anstrengenden Arbeitstag auch noch als Geliebte fordere. Sie definieren also seine Annäherungsversuche als Aufforderung, einer Pflicht nachzukommen, fühlen sich unter Druck, verspannen sich und wollen alles nur so schnell wie möglich hinter sich bringen, wenn überhaupt. Eine alternative Sicht der Sache wäre es, zu erkennen, daß der energiegeladene Mann die Frau mit seiner Bioelektrizität neu aufladen könnte – sofern sie seine „Hingabe“ annehmen will.

Viele Frauen erleben aber seine „Strahlkraft“ wie tausend Nadelstiche – was nur zeigt, wie sehr ihr Energieniveau abgesunken ist. Ist sie nämlich selbst stark erregt, ist sie auf demselben Energieplateau wie der paarungsbereite Mann, fällt ihr keinerlei Differenz mehr auf. Es gibt ja auch keine mehr. Es liegt am Mann, diesen (seit den Labor-Untersuchungen von Masters und Johnson vor allem im Zeitaufbau nachgewiesenen) Erregungsunterschied zu überbrücken: Es kann immer nur der Schnellere sich „schnell“ verlangsamen, nicht die Langsamere sich „schnell“ beschleunigen. Das sollten wir zumindest von der Gangschaltung beim Autofahren her wissen.

Der intensive Austausch von Zärtlichkeiten mit dem vertrauten Partner bis zur leidenschaftlichen Verschmelzung wäre wohl eine ideale Form, in den Armen des Geliebten geborgen Nachtruhe zu finden. Aber auch hier steht die Wirklichkeit mit Alkoholdunst, Schnarchen oder nächtlichen Leseorgien oft unserer Sehnsucht entgegen. Solche Ent-Täuschungen stärken nicht die Lebens- und Handlungsfreude, sondern fördern eher die Flucht in die Arbeitssucht.

Hier empfehle ich ein Abweichen vom Grundsatz „Nicht so gut wie möglich, sondern so gut wie nötig“! Zusammen schlafen um Konflikte zu vermeiden, ist entschieden zu wenig Argument, einen „Störenfried“ zu dulden! Daher sind in diesen Zweifels-Fällen getrennte Schlafzimmer, gegebenenfalls sogar getrennte Wohnungen ernsthaft in Erwägung zu ziehen.

Wenn Sie die Männlichkeit nicht nur innen, also in sich, sondern auch außen, also in der leibhaftigen Ergänzung, suchen, sollten Sie sich die besten Bedingungen schaffen, die es nur geben kann. Lieber einen Babysitter bestellen (also „buy“ statt „make“), und ab ins Wochenende!

Bilden Sie Familienteams!

Überdenken Sie alle Arbeiten, die zu Hause anfallen: was dient

- der Regeneration Ihrer eigenen Arbeitskraft,
- der anderer,
- Ihrer Persönlichkeitsentfaltung,
- der anderer,
- der Entwicklung Ihrer Kinder,
- der Konkurrenz (Imponiergehabe, Protzverhalten),
- Konsumzwängen: Alle haben, daher muß ich auch, Abwehr von Isolations- und Minderwertigkeitsgefühlen,
- den Provisionen tüchtiger Vertreter
- und: Was dient Ihrer Lebensfreude?

Traute Häuslichkeit heißt nicht, daß dort Prinzipien wie Mitarbeiterbesprechungen, Arbeitspausen oder Teamarbeit keinen Platz hätten. Wenn Sie ein Familienteam bilden wollen, sollten Sie bedenken:

- Kinder sind meist klüger, als wir glauben (wahrhaben wollen).
- Kinder lernen durch Nachahmung; wir sollten sie daher gut anleiten und dann nachahmen lassen.
- Es stärkt das Selbstbewußtsein der Kinder, wenn sie etwas gut erledigen konnten und gelobt wurden.
- Es hilft ihnen, Selbst- und Fremdvertrauen zu entwickeln, wenn ihnen bei Fehlern gezeigt wird, wie sie es besser machen können. (Übrigens wieder ein Beispiel für eine „positive Verrückung“!)

- Sie werden motiviert, zu helfen, wenn sie dafür Anerkennung bekommen.

All das gilt auch für Männer! Männer sind übrigens meist gar nicht so „faul", wie wir annehmen, sondern „sparen" Kraft. Wieder eine „positive Verrückung"! Das sollten wir ihnen nachmachen!

In diesem Zusammenhang erzähle ich gern eine Begebenheit aus der Zeit, als ich künftige psychoanalytische Sozialtherapeuten und -therapeutinnen ausbildete: Das Oberlicht im Sozialtherapeutischen Institut war offen geblieben und der Novembertag regnerisch und frostig. Die Frauen froren. Ich schaute flüchtig zum Fenster und nahm sofort einen Stuhl – Visuelle sind bekanntlich oft vorschnell! – um hinaufzusteigen. Dann sah ich, daß ich das Oberlicht noch immer nicht erreichte. Einer der Männer blickte gelangweilt im Raum umher, holte einen Besen hinter dem Schrank hervor, ging langsam hin und schubste das Fenster zu: Männerökonomie. Damals habe ich mir vorgenommen, Männerfaulheit nachzuahmen. Seitdem schaue ich immer erst, ob es nicht eine bessere, kräftesparendere Lösung gibt.

So klug „Sprachfasten" oft auch ist – Teamgespräche, auch in der Familie, sollten wie ein üppiges Buffett gestaltet werden: Je mehr Information Sie einander geben, je mehr Sie sich aufeinander abstimmen, desto mehr Zeit sparen Sie später an Gegenreden, Widerständen, Fehlhandlungen. Wenn Ihre Familie merkt, daß es ihr Vorteile bringt, wenn sie mitgestaltet, wird sie das auch in ausreichendem Maße tun („gerne" wäre zu viel verlangt!). Das gilt auch für Sie: Dinge, von denen Sie absolut keinen Vorteil haben, dürfen Sie getrost ablehnen.

Kraft weitergeben

Frauen leiten anders, nämlich an

Einen wesentlichen Schritt auf Ihrem Weg zur Spitze stellt immer die Herausforderung dar, Menschen zu leiten und anzuleiten. Ich möchte hier offen lassen, ob es sich dabei um die Top-Position in einem hierarchisch gegliederten Unternehmen, Ihr persönliches Spitzenformat oder im gegenteiligen Fall sogar Ihre Persönlichkeitsveränderung in Richtung einsame Resignation bis Verbitterung handelt. Den Begriff „Führen" gebrauche ich ungern, erstens, weil ich keine – unbewußten – Erinnerungen und damit Suggestivbilder an „den Führer", „Duce" oder „Conducator" auslösen möchte, und zweitens, weil mir selbst dabei häufig Assoziationen wie „an der Nase herumführen" oder „verführen" in den Sinn kommen.

Überhaupt hat es die Vorsilbe „ver-" in sich: Sie bezeichnet nur zu oft den Irrweg im Verhältnis zum richtigen Vorgehen. Ich weiß schon, daß es auch ein „verleiten" gibt; dennoch unterscheidet sich das recht deutlich von der Verführung, und eben deswegen habe ich das Wort auch mit dem anderen, „anleiten", verbunden.

Wenn Sie sich noch nie bewußt mit Theorien bzw. praktischen Übungen zu Führungsstilen, Führungseigenschaften und Dynamik von Gruppenprozessen beschäftigt haben, werden Sie wohl wie immer unbewußt den Vorbildern Ihrer frühen Kindheit nacheifern. Möglicherweise werden Sie auch im Wiederholungszwang agieren. Je nachdem, zu welcher Zeit, in welcher Region und nach welchen Glaubenssätzen Sie erzogen wurden, werden Sie andere Regieanweisungen mitbekommen haben: Haben Sie Ihre primäre Sozialisation beispielsweise in der Zeit vor 1968 erhalten, werden Sie – vorausgesetzt, Sie haben diese Prägung noch nie kritisch hinterfragt und sich von ihr befreit – wahrscheinlich „Zucht und Ordnung“ für unabdingbar halten. Pünktlichkeit, Disziplin und Gehorsam werden wichtige Werte für Sie sein, und Sie werden sie auch für andere für richtig halten.

Gehören Sie jedoch zu denjenigen, die die Ideologie der „68er-Bewegung“ – die antiautoritäre Erziehung, die Emanzipationsbewegung bis hin zur sogenannten sexuellen Revolution und den Protestbewegungen – zu ihrem Credo erhoben haben, wird Ihnen Selbstbehauptung wichtiger sein als Unterordnung unter vorgegebene „höhere Ziele“, Kreativität samt dem dazugehörigen Chaos wichtiger als Perfektion samt den zugrundeliegenden Ordnungsstrukturen, sinnliche Wahrnehmung wichtiger als Selbstschutz durch Zu-Machen.

Gehören Sie der nächsten Generation an, werden Sie entweder ein „Yuppie“ sein und als Einzelkämpferin versuchen, sowohl durch besondere Anstrengung in überdurchschnittlich risiko-, aber auch erfolgsträchtigen Unternehmungen, als auch durch besondere Investitionen in Ihre Qualifikation die Konkurrenz zu überrunden. Oder Sie haben sich der „No-Future“-Geisteshaltung angeschlossen und zweifeln, ob überhaupt noch irgendeine Anstrengung Sinn hat. Oder Sie denken „grün“ und sehen Sinn darin, Mutter Natur zu pflegen und damit möglicherweise vor einem sicheren ökologischen Tod zu retten.

Führungsstile erkennen

Wenn Sie die Veränderungen des „Zeitgeists“ in ihrer historischen Dimension betrachten, können Sie feststellen, wie zugleich die Führungsstile wechseln und damit auch die Eigenschaften und Fähigkeiten, die von den Menschen erwartet und gefordert werden. Ob nämlich größtmögliche Distanz und strikte Anordnung als effizient gelten oder eher Nähe und Eingehen aufeinander und die Berücksichtigung der Beiträge der Mitarbeiter, hängt von den „geheimen Zielen“ ab, und die bewegen sich auf einer Bandbreite zwischen autoritärem Gehorsam und antiautoritärer Partizipation. Sie können daher zwischen autoritärem, kooperativem und laissez-faire-Führungstyp unterscheiden.

Der autoritäre Führungsstil pocht auf klare Strukturen, Kompetenzen und Sanktionen. Damit ich nicht mißverstanden werde, möchte ich deutlich machen: Wie jeder Organismus eine Struktur braucht – der Mensch sein Rückgrat und seine Knochen, der Krebs seine Schale –, benötigt auch jede „Organisation" zu ihrem Funktionieren eine klare Struktur:

- Aufgabenverteilungen
- Zuständigkeiten
- Verhaltensregeln
- Richtlinien, was im Falle des Nichteinhaltens von Vereinbarungen zu geschehen hat.

Fehlt eine solche Struktur, ist für die Personen an den Schlüsselstellen der Organisation das Scheitern vorprogrammiert. Strukturen engen zwar oft ein und nehmen Frei-raum. Sie gewähren aber auch Schutz. Strukturen können als Behinderung vermittelt und erlebt werden, aber auch als Sicherheit und Unterstützung. Der Unterschied im Führungsstil besteht darin, wie starr oder flexibel die jeweiligen „Leader" mit dem Netzwerk umgehen, das aus Zielen, Spielregeln, Ressourcen und damit auch den Menschen, die all das mit Leben erfüllen sollen, besteht.

Gegensatz: starr und biegsam

Dazu ein kurzer Blick auf die Polarität rigid – flexibel: Wenn ein gesundes Baby zur Welt kommt, ist es noch ganz weich und formbar. Sogar seinen Schädel kann man leicht zusammendrücken, weil die Fontanelle noch offen ist. Seine Haut ist gut mit Feuchtigkeit versorgt und daher samtweich, seine Augen sind wach und offen. Es muß gestützt und gehalten werden, weil sein Knochengerüst wie auch seine Muskulatur diese Aufgaben noch nicht erfüllen können. Mit zunehmendem Alter erstarken die Knochen, werden härter. Auch die Muskeln werden kräftiger. Je mehr ein Kind seinen Willen, seine Widerstandskraft trainieren darf, desto kraftvoller und damit auch Ich-stärker wird es als Erwachsener sein. Ob nun ein Mensch schon frühzeitig – körperlich wie geistig – „erstarrt", „starrsinnig", „starrköpfig", „hartherzig", „hartleibig" wird, hängt davon ab, wie oft er oder sie sich dazu entschließt, sich zu „versteifen", „zu" zu machen und was es sonst noch an Formen gibt, sich leibseelisch totzustellen oder überhaupt Gefühle und Empfindungen abzutöten.

Viele Menschen verknöchern mit zunehmendem Alter so sehr, daß dann in geistiger und psychischer Hinsicht von Altersstarrsinn gesprochen wird. Eine physische Entsprechung könnte in Gelenkversteifungen und Lähmungen erblickt werden, wobei es mir in diesem Zusammenhang um chronische „Haltungen" geht, nicht um Organneurosen, die einen sekundären Krankheitsgewinn mit sich bringen. Der könnte z.B. darin bestehen, somatisch statt verbal „Widerstand" zu leisten.

Wir können den menschlichen Lebenslauf daher durchaus mit dem eines Baumes vergleichen: Anfänglich eine saftige, biegsame Pflanze, bedarf ein Bäumchen oft der Stütze, um aufrecht wachsen zu können; mit zunehmender Festigkeit wird diese Hilfe überflüssig, der Baum wächst und entfaltet sich, trägt Früchte und pflanzt sich fort. Wird er aber verletzt, so daß seine Selbstheilungskräfte nicht ausreichen, oder zu stark beschnitten, bekommt er zu wenig Licht, Raum oder Nährstoffe, trocknet er aus – wie auch unsere Haut im Alter, wenn wir sie nicht hinreichend pflegen –, wird brüchig – wie vielfach auch unsere Knochen – und ragt irgendwann als dürre Baumleiche gen Himmel, während wir in der Totenstarre flach am Boden liegen.

Nun kennen wir aber alle Menschen, die bis ins hohe Alter körperlich wie geistig beweglich bleiben und damit auch offen und im Austausch mit anderen. Wenn wir herauszufinden versuchen, was ihr „Rezept" dafür ist, so können wir außergewöhnliche Neugier – somit ein Zuwenden, in Bewegung bleiben – und Anpassungsbereitschaft – also auf andere zugehen,

Kontakt aufnehmen und in Beziehung treten – beobachten: Sie üben ihre Flexibilität.

Frauen dürfen beweglich sein, das ist gesellschaftlich toleriert. Sie sollen sich ja – so die konservative, männerbegünstigende Zielsetzung – den Männern anpassen. Von Männern hingegen wird Härte erwartet, sie sollen sich durchsetzen. Damit stoßen wir wieder auf die Geschlechterpolarität, die sich ja auch in Aufbau und Funktion der Genitalien ausdrückt: Hätte der Mann nicht die Starrheit der Erektion zur Verfügung, könnte er die Körpergrenze der Frau nicht durchstoßen, wäre ihre Scheide nicht flexibel, könnte kein Kind hindurchgleiten. Leider wird von beiden Geschlechtern oft der polare Ruhezustand mißdeutet: Die zarte Sensibilität des entspannten Penis wird als Schwäche diskriminiert, die Verschlossenheit der unerregten Vagina hingegen entweder als Mangel an weiblicher Begehrlichkeit und Lust oder als idealer Dauerzustand propagiert. Welch unentwirrbare Doppelbotschaften!

Wenn wir nun davon ausgehen, daß ein ausbalancierter Mensch beide Seiten gleich-gültig zur Verfügung hat und auch haben soll, heißt das, daß Männer sich um einen Zustand ruhender Wachsamkeit zu bemühen haben – also eine Form von „Empfänglichkeit", Frauen dagegen um die Starrheit des Positionbeziehens und Wider-Stehens.

Auf das Arbeitsfeld „Menschenführung" übertragen, bedeutet das: Ein starr-autoritärer Führungsstil kann im Sinne der Polarität als „männlich" bezeichnet werden, ein kooperativer und auch der alles hinnehmende laissez-faire-Führungsstil als „weiblich". Natürlich gibt es genauso autoritäre Chefinnen, die einseitig Regeln aufstellen und jeden Verstoß, ohne die Ursachen und Absichten zu hinterfragen, unerbittlich ahnden, wie kooperative Chefs, denen die Ansichten und Überlegungen ihrer Mitarbeiterinnen und Mitarbeiter wirklich wichtig sind und die sie ernst nehmen und berücksichtigen.

Druck erzeugt Gegendruck, das lernen wir schon im Physikunterricht. Zeitdruck erzeugt Druck bei denjenigen, die ihn spüren, und meist geben sie ihn unhinterfragt weiter. Sie kennen sicher den Comicstrip „Chef schreit mit Mann, Mann schreit mit Frau, Frau schreit mit Kind, Kind schreit mit Hund".

Eben weil viele von uns diesen autoritären Führungsstil – der mit Befehlen und Strafen Gehorsam erzwingt, ohne wie die echte Autorität durch Persönlichkeit Achtung zu erwerben – nur zu genau kennen, erliegen sie der kompensatorischen Nachahmung. Sie befehlen und demütigen, drohen oder benachteiligen, schreien oder verletzen und zerstören so die Leistungsmotivation, die Kooperationsbereitschaft, die Arbeitsqualität und die Gesundheit ihrer „Untergebenen".

Ich erinnere mich an einen Chirurgen, der erst im Coaching erkannte, woher die Ablehnung seiner – wie er meinte doch sehr liebenswürdigen – Person herrührte: Als ich ihn nämlich darauf aufmerksam machte, daß er von den assistierenden Operations- und nachbetreuenden Krankenschwestern nur als dem „Personal" sprach. Das ist Überheblichkeit im wahrsten Sinn des Wortes – einer hebt sich über die anderen, ohne zu erkennen, daß alle gemeinsam am Gelingen einer Aufgabe arbeiten.

Im Sinne der Transaktionsanalyse erkennen wir in diesem Verhalten Menschen, die sich die Geisteshaltung des „nörgelnden Eltern-Ichs" zu eigen gemacht haben und entsprechend chronisch „von oben herab" agieren. Notwendigerweise wird ihnen die ganze Palette der Reaktionsweisen des Kindheits-Ich: Angst und Unterwerfung, List und Lüge oder Rebellion entegegengebracht. Sie bekommen aber sicher keine „gleichwertige" Mitarbeit von aufrichtigen, weil aufrechten Menschen.

Leiten heißt fördern

Leiten heißt: Den Mitarbeitern Anleitung sowie Zeit und Raum geben, ihre Aufgaben optimal zu erfüllen und sich optimal weiterzuentwickeln. Unter optimal verstehe ich das für die Zielsetzung hinlängliche Verhältnis von Aufwand und Ergebnis. Dazu gehören:

- klare Beschreibungen des Ziels und des Qualitätsstandards der erwarteten Leistung,
- klare positive Bewertungen: „Ja, so habe ich mir das vorgestellt!“ – nicht heuchlerisch: „Das ist ja wundervoll, wie Sie das gemacht haben!“ – wenn die Ziele erreicht sind,
- ebenso klare konstruktive Kritik bei mangelhaften Ergebnissen: „Mit diesem Ergebnis bin ich nicht ganz zufrieden; ich habe mir nämlich folgendes erwartet ... Was, vermuten Sie, sind die Ursachen? Wie könnten diese Ursachen beseitigt werden? Was kann ich zu Ihrer Unterstützung beitragen?“),
- gemeinsam daran zu arbeiten, die erwünschten Verbesserungen zu finden.

Leiten heißt nicht beweisen müssen, daß man bzw. frau besser ist als die Mitarbeiterinnen und Mitarbeiter.

Es ist kein Fehler, wenn frau die Arbeit, die sie leitet, nicht selbst aus dem Effeff beherrscht, es ist aber auch kein Fehler, wenn sie es kann. Wichtig ist, daß sie die Arbeit kennt, versteht, weiß, welcher Standard zumutbar ist und wo Störungen auftreten können. Noch wesentlich wichtiger aber ist, daß sie merkt, wenn jemand Schwierigkeiten bei der Arbeit hat, egal, ob dies individuelle oder soziale Ursachen hat, und die Fähigkeit besitzt, solche Schwierigkeiten in einer Weise anzusprechen und aufzulösen, die weder die Selbstachtung und damit Arbeitsfähigkeit des einzelnen, noch die des Teams gefährdet oder gar zerstört. Auch hier bewährt sich das Prinzip

- aussprechen, was aufgefallen ist (Ist-Zustand),
- aussprechen, was als Ziel angepeilt war (Soll-Zustand),
- auffordern, gemeinsam zu überlegen,
    - was beseitigt werden müßte bzw. die Fehlerquelle gewesen sein könnte,
    - was zusätzlich notwendig gewesen wäre oder was gefehlt hat, um das vorgesehene Ziel zu erreichen, schließlich
- fragen, was frau selbst, aber auch die Person, die angeleitet wird, dazu hätte beitragen können.

Viele Frauen scheuen sich, so konkret Position zu beziehen. Sie fürchten, dadurch in Konflikt zu den Mitarbeitern zu geraten und Kooperationsbereitschaft zu verlieren; sie meinen, sie wären dann zu hart, anmaßend, autoritär oder aber zu wenig freundlich, nachsichtig oder fürsorglich. So drücken sie sich dann mit undeutlichen Aussagen vor möglichen Konfrontationen und flüchten notfalls zur übergeordneten Instanz („Vati"), um sich zu beklagen oder auch Hilfestellung zu bekommen.

Immer wieder berichten mir Frauen in leitenden Positionen im Coaching, daß sie Widerstände oder sogar Arbeitsverweigerung seitens ihrer Sekretärinnen oder Schreibkräfte erlebten. Immer versuchen sie es zuerst durch freundliches, gutes Zureden und bei Mißerfolg dieser Strategie durch Appell an die Vorgesetzten. Beides finde ich nicht zielführend. Im ersten Fall sehe ich wirklich keinen Grund, freundliche Miene zum bösen Spiel zu machen. Überlegen Sie: Arbeitswiderstand kann geleistet werden:

- auf der sachlichen Ebene, wenn etwa eine juristisch nicht korrekte Lösung aufgetragen wurde,
- auf der emotionalen Ebene, wenn einem der Ton des Auftrags, die Umgangsform der auftraggebenden Person oder diese prinzipiell auf die Nerven gehen,
- auf der Beziehungsebene, wenn ganz allgemein eine Frau oder konkret Sie nicht als „übergeordnet" akzeptiert werden.

Erkennen Sie, daß es sich um Widerstand auf der Sachebene handelt, können Sie sachlich bleiben und

- gelassen dankbar sein, daß Sie auf eine Verbesserungsmöglichkeit aufmerksam gemacht wurden, oder
- zu Ihrer Sachentscheidung stehen und betonen, daß Sie die Verantwortung tragen, oder
- eine klare Anweisung formulieren.

Erst wenn dies alles nichts fruchtet, ist – bitte ohne vorherige Androhung, höchstens als faire Information – die nächsthöhere Instanz, selbstverständlich unter Dokumentation der bisherigen Vorgangsweise anzusprechen, um sich deren Rückendeckung bei eventuellen Sanktionen zu sichern.

Sie können aber auch auf die Beziehungsebene überwechseln und

- sich deutlich freuen, daß Ihre Mitarbeiter so aktiv mitdenken, oder
- deutlich zeigen, daß Sie betroffen sind: von Ihrem Fehler, vom Mißtrauen, vom Zeitverlust – und ebenso deutlich machen, warum Sie trotzdem bei Ihrer Entscheidung bleiben oder weshalb Sie Ihre Entscheidung ändern. Vergessen Sie nicht: Es ist Stärke, seine Schwächen zugeben zu können!
- Auf jeden Fall ist es ratsam, Zeit zu gewinnen: Mit wenigen klaren Sätzen ausdrücken, daß Sie die augenblickliche Lage wahr- und zur Kenntnis nehmen. Kündigen Sie aber an, daß Sie alles noch genauer überdenken werden. Tun Sie es dann aber auch wirklich – Sie müssen damit rechnen, daß Menschen, die „den Sklaven Tropfen für Tropfen aus sich herausgedrückt haben" (Tschechow), auf diesen Punkt wieder zurückkommen werden!

Erkennen Sie hingegen, daß es sich um Widerstand auf der Beziehungsebene handelt,

- bleiben Sie unbedingt auf der Sachebene!
- Lassen Sie alle persönlichen Angriffe beiseite,
- arbeiten Sie die sachlichen Kritikpunkte heraus und
- gehen Sie fair und ausführlich auf diese ein.
- Scheuen Sie sich nicht, Ihren Arbeitsauftrag, Dienstanweisungen oder gar gesetzliche Bestimmungen mit einzubeziehen.
- Wichtig ist, daß Sie keinen Schritt zurückweichen. Denken Sie an bellende Hunde: Ein Tröpfchen Angstschweiß, und schon hat der Hund gewonnen! Es wird ja Ihr höchstpersönliches Kraftpotential getestet: Lassen Sie sich einschüchtern, werden Sie aggressiv oder „halten" Sie?

Vorbildlich reagierte eine meiner Klientinnen, die eine leitende Position im universitären Bereich bekleidet. Auf den groben Brief eines Kollegen *an alle Frauen des Arbeitskreises für Gleichstellungsfragen* des gemeinsamen Hauses, der mit den Worten *Vieles ist einfach eine Frage des Stils! Es tut mir leid feststellen zu müssen, daß Sie ein so wichtiges Anliegen wie ... so miserabel vertreten* begann, unter anderem mit dem Angriff fortfuhr, *es genügt nicht, ... sich auf das Zitieren von Paragraphen zurückzuziehen* und listig schloß: *Ich möchte nicht pauschal urteilen, Sie selbst müssen wissen, wer in Ihrer Gruppe den schlechten Ton angibt und das Niveau der Auseinandersetzung bestimmt*, antwortete sie damenhaft gelassen: *Es ist verständlich, daß man mit dem Ergebnis einer demokratischen Wahl ... nicht einverstanden ist, wenn man einen anderen Ausgang sehr gewünscht und sich dafür eingesetzt hat. Daß Du dies in dieser Form zum Ausdruck gebracht hast, muß als Dein Stil zur Kenntnis genommen werden. Entkleidet man Dein Schreiben seines emotionalen Gewandes, so bleiben 3 sachliche Aussagen, zu denen ich Stellung nehmen will.* Dann folgen Punkt für Punkt seine Angriffe, aber kurz und präzise versachlicht, wie z.B. *Daß jemand vor einer weitreichenden Entscheidung die dafür maßgeblichen Gesetze zitiert, erscheint mir hilfreich.* Zuletzt „verrückt" sie seine Schlußattacke und schließt freundlich: *Es freut mich, daß Du Dich für die Belange der Kolleginnen ... interessierst, und ich hoffe, Dich bei gegebenem Anlaß an unserer Seite zu finden. Mit freundlichen Grüßen ...*

Weiblicher Umgang mit Konflikten

Männer sind auf Hierarchie orientiert, Frauen auf symmetrische Beziehungen, lauten die Ergebnisse zahlreicher soziolinguistischer Untersuchungen (nachzulesen u.a. bei Deborah Tannen). Daraus könnte frau leicht den Fehlschluß ziehen, daß sie, wenn sie hierarchisch oder statusmäßig übergeordnet ist, akzeptiert wird. Mitnichten!

So zeigt Claudia Hummel anhand einer Diskussion im Schweizer Fernsehen, wie die statushöchste Person in der Runde, eine Stadträtin, sich entschuldigt, wenn sie gegen eine

Höflichkeitsregel verstößt, die Männer aber keineswegs: Selbst wenn sie jemand – und auch die ranghöhere Person – stark angreifen, entschuldigen sie sich nicht (nachzulesen bei Senta Trömel-Plötz). Frauen wird dann oft – von Frauen – vorgeworfen, sie hätten „Angst vor Liebesverlust", wenn sie bewußt oder unbewußt auf Grenzverteidigung verzichten. Das stimmt zwar bis zu einem gewissen Grad, hilft aber nicht weiter: Zu dem Engegefühl „Angst" kommen dann nämlich noch Schuldgefühle hinzu, daß frau überhaupt solche Gefühle hat. Eine typische Regression, ein Rückfall ins Kindheits-Ich.

Oft machen sich Frauen stimmlich, mimisch, gestisch deshalb klein, weil ihnen ihr Konfliktpartner so wichtig ist, daß der Verlust der bisherigen Nähe das Wohlbefinden auf Dauer bedrohen würde.

Wenn Sie nicht gerade zu den Frauen gehören, die streitlustig keine Gelegenheit auslassen, verbales Ping Pong zu spielen, wird jeder Konflikt Ihr Wohlbefinden beeinträchtigen: weil er ihre Kraft schmälert. Kurzfristig kostet jeder Konflikt Energie – das ist normal: nämlich das bißchen mehr für die Konfliktlösung oder für das Aushalten der Spannung, wenn der Konflikt nicht so bald gelöst werden kann oder soll. Dieses Aushaltenkönnen heißt Ambiguitätstoleranz und entspricht wiederum der Position der Mitte zwischen zwei Polen.

Viele Frauen machen sich klein, weil diese Reaktion auf die Eröffnung eines Konflikts dem traditionellen Rollenbild der Frau entspricht: „Sei schön und halt den Mund!" Sich groß machen – Energiezuwachs demonstrieren –, entspräche nur zu sehr den animalischen Drohgebärden, höre ich dann oft, wenn ich Konfliktlösung trainiere, und die überläßt frau nur zu gern dem „Tier im Manne" – samt Reptiliengehirn.

Es gibt aber wie immer auch hier einen Mittelweg: sich nicht zusammenzuziehen bis zum Totstellen, aber sich auch nicht aufzublähen als Drohgebärde mit nachfolgendem Kampf oder Flucht:

- So weit wachsen, daß frau den Überblick hat. Entweder greifen Sie wieder zu den Keksen von Alice im Wunderland, oder Sie erlauben sich, gedanklich aus Ihrem Körper emporzuschweben und „von oben“ auf die aktuelle Situation „herabzublicken“. Dies wäre wieder eine Form von Supervision.

- Dadurch gewinnen Sie den Abstand, den auch eine Regisseurin hat, die ihrem Star Regieanweisungen gibt.
- Geben Sie sich anschließend die Anleitungen, die Sie für richtig halten, damit Ihr Star – nämlich Sie – die gegenwärtige Szene so gut wie möglich durchsteht. Allein durch die Suggestion zu dieser gedanklichen Distanzierung sind Sie automatisch gezwungen, die Position der Kleinheit aufzugeben, Sie gewinnen nicht nur Raum, sondern auch Zeit. Niemand zwingt Sie, sofort zu kontern!
- Dann lassen Sie sich Zeit und atmen ein paarmal tief und ruhig durch. Entweder Ihre Energie beginnt wieder zu fließen. Das ist der Weg aus der Blockade. Dann können Sie Ihr Gegenüber ruhig ansehen und die Fragen stellen, die nötig sind, damit Sie sich auf der „Reise zum Ziel“, nämlich Konfliktbereinigung, auskennen. Deshalb formuliere ich umgekehrt: Je mehr Information, desto weniger Aggression. Oder Ihre bereits hochlodernde Energieflamme – Körper macht sich kampfbereit – beruhigt sich zu einem beständig und kraftvoll fließenden Energiestrom. Dieser ist nicht nur mit dem weiblichen Rollenbild vereinbar, sondern auch über das bioelektrische Kraftfeld spürbar. Er wird die anderen bremsen: Wir alle spüren nämlich sehr genau, wo Kraft ist und Ruhe, da reagieren wir mit Respekt.

Oft handelt es sich aber um die Angst des kleinen Mädchens vor dem Verlust der Liebe der Eltern, die meinen, mit „bösem Blick“ und „scharfer Stimme“ das erwünschte Verhalten herbeizwingen zu können. Nur: So lernt das kleine Kind nur, daß es vor den Eltern Angst haben muß – sonst nichts.

Sorgen Sie für Ihr „inneres Kind“!

Wenn Sie merken, daß Sie eine solche alte Angst mit sich herumschleppen – Herz zittert, Hirn sagt, das ist doch unnötig! –, ist es an der Zeit, Ihrem „inneren Kind“ endlich das zu geben, was es damals gebraucht hätte:

- Machen Sie sich eine Notiz und warten Sie auf eine Gelegenheit, in der Sie ungestört sind. Routiniers, die schon sehr geübt sind in dieser „Heilungsmethode“, werden sie auch mit der Geschwindigkeit eines Gedankens anwenden können!
- Entspannen Sie sich und stellen Sie sich die Frage, woher Sie dieses Gefühl kennen.
- Schalten Sie Ihr Hirn aus, warten Sie ab, was Ihnen einfällt.
- Wenn Ihnen Gedanken dazwischenfunken, wenn Sie merken, daß Sie anfangen, in Ihrer Biographie herumzusuchen, lassen Sie die „Gedankenvögel vorüberziehen“ und warten weiter.
- Bleiben Sie ruhig und entspannt, bis Ihnen eine Situation einfällt.
- Versuchen Sie dann, diese Szene vor Ihrem geistigen Auge zu sehen.
- Schauen Sie das „innere Kind“ an und fühlen Sie, wie es ihm geht.
- Erlauben Sie sich mitzufühlen. Wenn Sie ungestört weinen können, erlauben Sie es sich – Tränen reinigen!
- Treten Sie als Erwachsene zu Ihrem „inneren Kind“ ins Bild, so daß Sie sich daneben sehen können.
- Geben Sie dem „inneren Kind“, was es braucht: die Worte, Sätze, Berührungen, die es damals nicht bekommen hat. Sie werden schon spüren, was richtig wäre: Den „Großen“ zu sagen, daß sie sich inkorrekt verhalten, dem „inneren Kind“ zu erlauben, auf Sie hinaufzuklettern und sich bei Ihnen geborgen zu fühlen, oder loszuschreien, oder aufzustampfen – was immer es will. Sie sagen ihm, daß es das tun darf, was es braucht.

Mädchen werden dazu erzogen, Konflikte zu vermeiden bzw. geringere Aktivität in Konfliktsituationen zu entwickeln. Daher greifen Frauen in Konfliktsituationen auch häufig zu Taktiken, die eher bei Kindern angemessen sind, wie Wutanfälle oder Schmollen. Oder sie geben auf. Als Chefin sind Sie aber eine „Elternersatzfigur", und daher wird von Ihnen Souveränität erwartet. Sie werden sich also damit abfinden müssen, daß vielfach die anderen regredieren und kindliche Verhaltensweisen an den Tag legen. Es liegt an Ihnen, daß Sie dann hilfreich sind, daß Ihre Mitarbeiter oder Mitarbeiterinnen wieder ins Erwachsenen-Ich hineinfinden, ohne ihr Gesicht zu verlieren.

Wer sich ändern und sich anpassen kann, ist mit größerer Wahrscheinlichkeit in Konfliktsituationen erfolgreich. Anpassung heißt keineswegs, das zu tun, was die anderen wollen, sondern der Situation angemessen zu reagieren. Dazu gehört auch „rhetorische Sensibilität", was bedeutet:

- das eigene Rollenverhalten in Reaktion auf das Verhalten anderer zu ändern und das auch akzeptieren zu können,
- zu vermeiden, sich auf einen einzigen Kommunikationsstil festzulegen und daher anpassungsfähig zu bleiben,
- Gruppendruck und Ambiguität auszuhalten,
- Gespräche so steuern zu können, daß sie sachbezogen verlaufen: Das Ziel bleibt, Probleme zu lösen (und nicht, sich emotional zu erleichtern), sowie
- klar und verständlich zu bleiben.

Was zu nah ist, sehen wir nicht gut

Eine leitende Position einzunehmen bedeutet, Überblick zu erlangen, zu bewahren und zu vermitteln. Dazu sollten Sie weder „in die Luft gehen" noch zu den „Niederungen menschlicher Unzulänglichkeit herabsteigen", sondern auf dem Niveau bleiben, von dem aus Sie alles gut wahrnehmen und geschützt in Kontakt bleiben können.

Was zu nah ist, sehen wir ebenso wenig scharf wie all das, was zu weit weg ist. Halten Sie nur mal Ihre Hand ganz dicht vor's Gesicht – Sie können sie dann spüren, aber sehen können Sie nur noch eine dunkle Fläche, an deren Rändern möglicherweise durch Ringe ausgelöste Lichtreflexe Helligkeit vermitteln.

Überblick ist aber nicht mit Herabblicken zu verwechseln!

Herabblicken schafft Distanz, und je größer die Distanz, desto weniger kann ich etwas, jemand erkennen. Dazu brauchen wir Nähe, Beziehung.

Es ist belastend, Menschen, die einem nahestehen, zu schädigen; zu erleben, wie sie leidend reagieren, geht uns dann nämlich „nah“ oder sogar „unter die Haut“. Dagegen fällt es meist auch Menschen, die keine sadistische Veranlagung haben, leichter, über andere, zu denen keine „Beziehung“ besteht, wie über Sachen zu verfügen.

Verschwisterungsaktionen mit Mitarbeitern, wie sie häufig auf Betriebsfeiern stattfinden, vermitteln höchstens Pseudonähe, aber sicher keine bessere Zusammenarbeit. Diese setzt nämlich Respekt voraus. In diesem Begriff steckt wieder die Wurzel „sehen“ (lateinisch „specere“), und wenn Sie daran denken, wie wenige Menschen einander wirklich ernsthaft ansehen, wie wenige Menschen auch wirklich „Ansehen“ genießen, dann können Sie ein weiteres Mal erkennen, wie sinnhaft unsere Sprache aufdeckt, was wir oft gar nicht zur Kenntnis nehmen wollen.

Den richtigen Abstand zwischen Nähe und Distanz zu finden, setzt Zeit und Fingerspitzengefühl voraus.

Grundsätzlich beginnt jede, und damit auch die Arbeitsbeziehung mit Distanz – Kennenlernen, Erfahrungen miteinander machen, das dauert.

Der nächste Schritt besteht in der Feinabstimmung: Wer hat wo seine Prioritäten, wo seine wunden Punkte, wo seine Grenzen?

Was davon kann respektiert werden, wo werden Ihre Interessen berührt, wo verletzt?

Grundsätzlich: Körpergrenzen sind immer zu respektieren! Selbst wenn jemand betont, ihm oder ihr mache es nichts aus, berührt, betatscht, umarmt oder angerempelt zu werden – Berührungen zwischen Menschen mit unterschiedlicher Macht sind immer eine primitive Dominanzgeste dessen, der oder die sich einen Platzvorteil holen will. Dazu zählt sowohl die klassische sexuelle Belästigung am Arbeitsplatz, auch Begrüßungsküssereien. Lassen Sie derartige „Spiele“ am Arbeitsplatz nicht zu, Sie ersparen sich späteren Ärger!

Erinnern Sie sich noch an die Unterschiede zwischen visuell, auditiv oder kinästhetisch betonten Menschen? Sie können sicher damit rechnen, daß es zwischen zwei gegensätzlichen Mitarbeitern bei zu großer räumlicher wie zeitlicher Nähe häufig Konflikte gibt!

Visuelle haben meist sehr ausgeprägte optische Vorstellungen, wie es an ihrem Arbeitsplatz aussehen soll, gelten dann auch oft als Pedanten, vor allem, wenn es Männer sind, bei Frauen paßt Ordnungsliebe ja ins traditionelle Rollenbild! Außerdem pflegen sie auch durch ihr schnelleres Tempo auf Kolleginnen und Kollegen Druck auszuüben. Gehören Sie dazu? Gehen Ihnen langsame, bedächtige Kinästhetiker auf die Nerven? Stört Sie deren „gemütliches“ Chaos, besonders wenn es Frauen sind? Denn bei Männern wird Unordnung dem traditionellen Rollenbild entsprechend toleriert, es gibt ja meist noch eine Mutti oder eine Lebenspartnerin und im Büro die weibliche Reinigungsbrigade, die hinter ihnen aufräumt und es Ihnen so erspart, die Verantwortung für ihre Spuren zu übernehmen!. Visuelle pflegen auch durch ihre „herzlose“ Sachlichkeit wenig zum Betriebsklima beizutragen. Sie haben andere Prioritäten: Welches Bild nach innen wie nach außen geboten wird. Weniger wichtig ist, ob sich alle wohlfühlen, sie selbst inbegriffen.

Dafür achten sie aber auch auf ihre Kollegenschaft, daß „alles seine Ordnung hat“, während Auditive mehr darauf hören, was geredet wird und sich so manches „nicht länger anhören“, „nicht sagen lassen“. Kinästhetiker neigen dazu, sich zu verzetteln: Eben weil ihnen die human relations so wichtig sind und sie ohnehin eher dazu neigen, auf alles sehr „einzugehen“, kommt es oft zu Verzögerungen und, im Ausgleich dazu, zu „Hau Ruck Aktionen“. Sie gelten oft als unzuverlässig, sind es aber nicht. Sie sind nur anders als die häufig dominierenden Visuellen, die mit ihrem raschen Überblick und Eiltempo schneller ans Ziel gelangen, dabei aber oft Wesentliches übersehen – weil sie sonst ja langsamer werden müßten.

Das widerspricht aber ihrer Dressur. Denn Dressur ist es, Training, angelernte Beschleunigung, um in Konkurrenzsituationen leistungsstärker oder erfolgreicher zu sein.

Die Kunst, Menschen zu optimalen Leistungen zu motivieren, besteht darin, deren besondere Begabungen zu erkennen (was Zeit braucht), und sie dann entsprechend heranzuziehen. Es ist ziemlich sinnlos (und meist auch nur versteckter Sadismus), viel Zeit darauf zu verwenden, jemandes Schwächen in Stärken umwandeln zu wollen: Die Energie, die darauf verwendet würde, fehlt bei der weiteren Entwicklung der bereits vorhandenen Stärken. Und die machen ja den Wettbewerbsvorteil aus. Viel wichtiger ist, anderen zu helfen, daß sie sich nicht durch ihre Schwächen blockieren lassen. Vor allem Kinästhetiker, die sich ja alles gleich „zu Herzen nehmen", neigen zu derartigen Gefühlsreaktionen. Visuelle sehen und Auditive hören sich ohnehin alles erst mal an. Hier empfiehlt sich die klassische Beratungstechnik:

- Angst nehmen: „Sie sind unsicher, ob ...? Mir ist das nicht so wichtig, wichtig ist mir ...",
- fehlende Informationen ergänzen: „Ich bin nicht sicher, ob Sie informiert wurden, daß ...", „Hat bzw. habe man bzw. ich Ihnen gesagt, daß ..."
- passende Suggestionen setzen: „Es ist mir aufgefallen, daß Sie großzügig (statt „ungenau") gearbeitet haben. Das genügt nämlich wirklich!"
- allenfalls konkrete Anleitungen und Aufträge geben: „Ich vermute, Sie wissen nicht, wie wir das handhaben. In Zukunft bitte so ..."

Wie Sie es der Zusammenarbeit mit anderen Menschen leichter haben, wenn Sie erkannt haben, wer visuell, auditiv oder kinästhetisch betont denkt und handelt, und sich darauf einstellen, helfen oft tiefenpsychologische Entschlüsselungen, nervende Verhaltensweisen zu verstehen. Der Psychoanalytiker Fritz Riemann etwa erklärt vier „Grundformen der Angst", und manche Eigenheiten im Arbeitsstil lassen sich dadurch erklären, ebenso wie die daraus folgenden Konflikte mit den Kollegen, die sich gegensätzlich verhalten:

„Schizoide" sind und arbeiten gerne allein; Riemann vergleicht ihre Lebens-art mit der Erddrehung um die eigene Achse: Sie rotieren quasi um sich selbst. Entsprechend sind sie häufig kontaktarm. Nähe jeglicher Art irritiert sie eher, als daß sie dadurch angespornt würden. Sie mögen isolierte Arbeitsbedingungen, leiden in Großraumbüros, denn unbewußt verspüren sie Angst vor den anderen, und zusehen darf man nur aus „respektvoller" Entfernung, wenn überhaupt.

„Depressive" erscheinen eher als Trabanten anderer, sie drehen sich um die Achse einer anderen Person, brauchen Gemeinschaft. Sie arbeiten nicht so gut, wenn sie allein in einem Zimmer sind, zumindest die Tür zu den anderen Räumen muß offen sein. Sie neigen dazu, andere ohne Notwendigkeit aufzusuchen, lieben Konferenzen und Teambesprechungen und sind leicht gekränkt. Deprimiert, „niedergeschlagen" zu sein ist ihre Form, Angst auszudrücken, wenn niemand Zeit und Aufmerksamkeit für sie hat.

„Zwanghafte" streben nach Dauer und Beständigkeit, nach Ordnung. Riemann zieht bei ihnen den Vergleich mit der Schwerkraft, die zentripetal „sammelt". Veränderungen machen ihnen Angst und lösen daher zunächst einmal Widerstand aus.

„Hysterische", die nach Veränderung streben, wären im Sinne der Polarität danach eher der Fliehkraft zuzuordnen. Sie sind flexibel Herausforderungen und Risiken gegenüber. Struktur und Ordnung wird vielfach bekämpft, weil damit ihre Angst vor der Enge gemildert werden kann. Zentrifugal suchen sie die Weite, oft symbolisiert durch „Höhenflüge", Abstürze inbegriffen.

Wenige Menschen sind von vornherein imstande, diese Gegensätzlichkeiten ohne Hilfe zu überbrücken. Zu sehr sind wir alle dazu erzogen, uns gegen die anderen durchzusetzen: „Sei so wie ich", oder: „Sei so, wie ich es will". Dabei liegt das Geheimnis wie immer in ausgleichender Kommunikation: Einander sagen, wieviel Nähe gerade noch ertragen wird, um mehr Distanz bitten. Oder umgekehrt: Mitteilen, daß man mehr Gemeinsamkeit braucht und daß zu große Distanz Mangel an

Information bringt. Oder um mehr Struktur bitten, damit die Unsicherheiten beseitigt werden können. Oder um mehr Freiräume, damit Innovationen entwickelt werden können.

Wenn Sie diese Dolmetscherfunktion ausüben und damit konfrontiert sind, daß sich zwei Gegner oder Gegnerinnen feindselig gegenüberstehen, suchen Sie immer das übergeordnete gemeinsame Ziel, z. B. daß die Arbeit reibungslos abläuft.

Dann stellen Sie Fragen: „Was ist Ihnen dabei wichtig?", „Worum geht es Ihnen dabei?", „Was konkret ist es, was Sie stört?", die dahin führen, daß jede Partei sich zu diesem oder einem ähnlich verbindlichen Ziel bekennt.

Dann erkunden Sie, was jeweils vom anderen benötigt wird, um das eigene – in Wirklichkeit gemeinsame – Ziel erreichen zu können.

Versuchen Sie, zu einer Art Vertrag zu kommen: für einen gewissen Zeitraum gegenseitig diejenige Hilfe zu leisten, die jeweils einer vom anderen erwartet. Nach Ablauf dieser Zeit überprüfen Sie, ob das hilfreich war oder ob neu verhandelt werden muß, um eine bessere Kooperationsabsprache zu finden.

Scheuen Sie diesen Zeitaufwand nicht – Sie gewinnen dadurch Vertrauen: Sie bemühen sich wirklich, befehlen nicht nur oder erteilen Rat-Schläge. Dadurch verhindern Sie Zeitverluste durch Fehlleistungen, Sabotage oder „innere Emigration".

Verlust der Mitte

Innere Emigration, Negaholismus und Burn Out

Wie bei allem im Leben laufen wir auch im Beruf Gefahr, uns und unseren Input und Output falsch zu dosieren oder falsche Dosierungen zuzulassen. Wir können

- zu wenig, zu langsam, zu distanziert oder
- viel zu schnell, zu intensiv arbeiten,
- zu klein, zu schwach oder
- zu groß, zu stark auftreten,
- unsere Aufgaben zu oberflächlich oder übergründlich erledigen,
- zu vertrauensselig oder zu mißtrauisch
- zu feig oder zu risikofreudig agieren und
- anderen zuviel zumuten oder uns zuviel zumuten lassen.

Die häufigsten „Störungen", die sich aus diesem Fehlverhalten für uns – und gleichzeitig für andere – ergeben können, sind

- innere Emigration,
- Negaholismus, Streß und Burn Out,
- Statusspiele aller Art,
- Nichterkennen von Strukturmängeln,
- Hilflosigkeit gegenüber Psychoterror, insbesondere Mobbing

Hinter all diesen Sicht- und Verhaltensweisen stecken wieder die erlernten Modelle aus der frühen Kindheit, als die Eltern noch allwissende und -mächtige Götter waren. Oder aus der Schule und anderen Indoktrinationssystemen. Später werden die dann von der bevorzugten Tageszeitung, der Partei der Wahl oder der jeweiligen Glaubensgemeinschaft abgelöst. So erwerben wir ein Sammelsurium von „Glaubenssätzen" oder „Mythen", die als Gebote oder Verbote eingespeichert werden.

Zu den klassischen Glaubenssätzen im Wirtschaftsleben gehören beispielsweise: „Wirtschaft“ umfaßt nur, was Geldwert besitzt oder bestimmt: Wirtschaftswachstum, Geldwertstabilität, Vollbeschäftigung. Alle unbezahlten Tätigkeiten – etwa die Reproduktion der Arbeitskraft, die Arbeitsbedingungen und damit auch die human relations – werden höchstens von kritischen Alternativdenkern und -denkerinnen als „Schattenwirtschaft“ dazugerechnet.

Kraftverlust durch innere Emigration

Wenn wir unsere eingefahrenen Reaktionen auf Mißerfolge und Enttäuschungen analysieren, finden wir auch Glaubenssätze, z.B. den, daß man durch Beleidigtsein seinen Willen durchsetzt. Die amerikanische Sozialforscherin Joyce Hocker Frost befragte Männer in Arbeitsgruppen, was Frauen in Konflikten gut machen, und bekam zur Antwort, *das Zeigen von Emotionen sei ein wirkungsvolles Mittel, das Frauen deshalb einsetzen, weil Männer nicht damit fertig werden, wenn Frauen weinen.*

Einer der hilfreichsten Sätze in meinem nun schon über dreißigjährigen Berufsleben war der meiner Zimmerkollegin in der Volkswirtschaftlichen Abteilung der Österreichischen Nationalbank. Sie sagte mir am Tag meines Dienstantritts: „Dafür, ob Sie sich bei der Arbeit langweilen oder gefordert fühlen, sind Sie selbst verantwortlich! Es liegt an Ihnen, ob Sie sich Ihre Arbeit spannend machen!“ Heute füge ich hinzu: Vor allem sollten wir darauf achten, niemandem so viel Macht über uns zu geben, daß er oder sie die Arbeitsfreude zerstören kann.

Wenn sich frau der Magen umdreht, sobald sie das Büroekel sieht, und sich Brechreiz einstellt, sobald sie seine Stimme hört, ist es Zeit, sich zu distanzieren: nicht blitzartig ins Gefühl oder den Affekt abzustürzen, sondern sich im Stillen die äußeren wie die inneren Beobachtungen zu bestätigen: „Er oder sie kommt zur Tür herein und mein Magen signalisiert mir, daß ich jetzt aufpassen soll.“ Durch diese Bekräftigung der Wahrnehmung – und das Beiseitelassen von Interpretationen, Vermutungen und Unterstellungen – kann frau die Beobachtung abschließen, sich entspannen und der Arbeit zuwenden.

Verwendet frau ihre Energie aber dazu, sich unnötig lange mit dem Störenfried zu beschäftigen – sich zu kränken, daß er uns kränken will, sich zu ärgern, daß er uns ärgern will und so fort –, so wird frau bald energielos sein. So öffnen wir ihm nur die Tür zum Schaltkasten unserer Gefühlsreaktionen. Lassen wir die Tür zu! Es genügt, daß wir bemerken, daß jemand Zugang zu unseren „Sicherungen“ sucht.

Kraftverlust durch Energiesauger

Wenn frau erlaubt, daß ein solcher „Energiesauger“ sein Selbstwertgefühl an ihr stabilisiert, wird sie sich unentwegt in Deckung bringen müssen. Sie wird Orte und Zeiten möglicher Begegnung vermeiden. Sie wird weniger präsent sein. Sie hat dadurch weniger Chancen, sich zu profilieren. Aus diesem chronischen Rückzug folgen notwendigerweise veränderte Ziele: primär Selbstschutz statt Selbstentfaltung. Dabei schwindet zusehends das Engagement, weil ja immer mehr Energie auf das Auftanken der verbrauchten Kräfte verwendet werden muß. Um noch mehr Unlust zu vermeiden, wird immer mehr nach Möglichkeiten des Lustgewinns gesucht. Die werden wahrscheinlich außerhalb des Arbeitsfeldes liegen, und irgendwann wird keinerlei Interesse an der Arbeit mehr spürbar sein.

Innere Emigration ist der Schlußpunkt des Rückzugs von Motivation, Engagement und Aktivität. Am Anfang steht meist die Geisteshaltung des „Negaholismus“, des chronischen „Schwarzsehertums“, das nicht nur das eigene Denken vergiftet, sondern auch das der anderen „vergraut“.

Die klassischen Mythen und Strategien der Negaholiker lauten:

- „Ich bin zu ungebildet, unbeliebt, alt etc.“, statt: „Da werde ich noch einiges dazulernen müssen, da werde ich mir wohl besser Verbündete suchen, das werde ich wagen, auch wenn die anderen jünger sind!“
- „Ich kann nicht“, statt: „Ich kann noch nicht“.
- „Ach, das war doch gar nichts! Ich muß noch besser werden!“ statt: „Das ist mir gut gelungen! Mal sehen, ob ich die nächste Stufe auch erreichen kann!“
- „Ich werde nie so gut sein wie ...“, statt: „Aha, so macht die das! Das will ich auch versuchen!“
- „Erst muß ich noch ..., dann darf ich erst ...“, statt: „Muß ich das unbedingt jetzt? Nein, meine Erholung ist wichtiger!“
- „Ich komme einfach nicht dazu“, statt: „Jetzt will ich erst einmal das machen und später erst das ...“.
- „Schon wieder habe ich ...“, statt: „Das nächste Mal will ich ...“.
- „Es geht alles schief“, statt: „Da muß sich irgendwo ein Fehler eingeschlichen haben. Ich werde ihn finden und korrigieren!“
- „Immer übergehst du mich“ oder: „Nie werde ich gefragt“, statt: „Ich möchte, daß du mich einbeziehst!“ oder: „Ich ersuche dich, mich immer zu fragen!“
- „Hätte ich bloß ...“, statt: „Diesmal habe ich mich entschieden, aber das nächste Mal werde ich genauer prüfen, bevor ich meine Entscheidung fälle.“
- „Das brauche ich gar nicht erst zu probieren“, „Da wird bestimmt nichts draus“, statt: „Das will ich nicht probieren, weil ...“ oder: „Da bin ich vom Erfolg nicht hundertprozentig überzeugt.“

Sie merken wieder einmal deutlich an Wortwahl und Satzbau, wie alte „Flüche“ aus der Kindheit weiterwirken. Und Sie erinnern sich wahrscheinlich auch an mutige kleine Kinder, die sich mit untrüglichem Gespür für das innewohnende Gift gegen solche Sätze zu wehren versuchten; und die dann herb „abgespeist", „mundtot gemacht" wurden. „Sei nicht frech!", „Widersprich nicht!" Kindern wird immer wieder befohlen, höflich zu sein.

Kraftverlust durch Höflichkeit

„Höflichkeit" ist die Summe der Rituale und Spielregeln bei Hofe. Die dienten primär dazu, das Leben des Fürsten, Königs oder Kaisers zu schützen. Er galt als „heilig", seine „Unter-Tanen" sollten sich möglichst klein und hilflos ihm gegenüber fühlen. Dazu dienten alle möglichen Grußrituale, die vor allem beweisen sollten, daß der „Grüßer" keine Waffe bei sich trug (z.B. das Zeigen der offenen Hand); Bewegungsgebote (z.B. nicht den Rücken zukehren dürfen, im Stehen warten müssen etc.), sowie Sprachregelungen (wer darf als erster sprechen, wer muß warten, bis er gefragt wird usw.). Ähnliche Verhaltenskodizes haben wir auch heute noch in anderen feudal geprägten Organisationen wie der Schule, der Kirche oder bei Gericht. Auch manche Ärzte lieben diese Spielregeln!

Wenn Menschen zur „Höflichkeit" gedrillt werden, werden sie insgeheim zur Unterwerfung erzogen. Ich finde Höflichkeit nicht mehr zeitgemäß. Sie sollte durch Freundlichkeit ersetzt werden. Genügt es denn nicht, anderen Menschen, so frau Lust dazu hat, zuzunicken, anstatt, weil es sich „so gehört", Ältere zu grüßen, auch wenn diese den Gruß nicht erwidern, sondern mißmutig schweigen? Eine weitere zeitgemäße Alternative wäre Funktionalität, z.B. dem Platz zu machen, der schwer zu tragen hat.

Sogenannte Autoritätspersonen oder solche, die es sein wollen und außer mit dem Hinweis auf ihr Alter keinen Anspruch zu erheben wagen, bedienen sich oft entsprechender Nörgeleien, um sich „Gehör" zu verschaffen. Lassen Sie sich nicht durch deren Negaholismus anstecken!

Gefühle sind ansteckend. Nur zu schnell stimmen wir uns auf gleiche Wellenlänge ein. Wenn im Büro eine über Arbeitslast zu jammern anfängt, wird nach einiger Zeit schon eine andere das gleiche Lied singen.

Verkörpern Sie Wagemut und Vertrauen!

Wenn Sie zur Selbstsabotage neigen, werden Sie sie wahrscheinlich auch „verkörpern". Achten Sie daher nicht nur auf die Sprache und damit Ihre Geistes-, sondern auch auf Ihre Körperhaltung.

Wenn Sie sich bei der typisch depressiven Körpersprache ertappen – Kopf gesenkt, Mundwinkel fallend, Schultern leicht verzogen und hängend, Brustkorb eingesunken, flache Atmung, schlurfender Schritt – versuchen Sie ins Gegenteil auszuweichen:

- Richten Sie sich auf,
- stellen Sie sich vor, Sie strecken jemand Großem, vielleicht einem Engel, die Arme entgegen,
- spüren Sie die Freude, daß Sie geholt werden; gerade Sie!
- Achten Sie auf Ihren Gang. Die Fersen kaum vom Boden zu heben, heißt Energie zurückzuhalten.
- Achten Sie auf Ihren Sprechrhythmus. Atmen Sie zügig, aber gelassen. Lassen Sie Ihre Energie frei fließen, aber bitte nicht sprudeln.
- Denken Sie an eine Situation, in der Sie sich vital und hoffnungsfroh gefühlt haben, und holen Sie sich aus der Erinnerung die Bewegnungsanleitung für die Gegenwart.
- Achten Sie auf die „Zeit", an die Sie denken: Vergangenheit ist vergangen, lassen Sie sie los! An Abgeschlossenes zu denken ist nur konstruktiv, wenn Sie sich aus Ihrer Biographie positive Gefühle herbeizaubern wollen, oder wenn Sie Fehler zu analysieren haben.

Sollten Sie Zwangsgedanken haben – das sind solche, die immer wiederkehren, auch wenn Sie sie wegschieben wollen – oder mit konkreter Trauerarbeit nicht zurechtkommen, holen

Sie sich psychotherapeutische Unterstützung. Sie müssen nicht alles alleine bewältigen! Sie dürfen sich auch helfen lassen.

Was die Zukunft bringt, wissen Sie nicht. Wenn Sie außerhalb von bewußter Planung ständig daran denken müssen, was wohl alles geschehen könnte (Horrorvision!), spielen Sie wieder eine Bezugsperson aus früher Kindheit nach, wollen Aufmerksamkeit erheischen oder stehen unter Zwang. Verschwenden Sie ihre Zeit nicht auf Gedankenausflüge in Vergangenheit und Zukunft, wenn Sie statt dessen die Gegenwart er„leben" können!

- Achten Sie auf Ihre Sprache! Bauen Sie sich keine geistigen Sackgassen, sondern konstruieren Sie „Perspektiven". Das Wörtchen „noch" vor der Mauer „nicht" und dem Abgrund „nicht mehr" gibt Freiraum!
- Überprüfen Sie, was reine Phantasie ist und was beobachtete Realität. Fragen Sie unter Beifügung des Wortes „konkret": „Was konkret stört mich?", „Worüber bin ich konkret ärgerlich?" Dann wissen Sie auch schon, wo Sie mit Ihren Änderungsbestrebungen ansetzen müssen.
- Betrachten Sie Ihre „innere Stimme" als Freundin, die Sie warnt. Bedanken Sie sich bei Ihrer Freundin für jedes Warnsignal. Behandeln Sie sie gut. Sie dürfen Sie aber durchaus bitten, weniger streng mit Ihnen zu sein.
- Streichen Sie Formulierungen wie „Ja, aber ..." aus Ihrem Sprachschatz. Verwenden Sie Ihre Energie nicht darauf zu beweisen, daß etwas nicht geht, sondern darauf herauszufinden, wie etwas geht!
- Meiden Sie Gift, und zwar nicht nur die Suchtgifte. Paracelsus hat darauf hingewiesen, daß man sich mit allem vergiften könne, es komme nur auf die Dosis an. Der Schritt von der Medizin zum Schadstoff ist meist winzig. Und auch Worte und Sätze, Beziehungen und persönliche Ausstrahlung können schädigen: Was kränkt, macht krank. Vermeiden Sie, was Ihnen nicht gut tut, gehen Sie auf Distanz, verringern Sie die Frequenz oder die Dosis.
- Suchen Sie konkret die Nähe von Menschen, Lebewesen, Dingen und Ereignissen, über die Sie sich freuen können.

- Gehen Sie liebevoll mit sich selbst um! Streben Sie nach Mittel-Maß statt nach Perfektion.

Bleiben Sie offen!

Perfekt sein heißt abgeschlossen sein. Abgeschlossen im Sinne von fertig, aber auch im Sinne von zu. Daß die Mehrheit der Frauen entschiedener nach Perfektion strebt als der Durchschnitt der Männer, hat wohl mehrere Ursachen: Zum einen das Bemühen, zugeschriebene Minderwertigkeit überzukompensieren. Das ist fast ein Modetrend geworden; Frauen wollen bzw. sollen zeigen, daß Sie die besseren Männer sind. Zum anderen will frau oft endlich die Liebe, Aufmerksamkeit und das Lob bekommen, die sie als kleines Mädchen nur zu oft entbehren mußte, und die Brüdern und Klassenkameraden in unverdient reicherem Ausmaß zuteil wurden.

Wir können aber auch interpretieren, daß Perfektionsstreben den Versuch darstellt, sich vor unbewußten sadistischen Tendenzen der Eltern – insbesondere dem momentanen oder chronischen Frauenhaß männlicher bzw. dem Selbsthaß weiblicher Bezugspersonen – zu schützen.

Offensein und *-bleiben* bedeutet Austausch mit anderen und damit das Zulassen von mehreren Möglichkeiten bei gleichzeitigem Ausschluß von anderen. Das birgt natürlich Risiken: Neue Weltbilder gefährden alt vertraute Ansichten, Kritik kann von außen her eindringen, Selbstkritik von innen nach außen gelangen.

Zusein bedeutet, nur die bisher erprobten Verhaltensweisen zuzulassen. Jede Neuerung wirkt bedrohlich: Es bleibt alles beim alten.

Sigmund Freund hat bereits darauf hingewiesen, daß Lebewesen in geschlossenen Systemen an ihren eigenen Ausscheidungsprodukten zugrunde gehen. Heute erleben wir diese Gefährdung durch mangelnden Austausch, sprich Entsorgung global. Je mehr Sie sich abschließen, auf ein bestimmtes Ziel konzentrieren, alles ringsum vergessen, keinen Stoff-Wechsel mehr pflegen, desto größer ist die Gefahr, daß plötzlich all Ihre Ressourcen aufgebraucht sind: Sie brennen aus.

Kraftverlust durch Burn Out

Gewöhnlich geht dem Ausbrennen ein fulminanter Start voraus: frau ist voller Ideen, hoch motiviert und engagiert. Sie scheut keine Mehrleistungen, ist voll mit ihrer Arbeit identifiziert, ignoriert Warnsignale ihres Körpers, negative Reaktionen der Kollegenschaft, die sich oft bedroht fühlt, und die Mahnungen der Nahestehenden, z.B. des Lebenspartners, und glaubt, über ein unerschöpfliches Kraftreservoir zu verfügen.

Dann kommt eine Zeit der Stagnation, wo scheinbar nichts mehr weitergeht. Die psychische Belastbarkeit nimmt ab. Dauerstreß erschöpft die Kraftreserven, das Immunsystem wird schwächer, Pessimismus und Unzufriedenheit führen zu einem Leistungsabfall. Die ersten Zweifel tauchen auf. Erwartete Anerkennung bleibt aus. Schrittweise schwinden Idealismus, Energie und Lebenssinn. Die negativen Botschaften der Kollegen gehen auf die Nerven. Schuld sind immer die anderen. Eigene Möglichkeiten, etwas zu ändern, werden nicht wahrgenommen. Daher folgt schrittweiser Rückzug und Isolation; Fernbleiben vom Arbeitsplatz wird häufiger, und erste gesundheitliche Probleme tauchen auf.

Anschließend folgen Rückschläge: Die Arbeit wird immer mehr in Frage gestellt, Phantasien über Berufswechsel oder Weiterbildung geben oft Anlaß, sich zusätzliche Arbeit aufzuhäufen. Die enttäuschten Hoffnungen sind unübersehbar. Ein Gefühl der Hilflosigkeit macht sich breit. Manche Frauen greifen zum Alkohol und/oder zu Medikamenten. Mit den Kollegen gibt es heftige Konflikte, der Körper reagiert mit psychosomatischen Symptomen.

Schließlich wird frau apathisch: Nichts freut sie mehr. Frau sieht keine Chance, etwas zu verändern. Sie zieht sich immer mehr zurück. Erst der vollkommene körperliche und psychische Zusammenbruch setzt der scheinbar ausweglosen Situation ein Ende. Endlich kann frau aufhören, sich versetzen zu lassen oder den Beruf wechseln zu wollen.

Woran merken Sie, daß Sie absturzgefährdet sind? Rückzugsphasen sind doch auch notwendiger Ausgleich zu intensivem Engagement. Gleichgültigkeit ist doch auch gelungene Mitte zwischen extremen Polen.

Leichtigkeit und Souveränität gehen verloren. Alles wird schwer.

Sie schirmen sich gegen zwischenmenschliche Kontakte ab. Kritik wird unerträglich. Sie halten weniger aus und möchten am liebsten ganz für sich allein sein und arbeiten.

Leibseelische Müdigkeit ist auch durch ausgiebige Ruhepausen nicht kompensierbar. Ab und zu explodieren Sie ohne eigentlichen Anlaß.

Sie verlieren Ihren Humor und werden zynisch. Gelegentlich ertappen Sie sich bei Mordwünschen gegenüber Kollegen oder Kunden.

Sie werden immer häufiger krank und flüchten sich auch zunehmend in die Krankschreibung; früher hätten Sie trotz Fieber lieber gearbeitet.

Zunehmend ist Ihnen alles egal, sie merken selbst, daß Sie depressiv sind. Jetzt ist es höchste Zeit, psychotherapeutische Hilfe in Anspruch zu nehmen. Selbstschädigungsgefahr!

Was kann frau also tun, um nicht auszubrennen?

- Zuerst einmal: nicht brennen. Je mehr wir uns für Ideen und Projekte entflammen, desto gefährdeter sind wir. Je wohler wir uns in unserer Privatwelt fühlen, desto weniger besteht die Gefahr, sich ganz an den Beruf zu verlieren.
- Pflegen Sie Hobbys, Freund- und Liebschaften und sich selbst: Durch regelmäßiges Wellnessprogramm, Sauna, Massage, Gymnastik oder Sport und vergessen Sie auch Ihren Geist nicht. Auch Hirn und Seele wollen genährt werden. Gehen Sie in Ausstellungen, in Konzerte, ins Theater oder Kino. Gehen Sie auch deshalb, damit Sie sich entsprechend anziehen müssen, damit Sie „sehen und gesehen werden", etwas für neue Bekanntschaften und gegen Ihr mögliches

Fachidiotentum tun, und weil Sie damit auch in ein anderes „Beziehungsfeld" eintreten.

- Überprüfen Sie Ihre Arbeitsbedingungen:
  - Sind die Aufgaben und Ziele klar?
  - Sind die human relations ausreichend gut?
  - „Funktionieren" die Personen, von denen Sie abhängig sind?
  - Können Sie im Falle von Fehlern und Mängeln Einfluß nehmen?
- Überprüfen Sie Ihren Arbeitsstil:
  - Nehmen Sie sich zuviel vor? Haben Sie den Überblick?
  - Werden Sie konkret behindert oder gar sabotiert?
  - Haben Sie ausreichende Arbeitsmittel? Glauben Sie, alles ohne die Ressourcen, die andere einfordern, schaffen zu können? Gönnen Sie sich Zeit?
  - Werden Sie leicht enttäuscht, ungeduldig, zornig, wenn etwas nicht gleich so geht, wie Sie es wollen?
  - Bekommen Sie genug Anerkennung? Können Sie sich selbst loben?
  - Drängen Sie sich vor? Behindern Sie andere?
  - Sind Sie neidisch?

Gier, Trägheit, Geiz, Zorn, Beziehungslosigkeit, Stolz und Neid: die sieben Todsünden. Sie entsprechen auch den Aufgaben, die ein Kleinkind in den Phasen seiner psychosexuellen Entwicklung bewältigen sollte:

In der *oralen* (Mund-) Phase sollen Gier und Ungeduld dem Wartenkönnen und dem Vertrauen weichen, die träge Sattheit der Neugier und Spielfreude.

In der *analen* (After-) Phase sollen Geiz und Zorn der Bereitschaft zum Loslassen, Austausch und der Begegnung mit anderen Platz machen.

In der *phallischen* (Penis-) Phase sollen Stolz und Übertrumpfen der anderen zur Fähigkeit des – sich und andere – Lobens und der Kooperation werden.

Und in der *ödipalen* (Rivalitäts-) Phase geht es um Respekt, die Achtung des größeren Ganzen.

Wie wir immer und überall Gefahr laufen, in alte unbewältigte Konfliktmuster dieser Phasen zurückzufallen, besteht diese Gefahr auch am Arbeitsplatz, und besonders in Krisenzeiten. Wir können diese Gefahren als von außen auf uns zukommend erleben; aber meistens ruhen sie in uns selbst und warten nur auf einen Anlaß aufzusteigen.

Sich einpendeln

Lernen Sie,

- jede Situation als Anregung zu einem Lernschritt zu deuten,
- die Wachstumschance zu erkennen: „Was kann ich hinzuerwerben, das ich bis jetzt noch nicht konnte?“;
- und den Schritt zu mehr Ganzheit zu wagen.

Dann werden Sie Zeiten des Schwankens zwischen den Polen der Verhaltensmöglichkeiten ohne größere – eigene wie fremde – Verletzungen überstehen.

Gemeinsame Stärke

Wie Frauen einander fördern können

Wenn Sie on the top oder wo auch immer Sie hinwollten gelandet sind, werden Sie sich zuallererst einmal richtig wohlfühlen – und das sollen Sie ja auch. Dann allerdings besteht die Gefahr, daß Sie in narzißtische Größenphantasien und/oder schulkindhaftes Konkurrenzdenken verfallen und meinen, Sie hätten sämtliche Erfolge sich ganz allein zu verdanken und müßten jetzt vor allem darauf achten, daß Ihnen niemand Ihren Platz an der Sonne streitig macht oder ins Notizbuch guckt. Sie werden sich vielleicht als „Einzelkämpferin" definieren und nostalgisch an all die Hindernisse und Anfeindungen zurückdenken, die Sie überwinden mußten, um Ihre Position zu erlangen. Und wenn Sie von einer anderen Frau um Rat oder Auskunft gefragt werden, werden Sie möglicherweise im „Wiederholungszwang" agieren und erlittene Demütigungen weitergeben. Vielleicht halten Sie es aber auch nur für notwendig, Abstand zu schaffen, wo Sie doch jetzt oben sind, sonst könnte ja jede kommen ...

Verzichten Sie auf derartige Überheblichkeiten. Wir sollten traditionell-konservativen Männern nicht alles nachmachen: Solches Imponiergehabe mag zwar unter Rivalen angebracht sein, unter Partnern ist es destruktiv. Denken wir wieder über unsere genetischen Programmierungen nach: Tiermännchen, die um ein und dasselbe Weibchen streiten, werden ihre Kampfrituale zelebrieren, einerseits, um herauszufinden, wer der Schwächere ist, andererseits um ihre Stärke vor der Umworbenen zu demonstrieren und den Unterlegenen zusätzlich zu blamieren.

Bei Menschenfrauen kann man sich nicht so sicher sein: Solche Protzerei kann auch auf die Nerven gehen, und außerdem neigen Frauen mit Helfersyndrom dazu, sich mütterlich-liebevoll dem Verlierer zuzuwenden. Immerhin gibt es genügend Vor-Bilder für diese Art von Samaritertum: Von Florence Nightingale bis Mutter Theresa spenden gütige „Schwestern“ Männern und Kindern Nahrung und Trost. Wenn wir in unserem geistigen Archiv aber nach Bildern suchen, die zeigen, wie eine Frau einer anderen etwas Gutes tut, werden wir kaum welche finden. Weder für Maler noch für Fotografen war dies ein interessantes Motiv. Was wir finden, sind jüngere oder ältere „Zofen“, die ankleiden und schmücken, Darstellungen von Hexen und lesbische Szenen. Männerphantasien eben.

Und noch einmal kommen wir zu dem Schluß, daß wir selbst Vorbilder sein und Vor-Bilder schaffen müssen. In diesem Fall Modelle kongenialen Zusammenspiels.

Männer werden von frühester Jugend an auf folgende Tugenden trainiert:

- Klare Definition des „Gegners“.
- Einhaltung bestimmter Rollen im Team (Sturm, Verteidigung, Verbindungsmann, Torwart, Teamchef, Coach).
- Einhaltung der einmal festgelegten Hackordnung und der Signale (Gelbe Karte, Rote Karte).
- Rückendeckung, Diskretion, Loyalität.

Darin sehe ich auch den verborgenen Grund für getrennten Sportunterricht: Aktives Fußballspielen übt dieses Rollenverhalten ein, passives Zusehen verankert und vertieft es im Unbewußten. Der klassische Sportunterricht für Mädchen hingegen konzentriert sich auf die Einübung von Anmut und Einsamkeit – jede für sich mit dem Medizinball. Wenn schon Kampfsport wie z.B. Völkerball, dann zur Aktivierung des Kreislaufs, aber keinesfalls zum Erlernen von Kampfstrategien.

Deswegen dürfen Frauen auch nicht zum Militär: Nicht nur, weil das geistige Bild einer im Schlamm robbenden Frau im krassen Gegensatz zu den männlichen Idealbildern von koketter, romantischer oder mütterlicher Weiblichkeit steht, sondern weil frau da ja Angriffs- und Verteidigungstechniken lernen könnte – um sie dann gegen den Pascha zu Hause anzuwenden. Vor allem aber könnte sie lernen, sich Verbündete zu suchen.

Fast jeder Mann hat seine Peer Group, und wenn es nur die in seiner Stammkneipe ist. Dort kann er sicher sein, ein offenes Ohr für seine Sorgen und Aggressionen zu finden; und wenn es nur das professionelle des Mannes oder der Frau hinter der Theke ist. Dort bekommt er zusätzlich „informelle Informationen“: Wo es billig Reifen fürs Auto gibt, wo Radarfallen plaziert sind und oft auch, wo welcher Job frei wird.

Gebildetere Männer sorgen bereits frühzeitig vor und schikken ihre Söhne in Verbindungen, damit sie mit „alten Herren“ in Kontakt kommen und sich als förderungswürdige Assistenten profilieren können. Im Gegenzug suchen die „Senioren“ in Studentenkreisen Nachwuchs für ihre Organisationen und damit Verbreiter der dahinter stehenden Ideologie, Adjutanten für ihre Non-profit-, dafür aber publicityträchtigen Aktionen und oft auch Mitarbeiter für ihre beruflichen Aufgaben. Frauen dagegen sind in diesen „Burschenschaften“ nur als Begleiterinnen bei offenen Veranstaltungen zugelassen. *Macht ergibt sich durch Ausschluß*, formuliert Elke Müller-Mees im Hinblick auf männliche Geheimzirkel. „Frauen gemeinsam sind stark“, lautet demgegenüber ein Slogan der autonomen Frauenbewegung. Sie versucht, in diesem Sinne auch auf hierarchische Unterordnung zu verzichten: Daher wird Dominanzverhalten angeprangert, auch wenn es von „starken“ Frauen kommt.

Juristisch betrachtet, bedeutet Hierarchie ein System von nachgereihten Zuständigkeiten und Verantwortlichkeiten; Hierarchie bedeutet aber auch Machtbefugnisse: Wer darf wem befehlen und gegen wen Sanktionen verhängen. Hierarchie bedeutet vertikale Ordnung und damit Distanzierung: Wer ganz oben ist, kennt „die Basis“ meist nur vom Hörensagen, auch wenn er sich von Zeit zu Zeit huldvoll unter das „gemeine Volk“ mischt – selbstverständlich von Leibwächtern abgeschirmt. Männer neigen zur Errichtung derartiger Strukturen, wie zahlreiche Untersuchungen immer wieder aufzeigen (nachzulesen z.B. bei Fausto-Sterling, Gilligan oder Tannen), und es ist müßig, die Ursache dafür in genetischen oder sozialen Programmierungen zu suchen. Immerhin haben sich Frauen bis vor wenigen Jahrzehnten noch dieser „Not-wendigkeit" unterworfen.

Horizontale Ordnung dagegen bedeutet, daß keine bzw. keiner dem anderen über- oder unterlegen sein soll: Nähe ist daher möglich. Frauennetzwerke sind symmetrisch, nicht hierarchisch. Nicht eine „Macherin" oben „macht" etwas für eine unten (umgekehrt erkennen wir das Funktionieren der Arbeitsorganisation), sondern Frauen versuchen, einander bei der Bewältigung gemeinsamer Probleme zu unterstützen.

Als mich ein Mitarbeiter eines Frauenmagazins zum Thema „Frauenvereine" interviewte, wurde ich gefragt, ob ich ihm nicht ein paar Frauen nennen könnte, die ihren Aufstieg einer Frauenorganisation verdankten. Ich dachte nach: Die von ihm genannten Frauenorganisationen kannte ich vor allem als Wohltätigkeitsvereine, in denen etablierte Karrierefrauen Teile ihres Einkommens für humane Zwecke – vor allem für kranke oder behinderte Kinder – spendeten. Dann durchforschte ich mein Gedächtnis nach spektakulären Frauenkarrieren: Ich fand keine einzige, die auf „Anschub" durch Personen oder Personengruppen gründete! All die zahlreichen Freundinnen, Kolleginnen, Klientinnen hatten sich zäh und unbeirrt von Störversuchen mit ihrem Fachwissen, Engagement und mit besonderer Zuverlässigkeit dorthin entwickelt, wo sie letztendlich unvermeidbar waren: an die Positionen, wo sie wahrhaftig die Besten waren.

Wir sind also endlich soweit, daß man erfolgreichen Frauen nicht mehr das Märchen andichten kann, sie hätten über das Bett Karriere gemacht. Daher beginnt man jetzt offenbar, andere Mythen zu erfinden: Man denkt, Frauen ahmten das „Old Boys Network" nach, d.h. Karriere über das Stockbett im selben Internat, die Mitgliedschaft im selben Verein oder das Frequentieren derselben Lokale.

Frauen knüpfen „kleine Netze“

Frauen suchen etwas ganz anderes als Männer, wenn sie sich zu Gruppen zusammenschließen: Sie wollen sich „selbst erfahren“. In erster Linie suchen Frauen den Gedankenaustausch über ihre konkrete Situation, ihre Erfahrungen und ihre Verhaltensmöglichkeiten mit einem „kompetenten Gesprächspartner“ – und das kann nur eine andere Frau sein. Männer würden versuchen, frau zu beweisen, daß sie kompetenter sind als sie. Elke Müller-Mees spricht vom „Trauma, besser sein zu müssen als die Frau“.

Netzwerkarbeit bringt Vorteile. Das erkennen die meisten Frauen erst viel später. Primärer Grund für Zusammenschlüsse ist meist ein konkretes Problem, zu dessen Bewältigung Hilfe gesucht wird: Zunächst Erfahrungsaustausch, dann Information, zuletzt Unterstützung. Bei Männern liegt es umgekehrt: Eigene Erfahrungen werden verschwiegen, die Frage nach Informationen ist verpönt. Kaum ein Mann fragt in unbekannten Gegenden nach dem Weg oder schaut auf die Landkarte, das muß schon die Beifahrerein tun, er könnte ja sonst seinen Nimbus verlieren! Ein aggressives: „Hör' mal, könntest du nicht ...“ ist allerdings meist mit Männerstolz vereinbar.

Zwölf Vorteile von Networking

1. Aufbrechen von Isolation – frau ist nicht mehr allein mit ihrer Erfahrung

Erinnern wir uns wieder an den Satz „Macht ergibt sich durch Ausschluß“, erinnern wir uns aber auch an den Slogan der frühen Arbeiterbewegung, „Wissen ist Macht“: Wer von Informationsquellen ausgeschlossen ist, bleibt im Zustand des unwissenden Kindes, dem man alles einreden kann.

Frauenselbsterfahrungsgruppen gaben den ersten Stoß zum Abbruch der Schweigemauer: Sie machten das Ausmaß von Gewalt gegen Frauen in der Familie offenbar, von Vergewaltigungen, von sexuellen Mißhandlungen in der Kindheit, zeigten auf, wie wenig das Ideal der Geborgenheit auf die Beziehungen in Durchschnittsfamilien zutrifft. Ungläubigkeit und heftige Proteste waren die Folgen; dennoch scheint diese Phase von „Das Imperium schlägt zurück" vorbei zu sein. Es geht jetzt um Gewalt gegen Frauen in Aus- und Fortbildung, beim Zugang zu Arbeitsmöglichkeiten und in der Arbeitswelt. Nach der Enttarnung des angeblich sorgsamen Vaters wendet sich die detektivische Aufmerksamkeit jetzt der „Fürsorgepflicht des Arbeitgebers" zu: Wie weit sorgt er für Gleichstellung, Gewaltfreiheit (z.B. in der Sprache) und Schutz vor sexueller Belästigung am Arbeitsplatz?

Lassen Sie sich dabei nicht mit Hinweisen auf Ihre Berufsvertretung abspeisen oder auf den Rechtsweg verweisen. In meiner langjährigen Erfahrung als beobachtende Politikerin wie als beratender Coach wurde mir immer wieder der Nachweis erbracht, daß auch in Betriebsräten und Gewerkschaften Männer sitzen, die ihre „Hilfestellung" mit sexueller Anbiederung oder sexistischen Ausfällen verbinden.

Es sind immer dieselben! Nur wir Frauen glauben hartnäkkig, jede für sich wäre erstens die einzige, der solche „Unschicklichkeiten" passieren, und zweitens selbst daran schuld. Wir verharren in unserer anerzogenen Aggressionshemmung und verzichten darauf, uns gegen diese Form von Gewalt zu wehren, weil wir sie als „normal", da üblich, erleben, Angst vor Gegenstrategien haben und außerdem über keine Modelle verfügen, wie wir uns wehren und dennoch fair bleiben können.

Hier bewährt sich wieder die Exorzismus-Technik: Aussprechen, was wahrgenommen wird (wurde). Selbstbehauptung üben. Für Öffentlichkeit sorgen. Solidarität einfordern.

Seminare oder andere öffentliche Veranstaltungen speziell für Frauen haben immer auch den Sinn, näheres Kennenlernen und intimeren Erfahrungsaustausch zu ermöglichen. Sie können darauf vertrauen, daß die Trainerin oder die „Gastgeberin" versuchen werden, Kontakte zu ermöglichen und gegebenenfalls krasse Unterschiede z.B. in Herkunft oder Bildung zu überbrücken. Jede ist wichtig!

2. Erfahrung von Akzeptanz, Verständnis und Zuspruch

Der humanistischen Psychologie von Carl R. Rogers verdanken wir die Erkenntnis, daß persönliche Entwicklung stattfindet, wenn Menschen in ihrem So-Sein akzeptiert werden, wenn ihnen ein Mindestmaß an Empathie (Mitfühlen) zeigt, daß sie wirklich verstanden werden, wenn sie nicht belogen werden; wenn sie sicher sein können, ehrliche, „authentische" Rückmeldungen zu erhalten.

In Frauengruppen gibt es gelegentlich auch Personen, die versuchen, ihre Lebensform als einzig richtige darzustellen, aber denen wird meist unmittelbar widersprochen. Die Symmetrie der selbstorganisierten Gruppe unterbindet Dominanzbestrebungen der Art: „Große Mutter macht das schon für dich, Dummchen" oder: „Vater weiß alles besser". Statt dessen werden Schwierigkeiten als Schwierigkeiten anerkannt und Lösungsmöglichkeiten gleichberechtigt nebeneinandergestellt. Der jeweiligen Frau wird Mut zugesprochen, ihre eigene „Lösung" herauszufinden. Es wird ihr vielleicht auch konkrete Hilfe angeboten, wenn sie sie in Anspruch nehmen mag – sie wird ihr keinesfalls aufgedrängt.

3. Konkretes Feedback

Hand aufs Herz: Sagen Sie immer Ihre ehrliche Meinung? Oder schweigen Sie lieber, um nicht zu verletzen? Um Konflikte zu vermeiden? Um Ihr Image als „allzeit zufriedenes Mägdelein" nicht zu gefährden? Kennen Sie andererseits auch das beklemmende Gefühl, nicht zu wissen, wie Sie bei jemand anderem „angekommen" sind? Oder wenn Sie „gegen eine Nebelwand", „ins Leere" reden?

Kontakt haben heißt, Berührung findet statt. Wenn Sie nicht reagieren, weiß Ihre Gesprächspartnerin oder Ihr Gesprächspartner nicht, ob und was er oder sie bei Ihnen ausgelöst hat. Umgekehrt können auch Sie nie sicher sein, ob Sie verstanden wurden, wenn Sie keine Rückmeldung bekommen. Bitten Sie daher darum! Üben Sie, Feedback zu geben und anzunehmen.

Sie gewinnen dadurch Profil und die Erkenntnis, wem Ihre Ansichten gefallen und wem nicht.

Sie werden wohl einige Zeit brauchen, um sich daran zu gewöhnen, immer „Stellung zu beziehen". In Frauengruppen können Sie immerhin sicher sein, daß kein Möchtegernpascha Profit aus womöglich auftretenden Differenzen zieht.

4. Multiplikation und Intensivierung von Kontakten

Je mehr Frauen Sie – aktiv wie passiv – kennen, desto mehr Möglichkeiten haben Sie, Frauen zu fördern und selbst von Frauen – auch professionell – gefördert zu werden: Bevorzugen Sie bitte Ärztinnen, Rechtsanwältinnen, Steuerberaterinnen, Psychotherapeutinnen usw. Das soll aber nicht heißen, daß jetzt die Berufswelt polar in eine weibliche und eine männliche aufgeteilt werden soll. Sie sollten nur im Frauennetzwerk nachfragen, welcher Mann frauenfreundlich ist und welcher nicht. Sie sollten erkunden, wer sexuelle Abstinenz gegenüber Klientinnen einhält und wer bekannt dafür ist, Rollenkonfusion zu betreiben: mal angeblich selbstloser Berater (Vaterfigur!), dann wieder Eigeninteressen verfolgender „Liebhaber". Achtung, Inzestsituation!

Im übrigen können Sie bei Bedarf auf Bekannte zurückgreifen und müssen sich nicht erst unter großem Zeitaufwand zur Ansprechpartnerin durchkämpfen und lange Erklärungen abgeben, wer Sie sind und was Sie wollen.

5. Austausch von Informationen über Vorbilder und Verhaltensmodelle, Warnung vor Gefahren, daher mehr Vergleichsmöglichkeiten

Wir alle haben die Wahl, einander zu beneiden, zu rivalisieren, hinterrücks zu intrigieren, oder etwas voneinander zu lernen, nachzuahmen und gegebenenfalls offen zu konkurrieren: „Ich möchte dich informieren, daß ich mich auch um diesen Auftrag bemühen will. Sollen wir bis zur Entscheidung unsere Kontakte einschränken? Oder wollen wir unsere Erfahrungen austauschen? Wie stellst du dir den Umgang mit dieser Konkurrenzsituation vor?"

6. Veränderung der eigenen Einstellung gegenüber Frauen

Unsere Selbst- und Fremdbilder werden in unserer „Primärsozialisation" in der Familie geprägt. Von dort stammen auch unsere Vorurteile. Nun wurde aber jede Generation unseres Jahrhunderts mit einer anderen Ideologie oder Gegenideologie indoktriniert. Z.B. mit Unterwerfung unter Feudalhierarchien in der Monarchie, Selbstorganisation im Erstarken der Arbeiterbewegung, rassischer Überheblichkeit im Faschismus, antiautoritärem Denken in der Zeit der Studentenrevolten und der sexuellen Revolution, Kritik an patriarchalen Strukturen durch die Frauenbewegung, weiteren Emanzipationsbestrebungen in Partizipationsmodellen. Entsprechend änderte sich auch das jeweilige Idealbild der Frau immer rascher, bis hin zum Wechsel je nach Modesaison.

Nur „in Beziehung" zu realen Menschen kann Klischeedenken als solches erkannt und verworfen werden: Wenn frau sich nämlich gegen Zuschreibungen wehren kann. Was der österreichische Familientherapeut Harry Merl über die Familie schreibt, gilt daher auch für die „Frauenfamilie":

- *Jede einzelne lernt sich als ICH gegenüber den ANDEREN zu erkennen, d.h. als von den anderen verschieden.*
- *Jede einzelne lernt ihre eigenen GRENZEN und die der anderen kennen.*
- *Jede einzelne lernt ihre Zugehörigkeit, bzw. das Maß ihrer ZUGEHÖRIGKEIT kennen.*
- *Jede einzelne lernt im Zusammenspiel ihre Rolle kennen.*
- *Jede einzelne lernt dabei ihre RECHTE und VERPFLICHTUNGEN kennen.*
- *Diese Faktoren ergeben das, was für jede IDENTITÄT bedeutet. Sie bedeutet nach der biologischen Geburt SOZIALE GEBURT.*

(Ich habe mir erlaubt, männliche Pronomina durch weibliche zu ersetzen.)

In dem Maße, in dem eine Frau sich selbst in ihrer individuellen Eigenart erkennt und bestätigt, kann sie auch andere Frauen in deren individueller Eigenart erkennen und bestätigen. Sie wird weniger anfällig sein, Frauen als „anders, daher zweitrangig“ zu definieren, wie es jahrhundertelang in der männerzentrierten Gesellschaft unbestritten üblich war.

7. Bildung von Informationszentralen wie z. B. Jobbörsen, Starthilfen, Pannendienste

So wurde im Wiener Club Alpha („Frauen für die Zukunft“, A 1010 Wien, Stubenbastei 12) eine „Tochter“ geboren: Beta, die Jobbörse. Was im kleinen Kreis der (funktionalen) Familie selbstverständlich ist, nämlich Bekannte nach Arbeitsmöglichkeiten für Verwandte zu fragen, wurde hier im größeren Kreis der Frauenfamilie nachgeahmt: Frau wußte eben, wer auf Arbeitssuche war. Frauen, die Mitarbeiterinnen suchten, machten kein Geheimnis daraus. So ergaben sich die passenden Kooperationen fast von selbst. Daß dies von der staatlichen Arbeitsmarktverwaltung eine Zeit lang negativ bewertet, als Konkurrenz eingestuft und mit juristischen Schreckschüssen verfolgt wurde, mag Kenner der „österreichischen Seele“ zwar amüsieren, die Frauen, die hier selbstlos Selbsthilfe organisierten, hat diese typisch männliche – „Du sollst keine anderen Götter haben neben mir“ – Reaktion demotiviert.

Auch hier hat sich Netzwerkarbeit bewährt: Viele Helferinnen waren nötig, um Informationen, Proteste, Richtigstellungen etc. zu verbreiten, schützende Hände gegen die Staats-Gewalt zu aktivieren und die Initiatorinnen zu beruhigen und zu stützen. Zu nahe liegt das Verhaltensmuster (Stammhirn! Kindheits-Ich!), sofort aufzugeben.

Wir müssen stets damit rechnen, daß egal, was Frauen initiieren, auf jeden Fall versucht wird, dies abzuwerten, zu behindern oder zu verbieten. Das hat mehrere Ursachen:

- Den Kampf der immer und überall widerstreitenden polaren Kräfte, die einerseits auf Veränderung und andererseits auf Bewahren des alten Zustands gerichtet sind.

- Die Angst vor dem Neuen, Unbekannten.
- Die Angst vor Kontrollverlust und möglichem Chaos.
- Die Angst vor Machtverlust. Tiefenpsychologisch interpretiert: Angst vor Kastration.

All diese Ängste können und dürfen distanziert beobachtet und auch respektiert werden. Je ruhiger frau bleibt, desto mehr Zeit hat sie, den entstehenden Zustand kennenzulernen und sich an seine Existenz zu gewöhnen (wie an ein Kind).

Ähnliche Situationen ergeben sich, wenn eine Frau neu in eine bestehende Gruppe kommt, z.B. ein neues Betätigungsfeld in Besitz nehmen will, oder wenn gewohnte Organisationsformen aus welchen Gründen auch immer zusammenbrechen. Traditionell wird noch immer bei den Eltern oder bei Elternersatzfiguren Hilfe gesucht; diese freuen sich dann meist, ihre Rezepte aufdrängen zu können, im besten Wissen und Gewissen, wie sie es eben in ihrer Generation gelernt und erfahren haben.

Netzwerkarbeit aber heißt, einer Kollegin rasch auszuhelfen, wenn sie seelische Unterstützung oder – ganz trivial – einen Babysitter braucht. Es gibt immer mehrere alternative Lösungsmöglichkeiten. Es liegt an uns, wenigstens unsere Intuition und Kreativität zur Verfügung zu stellen. Und unverzichtbar ist gegenseitige Unterstützung dort, wo Frauen wenig oder keine Informationen haben, wieviel Geld sie für welche Leistung, welches Produkt verlangen können. Ich halte es für ganz wichtig, einander offen Auskunft über Verdienstchancen und dazugehörige Verhandlungsstrategien zu geben. Meine Erfahrung ist, daß Frauen in Honorar- und Gehaltsverhandlungen immer weniger herausholen als im Vergleich zu Männern, weil sie nicht verstehen zu „pokern", zu „reizen" und das auch nicht wollen. Als Gegenmaßnahme hilft, sich bestmöglich zu informieren und eine Untergrenze festzulegen. Männer werden Ihnen in einem solchen Fall nur sagen, warum sie Anrecht auf mehr Geld haben. Frauen werden Ihnen sagen, worauf Sie achten müssen und Sie bitten, Ihnen wieder Rückmeldung zu geben, wie es Ihnen ergangen ist. Dann lernen nämlich wieder alle voneinander.

8. Rückendeckung

Daß Männer oft unbewußt Sprachmuster anwenden, die Frauen „mundtot“ machen sollen, ist mittlerweile durch umfangreiche linguistische Forschung und Literatur belegt (nachzulesen z.B. bei Trömel-Plötz). Aber auch wenn frau mit diesen Erkenntnissen noch so vertraut ist, besteht doch die Gefahr, daß sie selbst unbewußt solche Dominanzgesten nachahmt und einer anderen Frau voll in den Rücken fällt.

Auch wenn Ihnen die Ansichten der Kollegin mächtig auf die Nerven gehen, lassen Sie sich bitte nie, nie, nie dazu hinreißen, Sätze zu sagen wie „So ein Blödsinn“! Und wenn Ihnen doch ein solcher Ausrutscher passiert, nehmen Sie ihn sofort zurück: „Jetzt habe ich mich geärgert – entschuldigen Sie bitte die unqualifizierte Äußerung. Konkret stört mich an Ihrer Aussage ...“ Sie haben so viele sprachlichen Möglichkeiten, sich von den Ansichten einer anderen Frau zu distanzieren und sie doch gleichzeitig als denkenden Menschen mit dem Recht auf eigene Anschauungen zu bestätigen! Sie brauchen nur das nörgelnde Eltern-Ich zu vermeiden! Wenn Sie im Erwachsenen-Ich sprechen, bieten sich Formulierungen an wie: „Das findet nicht meine Zustimmung“, „Diese Position ist mir neu. Ich brauche mehr Information, um sie für mich bewerten zu können“, „Ich sehe das ganz anders und kann das folgendermaßen begründen ...“, „Ich nehme da einen ganz anderen Standpunkt ein und begründe den folgendermaßen ...“ oder nur: „Ich habe da andere Erfahrungen“.

Ich erinnere mich an eine Auseinandersetzung mit der Wiener Kulturkritikerin Karin Rick. Ich hatte damals in einem Artikel zur Gewalt in der Ehe einen unorthodoxen Standpunkt eingenommen und einige negative Reaktionen bekommen, daher war ich ziemlich frustriert. Ich empfand ihre Formulierung, „Mir hat der Artikel auch nicht gefallen“, als relativ entgegenkommend gegenüber den Frauen, die sich inhaltlich gar nicht auseinandersetzen wollten.

Innerhalb des Frauennetzwerks können wir vereinbaren, daß immer eine Beobachterin auf destruktive Sprachmuster achtet und sofort darauf aufmerksam macht. Dazu gehört auch, wenn Frauen sich z.B. als „Lehrer" oder „Journalist" bezeichnen und damit ihr Geschlecht verleugnen.

9. Abwehr von Entsolidarisierungsversuchen

„Karrieremänner" verdanken ihren Aufstieg meist einer ehelich angetrauten professionellen Hausfrau, die ihnen Alltagsbelastungen fernhält; daher kennen diese „Kollegen" kaum andere Organisationsformen und diskriminieren nach dem Muster: „Aber meine Frau macht das nicht so". Sätze, in denen eine Frau als Musterbild propagiert und eine andere als Versagerin definiert wird, sollten sofort als das hingestellt werden, was sie sind: bestenfalls Ausdruck persönlicher Vorlieben, schlimmstenfalls unterschwelliger Diskriminierungsversuch.

10. Demonstrierte Solidarität – vor allem bei „Hexenjagden"

Wenn Masken fallen, kommen oft Häßlichkeiten zum Vorschein. Häßlich bedeutet, daß etwas gehaßt wird. Frauen, die nicht über sich verfügen lassen, zum Beispiel.

Noch nicht vergessen sind die sexistischen Zurufe und Aktionen männlicher Abgeordneter gegenüber weiblichen Berufskolleginnen. So „profilierte" sich ein konservativer Abgeordneter, indem er einer Grünen Abgeordneten, der gegen ihren Willen das Mikrofon abgeschaltet wurde, zurief: „In den Mund nehmen und fest daran lutschen!"

Eine andere Abgeordnete, die – unter der Zusicherung der Anonymität – in einer nicht zur Veröffentlichung bestimmten Studie über sexuelle Belästigung von Politikerinnen berichtet hatte, ein Minister ihrer Partei habe ihr seitlich ins Rückendekolleté auf den Busen gegriffen, wurde öffentlich als „Verräterin" geächtet. Wochenlang ging ihre „Story" durch die Presse: Wird sie sich entschuldigen? Wird er sich entschuldigen? So wird Polarität konstruiert und vom eigentlichen Problem der Grenzverletzung abgelenkt – ein Musterbeispiel dafür, wie Frauen, die Machtmißbrauch anprangern, isoliert werden sollen: Nicht der Täter, das Opfer ist schuld – eine Taktik, die vor allem aus Gerichtssälen bekannt ist, wenn Strafverteidiger versuchen, Vergewaltigungs- und Mißbrauchsopfer unglaubwürdig zu machen.

11. Advertising (frau promotet andere Frauen)

Wenn Sie eine andere Frau vorstellen können, tun Sie es: Sie haben damit die Gelegenheit, eine „gute Tat" zu tun, nämlich, sie positiv zu präsentieren. Vielen Frauen wurde von klein auf die Enttäuschung vorgeführt, daß sie kein „Stammhalter" waren; oder sie sind mit Sätzen wie „Komm dir nur nicht zu gut vor!" in ihrem Selbstwert verletzt worden; oder ihre Partner haben an ihnen herumgenörgelt, um ihr eigenes schwaches Selbstgefühl dadurch aufzubauen. Jede positive Besetzung, sofern sie wahr ist und keine plumpe Schmeichelei, wird ein Tröpfchen Gift aus der Seele dieser Frau entfernen.

Und wie im Märchen die aus Fallen befreiten Tiere zu treuen Helfern in der Not werden, wird Ihnen die gute Tat nach dem Gesetz der Resonanz irgendwann einmal vergolten werden. Und wenn es nur durch die Anerkennung ist, daß Sie das Positive in anderen Menschen wahrnehmen können.

12. Bildung von Seilschaften: Eine Frau holt eine andere nach

Jede von uns hat ihre persönlichen Leitsätze. Ich zum Beispiel stehe zu dem Satz: Wer mehr hat als Darbende, hat auch die Verpflichtung zu teilen – Besitz, Informationen, auch Arbeit. Ob Sie nun Ihr Revier öffnen, ob Sie unterrichten oder ob Sie versuchen, wo es nur geht, Partnerinnen einzubinden, alles sind Formen der Anteilnahme. Wir alle brauchen einander, wir sind soziale Wesen. Erinnern wir uns: Gesundheit wird von der Weltgesundheitsorganisation (WHO) nicht nur als Freisein von Krankheit und Behinderung, sondern als „vollkommenes körperliches, psychisches und soziales Wohlergehen" definiert.

Wir sollten daher nicht nur um unsere eigene Gesundheit sorgen, sondern uns auch für die anderer einsetzen. Immerhin hat eine möglicherweise auftretende Störung der einen auf die andere großen Einfluß.

Meisterinnenprüfung in Frauensolidarität?

Es ist wichtig, andere Menschen nicht durch Überheblichkeit klein zu machen. Achten Sie darauf, daß Sie es nicht tun – vor allem dann nicht, wenn Sie in einer „Schlüsselposition" sitzen, z.B. als Chefsekretärin, oder stehen, z.B. wenn Sie eine solche „Pförtnerin" passieren wollen. Wenn Sie im Vorzimmer der Macht herrschen, besteht die Gefahr der Identifikation mit der Macht und damit die Abwehr eigener Kleinheitsgefühle. Sie werden dann möglicherweise im Tonfall des kühl-distanzierten oder ärgerlichen Eltern-Ichs sprechen, wenn Sie von einer Frau kontaktiert oder gar „belästigt" werden.

Ist die andere Frau auch Sekretärin, besteht die Gefahr von destruktiven Statusspielen: Welche hat den ranghöheren Chef? Die läßt dann die andere warten und denkt nicht daran, daß sie sie in ihrer Arbeit behindert, in ihrem Wohlbefinden schädigt, und sich selbst einen Minuspunkt in der Bewertung ihrer sozialen Fähigkeiten einhandelt. „Das ist mir egal!" habe ich dann bei dem Besprechen solcher „Miß-Töne" gehört, „Mit der habe ich doch nie wieder zu tun!" Irrtum, diese Frau kann wechseln, sich weiterentwickeln, Glück haben, was auch immer, und auf einmal Ihre Chefin sein. Bei allem Respekt vor Ihren negativen Gefühlen – Gefühle haben ist eines, Verhalten etwas anderes. Wenn Ihnen eine andere Frau auf die Nerven geht, dann sagen Sie es ihr direkt, sonst wird sie es nie wissen und sich nie auskennen! Und zwar bitte nicht mit einer Verbalattacke wie: „Sie gehen mir auf die Nerven!" sondern als Information: „Ich möchte Ihnen gerne sagen, weswegen ich Ihnen gegenüber Vorbehalte habe ...", oder: „Sie werden vielleicht schon gemerkt haben, daß ich Ihnen gegenüber sehr reserviert bin. Das hat damit zu tun, daß ...".

Es kann aber auch sein, daß die andere Frau – so wie ich etwa – weitgehend auf „niedere Dienste" verzichtet: selbst zum

Telefonhörer greift, wenn sie anrufen will und sich nicht durch eine Sekretärin verbinden läßt. Und sich möglicherweise auch zurückhält, wenn es Gelegenheit gäbe, ein Pfauenrad mit Titeln zu schlagen. Sie wissen nie, wer die Frau am anderen Ende der Leitung ist, sofern Sie nicht bereits eine gemeinsame Biographie haben. Seien Sie daher freundlich wachsam: Am Telefon hören sich manche Stimmlagen und Stimmfärbungen viel dramatischer an, weil ja durch den Wegfall der sichtbaren Wahrnehmung des Gegenüber mehr Aufmerksamkeit und damit auch Sensibilität für das Hören zur Verfügung steht.

Wenn Sie mit Chefsekretärinnen Kontakt aufnehmen, behandeln Sie sie bitte ebenfalls symmetrisch, nicht als „Großinquisitor" und nicht als „Personal". Mit Einschüchterungen gewinnt man keine Verbündete! Diese Frau besetzt eine Verbindungsstelle. Sie sind ihr weitgehend ausgeliefert, auch wenn Sie das nicht gerne akzeptieren wollen.

Je genauer Sie eine mögliche Kooperationspartnerin informieren, desto leichter kann sie Ihnen zuarbeiten – oder Ihnen sagen, was warum nicht so geht, wie Sie es sich vorstellen. Wenn sie sich dabei im Ton vergreift, sagen Sie es ihr. Lassen bitte nicht zu, daß Ihre Selbstachtung beschädigt wird. Sollten Sie aber bereits so verhärtet sein, daß Ihnen schnippische Antworten oder freche Auskünfte nichts mehr ausmachen, sollten Sie schleunigst zur Seelenmassage, um wieder lebendiger zu werden!

Wenn Sie sich im Ton vergreifen, korrigieren Sie sich, sobald es Ihnen auffällt. Falls es eine Erklärung gibt, geben Sie sie ab: „Verzeihen Sie, daß ich so viel Unruhe ausstrahle, aber ich stehe unter enormer Anspannung". Viele Menschen werden schrill, wenn sie unter Zeitdruck stehen. Oft empfinden sie es dankbar als Hilfe, wenn ihre Gesprächspartnerinnen oder Gesprächspartner eine Bemerkung machen wie: „Ich habe gemerkt, daß Sie unter Zeitdruck stehen – ich bemühe mich, so schnell wie möglich zu sein" (Verstehen, Yin). Demonstrierte Langsamkeit („Na, der werde ich's zeigen! Was glaubt die denn, wo wir sind! Ich lasse mich nicht hetzen!") ist eine stillschweigende Kampfansage (Yang).

Es ist nicht wichtig, „wichtig" zu sein. Wichtig ist, „ganz" – Yin UND Yang – und „da" – im Hier und Jetzt, nicht in der Vergangenheit und nicht in der Zukunft, sondern gegenwärtig – zu sein.

Auf der Welt gibt es nichts,
was weicher und dünner ist als Wasser.
Doch um Hartes und Starres zu bezwingen,
kommt nichts diesem gleich.

Daß das Schwache das Starke besiegt,
das Harte dem Weichen unterliegt,
jeder weiß es,
doch keiner handelt danach.

Laotse

Kleine Literaturauswahl

George Bach/Herb Goldberg: Keine Angst vor Aggression. Die Kunst der Selbstbehauptung, Frankfurt am Main [12]1995

Barabara Berckhan: Die etwas gelassenere Art, sich durchzusetzen. Ein Selbstbehauptungstraining für Frauen. München 1995

Eric Berne: Spiele der Erwachsenen. Psychologie der menschlichen Beziehungen. Reinbek bei Hamburg 1967

Erika Bock-Rosenthal/Christa Haase/Sylvia Streeck: Wenn Frauen Karriere machen. Frankfurt am Main 1978

John Bradshaw: Das Kind in uns. Wie finde ich zu mir selbst? München 1994

Sigmund Freud: Gesammelte Werke in Einzelbänden. Herausgegeben von Anna Freud/E. Bibring/W. Hafer/O. Isakower. 18 Bände. Frankfurt am Main 1977–1987

Carol Gilligan: Die andere Stimme. Lebenskonflikte und Moral der Frau. München 1996

Elke Müller-Mees: Was heißt schon Männersache! Wider die Mechanismen des Machterhalts. München 1989

Fritz Riemann: Grundformen der Angst. Eine tiefenpsychologische Studie. München 1981

Carl R. Rogers: Entwicklung der Persönlichkeit. Stuttgart [10]1994

Renate Sadrozinski (Hgs.): Grenzverletzungen. Sexuelle Belästigung im Arbeitsalltag. Frankfurt am Main 1993

Friedemann Schulz von Thun: Miteinander reden. 1. Störungen und Klärungen. Reinbek bei Hamburg 1981

Manuel J. Smith: Sag nein ohne Skrupel. Die neue Methode zur Stärkung von Selbstsicherheit und Selbstbehauptung. Reinbek bei Hamburg [6]1990

Claude M. Steiner: Macht ohne Ausbeutung. Zur Ökologie menschlicher Beziehungen. Paderborn 1985

Ian Stewart/Vann Joines: Die Transaktionsanalyse. Freiburg 1990

Deborah Tannen: Du kannst mich einfach nicht verstehen. Hamburg 1992

Deborah Tannen: Job-Talk. Wie Frauen und Männer am Arbeitsplatz miteinander reden. Hamburg 1995

Senta Trömel-Plötz: Gewalt durch Sprache. Die Vergewaltigung von Frauen in Gesprächen. Frankfurt am Main 1981

Bärbel Wardetzki: Weiblicher Narzißmus. Der Hunger nach Anerkennung. München 1991

Paul Watzlawiek: Vom Schlechten des Guten oder Hekates Lösungen. München 1986